非物质文化遗产研究丛书

身份认同与造物实践：安顺蜡染艺人的主体性问题研究

宋俊华◎丛书主编
王明月◎著

天津大学出版社
TIANJIN UNIVERSITY PRESS

图书在版编目（CIP）数据

身份认同与造物实践 ： 安顺蜡染艺人的主体性问题
研究 / 王明月著. -- 天津 ： 天津大学出版社, 2024.
12. -- (非物质文化遗产研究丛书 / 宋俊华主编).
ISBN 978-7-5618-7910-8

Ⅰ. K825.72

中国国家版本馆CIP数据核字第20253K45T1号

出版发行	天津大学出版社
地　　址	天津市卫津路92号天津大学内（邮编：300072）
电　　话	发行部：022-27403647
网　　址	www.tjupress.com.cn
印　　刷	北京虎彩文化传播有限公司
经　　销	全国各地新华书店
开　　本	787mm×1092mm　1/16
印　　张	11.25
字　　数	234千
版　　次	2024年12月第1版
印　　次	2024年12月第1次
定　　价	45.00元

本课题为以下项目的阶段性成果：

1. 国家社科基金重大项目“非遗项目代表性名录和代表性传承人制度改进设计研究”（项目批准号：17ZDA168）；

2. 教育部人文社科重点研究基地重大项目“非遗保护的中国经验研究”（项目批准号：17JJD850005）；

3. 教育部人文社科重点研究基地重大项目“京津冀协同发展与非遗区域保护研究”（项目批准号：22JJD850010）；

4. 天津大学自主创新基金项目“京津冀地区城市少数民族非物质文化遗产的保护机制创新研究”（项目批准号：2022XS-0052）。

非物质文化遗产保护研究的学科独立（代序）

21 世纪初联合国教科文组织全面开展的全球性非物质文化遗产保护，对传统文化和学术生态都产生了重大影响。一方面，国家的、族群的、地区的、社区的传统文化正在以新的符号形态被人们所认知、重塑。许多人们习以为常的传统生产和生活技能、经验、知识、习俗和仪式等正在被一种新的概念符号——“非物质文化遗产”所统称，与 1972 年联合国教科文组织所启动的物质遗产保护相呼应，“文化遗产”正成为新世纪的一个主流词语，“遗产时代”已经正式开启。另一方面，与传统文化一样，学术生态也在经历一个重塑的过程，从“文化遗产”“非物质文化遗产”保护视角开展的学术研究和学科建设正在兴起，关于人类生产和生活技能、经验、知识、习俗和仪式的某一侧面、某一领域特殊性的传统研究和传统学科，正在以一种新的面貌进入人们的视野。

从认识论来看，人类对事物的认识要经历从整体到部分再到整体不断循环递进的过程。“非物质文化遗产学”在 21 世纪的兴起，正是人类学术研究和学科建设从关注“特殊性”部分到关注“普遍性”整体转变的一个体现。非物质文化遗产所涵盖的对象如民间文学、传统戏剧、传统音乐、传统美术、传统技艺、传统曲艺、传统体育、游艺和杂技、传统医药、民俗等，曾经被作为文学、戏剧学、音乐学、美术学、工艺学、曲艺学、体育学、医学、民俗学以及人类学、民族学、历史学等学科的特殊对象，也是这些学科之所以独立的基础。“非物质文化遗产学”的提出，正在改变这些传统学科的现有格局，推动人们关注这些学科对象背后的一些普遍性问题，即这些学科对象所指的传统文化是如何被当下特定国家、族群、地区、社区、群体乃至个人视为其文化遗产的，如何传承和传播的，以及如何保护和发展的。对这些问题的解决，不是依靠一个短期的社会运动所能完成的，而是需要一个长期、持续的理论研究和科学实践才能实现。这就是非物质文化遗产学之所以兴起、发展的一个主要原因。

联合国教科文组织的《保护非物质文化遗产公约》把非物质文化遗产的保护界

定为“采取各种措施，确保非物质文化遗产生命力”，保护措施包括“确认、立档、研究、保存、保护、宣传、弘扬、传承（特别是通过正规和非正规教育）和振兴”。可见，让非物质文化遗产“活着”，是非物质文化遗产保护的核心所在，所有保护措施都要围绕这个核心来实施。在过去十多年间，联合国教科文组织和我国政府在非物质文化遗产保护中所采取的措施，主要可分为两类。一类是宣传性措施，如确认、研究、宣传、弘扬等，主要以评审、公布各种非物质文化遗产名录为代表，如“人类非物质文化遗产代表作名录”“急需保护的非物质文化遗产名录”“保护非物质文化遗产优秀实践名册”“国家级非物质文化遗产代表性项目名录”“国家级非物质文化遗产项目代表性传承人名录”等。另一类是行动性措施，如立档、保存、传承、振兴等，主要以开展普查，建立档案馆、数据库、传习所，开展传承教育、生产实践等为代表；在中国集中表现为“抢救性保护”“生产性保护”“整体性保护”等实践探索。无论是对非物质文化遗产生命力的理解，还是对非物质文化遗产保护宣传性措施、行动性措施的执行，都要以学科建设为基础。传统学科如文学、戏剧学、音乐学等主要研究非物质文化遗产的对象是什么、有什么发展规律等问题，而对非物质文化遗产生命力是什么、如何保护等问题却关注较少。后两个问题正是非物质文化遗产学要解决的问题，也是非物质文化遗产保护从宣传性措施向行动性措施转换的重要基础。一言概之，传统学科重在“解释世界”，非物质文化遗产学不仅要“解释世界”，而且要试图“保护世界”。

无论是解释这个非物质文化遗产所构成的“世界”，还是要保护它，我们都要面对许多新的问题。如非物质文化遗产保护工作要求的统一性与非物质文化遗产客观存在的多样性的关系问题。一方面，非物质文化遗产是在具体的社区、群体和个体的生产、生活实践中形成并传承的活态文化传统，社区、群体和个体及其生产、生活实践的差异性，自然造成了非物质文化遗产的多样性存在。非物质文化遗产保护就是要承认每种具体非物质文化遗产存在的合法性，并为其多样性存在提供保护。另一方面，非物质文化遗产保护的概念和规则，要求在多样性存在的非物质文化遗产中建立一种统一性或普遍性，而这对非物质文化遗产的多样性存在造成新的干预和规范。这类问题是非物质文化遗产保护中的一个本体性问题，也是只有非物质文化遗产学才能直接面对的问题。又如，非物质文化遗产的“本真性”问题，也是在非物质文化遗产保护中不断被凸显出来的问题。外来访问者往往比本地所有者更加关心这个问题。对外来访问者而言，认识、研究和保护一个特定社区、群体或个人的非物质文化遗产，不能离开“本真性”标准，他们中有些人甚至固执地认为这个“本真性”标准是绝对的、静止的，是不能改变的。事实上，特定社区、群体或个人对其日常生产、生活中从事的非物质文化遗产实践，往往是以能否满足其即时的生产和生活需要为衡量准则的，所以，在他们眼中，非物质文化遗产若能够满足他们即时的生产和生活需要，就有本真性，否则，就没有本真性，绝对的、静止的非物质文化遗产本真性是不存在的。那么，非物质文化遗产保护如何协调外来访问者与本地所有者关于“本真性”认识的不同，建立一个涵盖外来访问者与本地所有者共同认可的“本真性”，也是只有非物质文化遗产学才能真正回答的问题。再如，非物质文化遗产保护中的“抢救性保护”“生产性保护”“整体性保护”等实践探索，要真正转变为一种普遍性的范式和理论，也只有通过非物质文化遗产学才能实现。此外，非物质文化遗产保护对国家和地区来说，往往与国家和地区的政治、经济和文化发展战略等相联系，这方面的深入和系统研究，也有赖于非物质文化遗产学的发展。

正是基于对非物质文化遗产保护形势与问题的科学认识，基于对传统学科转型和非物质文化遗产学科独立的准确判断，中山大学中国非物质文化遗产研究中心近十五年来，一直致力于非物质文化遗产保护研究和学科理论建设工作。我们除了每年编撰出版《中国非物质文化遗产保护发展报告》（蓝皮书）外，还陆续编撰出版了“岭南濒危剧种研究丛书”“中国非物质文化遗产研究丛书”等，这次出版的“非物质文化遗产研究丛书”是上述丛书的延续。我们将按照非物质文化遗产保护理论、非物质文化遗产保护案例、非物质文化遗产保护学术交流等专题进行编撰出版，在推动我国非物质文化遗产学科建设的同时，为弘扬中华民族传统优秀文化、促进我国非物质文化遗产的传承发展提供学术支持。

宋俊华

中山大学中国非物质文化遗产研究中心

2018 年 2 月 10 日

序　言

手工艺人是指以传统工艺的制作活动参与社会生活的人，当代民众对其更为熟知的称呼为“工匠”。作为传统工艺的核心载体，手工艺人承担着传统工艺高质量发展的重要使命。他们在当代生活中的主体性也成为备受关注的重要话题，这在对工匠精神的关注中可见一斑。2016 年，政府工作报告中指出：“要鼓励企业开展个性化定制、柔性化生产，培育精益求精的工匠精神。”[①] 由此，工匠精神成为学界关注的热点。手工艺人作为工匠精神的本源对象，其工匠精神更是受到学界的密切关注。从本质上讲，工匠精神是一种职业精神，它是职业道德、职业能力、职业品质的体现，是从业者的一种职业价值精神取向和行为表现[②]。从这一定义可见，手工艺人的工匠精神并不是一种形而上的思想观念，而是在手工艺人日常生活实践中形成并发展而来的精神品质。既然论及手工艺人的日常生活实践，就必然回到结构与能动性这一社会学的核心关系话题。也正因此，手工艺人工匠精神的解读离不开对手工艺人主体性的理解。这也体现出手工艺人主体性问题在传统工艺研究中的关键性。

当前，手工艺人在传统工艺发展中正呈现出一种双元并行的发展轨迹，呈现出复杂多变的主体样貌。一方面，手工艺人是“守护传统”的关键主体。他们虽在剧烈变迁的现代生活中面临着严峻的生存压力，但是却在夹缝中守护着祖辈流传下来的核心技艺传统。他们的面孔是略显沧桑的，但承载着中国传统工艺的文化基因。另一方面，手工艺人又是“活态创新”的重要推手。面对后现代生活，他们通过符号的转译和再造，转换着传统工艺的形态、意义与功能，开辟着传统工艺融入现代生活的新路径。在此，他们的面孔又是充满朝气的，给中国传统工艺的发展持续注入活力。可以说，大量的手工艺人都在书写着这样的“双面人生”。这时，笔者不

① 《政府工作报告：2016 年 3 月 5 日在第十二届全国人民代表大会第四次会议上》，中国政府网站，https://www.gov.cn/guowuyuan/2016-03/05/content_5049372.htm，2023 年 10 月 14 日。

② 徐耀强：《论“工匠精神”》，《红旗文稿》2017 年第 10 期，第 25 页。

禁思考，如何来看待手工艺人与文化传统、社会结构的关系，他们又具有怎样的主体特征。

这一问题不仅关乎对手工艺人的认知，更关乎对当代传统工艺发展规律的解读。正如乌尔里希·贝克所言，在曾经高度稳定的社会结构中，特定角色所赋予的“标准化人生”，如今变成了“选择性人生”“自反性人生”①。在高度现代性下，共同体和相互关系的维持，不再依赖稳固的系统，而是靠一种互致个体化的集体②。在当前多元异质而富有流动性的后现代生活中，手工艺人在更广阔的生活领域选择着自己的生活方向，呈现出愈发强大的个体选择、自主和创新能力，当代传统工艺的发展越来越需要具备后现代性的手工艺人承接部分秩序运转的职能③。也正因此，对手工艺人主体性的探讨便具有了突破口的意义，它为笔者理解当代传统工艺的运转逻辑与发展规律提供了重要切入点。

笔者对手工艺人主体性问题的关注源于硕士研究生阶段的学习。当时，笔者的专业为民族学与人类学。作为一门研究人及其文化的学科，文化人类学一直都将人作为核心的关注对象，这也在笔者的思维中注入了对人性的关注。而长期以来对社会学理论的研读，也让笔者持续关注结构与能动性的关系问题。这都为笔者对人的主体性的研究埋下伏笔。笔者真正聚焦于手工艺人主体性问题始自博士研究生复习备考时期。笔者报考的是中山大学中文系的中国语言文学（非物质文化遗产学方向）。备考期间，笔者系统地研读了非物质文化遗产学、民俗学的相关经典文献。给笔者留下深刻印象的是以下三个关键论点。其一，宋俊华教授在分析非物质文化遗产特征时提出：“物质文化遗产的载体是自然或人化物，非物质文化遗产的载体则是特殊的‘物质’——人。”④其二，高丙中教授在《中国人的生活世界》中提出了中国民俗学研究的日常生活转向，强调民众作为日常生活主体在语境中的实践性⑤。其三，刘晓春教授曾对非物质文化遗产传承人在当代社会生活中的人生际遇与现代转型提出了富于洞见的思考⑥。每当回忆起三位前辈的论断，笔者都有醍醐灌顶之感，是他们给了笔者最早的非物质文化遗产学术启蒙，也让笔者坚定了研究传承人主体性的信念。

① [德]乌尔里希·贝克、[德]伊丽莎白·贝克-格恩斯海姆：《个体化》，李荣山、范譞、张惠强，译，北京，北京大学出版社，2011年，第3页。

② [德]乌尔里希·贝克、[德]伊丽莎白·贝克-格恩斯海姆：《制度化个体主义》，载于[德]乌尔里希·贝克、[德]伊丽莎白·贝克-格恩斯海姆：《个体化》，李荣山、范譞、张惠强，译，北京，北京大学出版社，2011年，第31页。

③ 王明月：《后现代语境中工匠的主体重构与角色转变——以安顺苗族蜡染工匠为例》，《民间文化论坛》2021年第2期，第122页。

④ 宋俊华：《非物质文化遗产特征刍议》，《江西社会科学》2006年第1期，第33页。

⑤ 高丙中：《中国人的生活世界》，北京：北京大学出版社，2010年，第104-125页。

⑥ 刘晓春：《非物质文化遗产传承人的若干理论与实践问题》，《思想战线》2012年第6期，第53-60页。

博士阶段的两段学术机遇让笔者最终确定从身份认同的角度研究手工艺人的主体性。依稀记得，2015 年秋季，笔者在中山大学图书馆研读马尔库斯的《文化交流：重塑艺术和人类学》，其中收录的莉恩 · M. 哈特的《三面墙：地区美学和国际艺术界》一文让笔者产生了共鸣。她在对印度传统绘画的研究中，洞察到绘画艺人因语境不同而发生的身份与绘画实践的共变关系。这正是笔者求学以来最为感兴趣的民俗现象。笔者由此确定沿着莉恩 · M. 哈特的研究思路走下去，进一步探求手工艺人主体性的真知。而作为理论切入点的身份理论此时成为笔者必须攻克的理论难题。笔者系统研读了米德、库恩、戈夫曼、斯特赖克、林顿、布克等学者的身份研究，但是始终被一个问题所困扰。身份作为一个心理学概念如何被感知？又如何与外部社会生活建立起清晰的逻辑关联？这曾在很长一段时间内让笔者进退维谷。2015 年底的某个夜晚，笔者在中山大学小北门一家餐馆就餐，等待上菜时用手机浏览网页，一本书无意间进入了笔者的视野。这本书就是霍兰德的 *Identity and Agency in Cultural Worlds*。这本书以维果茨基和巴赫金的理论为基础，从唯物辩证法出发构建了身份与社会生活的关联图示，为解答身份与行动的关系问题提供了理论路径，这也为笔者从身份认同与行动实践出发探寻手工艺人的主体性问题提供了理论突破口。正是在以上学者的引导下，笔者在贵州省安顺市对当地的蜡染艺人开展了多点式田野考察，从而完成了博士论文。这本书正是笔者在博士论文的基础上修改完善而成。

传统的人类学研究尤其注重田野调查资料的系统性和细致性，这是一个人类学科班出身的学者应有的基本功。在此，笔者的调查或许会让很多前辈感到失望。笔者的田野调查与人类学传统的百科全书式的调查存在一定区别。这明显地体现于对传统工艺相关事象的关注点的差异。在本书中，笔者并未对传统工艺的材料工具、图案造型、工序流程、文化内涵等过多着墨，更多地将调查重心放置于手工艺人个体生命历程和具体造物实践过程的参与观察和深度访谈上。当然，这并不意味着笔者认为传统工艺的形态与文化内涵不重要。在笔者看来，传统工艺的形态与文化内涵是总体性、背景性的，是必要的调查内容，但是不可喧宾夺主。以往的田野调查大多重在通过长期的田野调查描绘一个社区或一个群体的总体性的文化图景或文化模式，这当然是极具价值的。但是，这种方式往往会遮蔽掉富于个体性、活态性、即兴性的生活事件、过程和结果，而这正是洞察手工艺人主体性的关键所在。手工艺人与文化传统、社会结构的互动过程正寓于其中，手工艺人的主体性正是在这一过程中充分展现出来的。这也是本书所用第一手资料的特点所在。

为了充分说明笔者对手工艺人主体性问题的理解，本书一共分为五个章节。

绪论系统阐释手工艺人主体性研究的现实背景与学术基础，并论述“身份与行动”作为解读中国手工艺人主体性理论切入点的合理性。

第一章为“时空锚定：安顺蜡染的历史与现实”，呈现安顺蜡染的历史过程和发展现状，在对特定时空环境的描绘中展现安顺蜡染艺人在区域社会生活中的总体情况，为下文安顺蜡染艺人身份及其造物活动的分析提供背景基础。

第二章为“初涉‘江湖’：安顺蜡染艺人的技艺习得与身份建构”，通过参与观察和深度访谈，描绘安顺蜡染艺人的技艺习得过程，并对安顺蜡染艺人的身份建构过程进行分析。

第三章为“‘江湖’规则：安顺蜡染艺人的身份规训与造物自律性”，重在讲述各种身份状态下安顺蜡染艺人在造物活动方面受到的规范约束，在此基础上从个人的生活诉求、技艺能力等方面出发，观察蜡染艺人如何通过造物实践主动地决策并回应各种身份所指向的规范。

第四章为“行走‘江湖’：安顺蜡染艺人的身份管理与造物能动性”，重在讲述安顺蜡染艺人对各种身份认同的自我管理方式，展现她们在各种身份认同状态下为达到特定目标而在材料工具、图案设计、工序流程等方面的自主调适，以呈现她们在身份管理和造物实践中的能动性。

第五章为“安顺蜡染艺人的造物逻辑：一个解释框架”，在前文的基础上，充分整合霍兰德的身份与行动理论和斯威德勒的文化工具箱理论，融入集体行动理念，构建安顺蜡染艺人造物实践的解释框架，阐释安顺蜡染艺人的造物逻辑，为手工艺人主体性的剖析提供突破口。

结论部分主要结合前文的分析，对手工艺人的主体性进行归纳阐释，在此基础上剖析当代中国传统工艺的运转特点，最终对中国传统工艺的可持续发展提出相关的学理思考。

目　　录

绪　论

第一节　手工艺人在当代传统工艺发展中的作用

作为中华优秀传统文化的重要组成部分，传统工艺渗透于日常生活的各个领域，在长期的历史发展进程中满足着民众多样的生活需求。当代，随着大机器的广泛应用和民众生活需求的快速变革，传统工艺的实用性大为降低，它们在日常生活中的生存空间大为缩小，处于濒临失传的危险境地。幸而，2005年以来，中国的非物质文化遗产（以下简称“非遗”）保护工作全面开展。社会各界对传统工艺的保护意识空前提高，国家与公众愈发意识到传统工艺对于中国人的历史记忆、文化身份、日常生活等方面的重要意义。传统工艺因此获得了政府、社会和学术界更加广泛的关注，并在多项政策的支持下重焕生机。

十余年来，传统工艺通过各种展会和比赛，得到更广泛的传播，获得了更高的普及度。手工艺人则通过各级非遗代表性传承人和工艺美术大师的认定，获得了社会的肯定，也获得了政府和市场的有力支持。在创造性转化、创新性发展理念的引导下，传统工艺的文化创意产业更是蓬勃发展，使传统工艺以一种全新的姿态融入现代生活。2017年3月，文化部等三部委联合印发《中国传统工艺振兴计划》，这意味着中国传统工艺振兴正式成为国家的一项重要文化工作，传统工艺因此获得了新的生存和发展机遇。2022年6月，文化和旅游部等十部门又共同发布了《关于推动传统工艺高质量传承发展的通知》，传统工艺进入全新的发展阶段。可以说，中国的传统工艺当下正处在高质量发展的转型期。

在此关键时期，手工艺人的主体地位无疑是至关重要的。本质而言，传统工艺是一种隐性知识[①]，具有无形性。它既以手工艺人为知识载体，又依赖手工艺人的造物实践而得以外显化。因此，手工艺人是传统工艺发展的核心实践主体。政府、市场、社会等多元主体的支持，只有作用于手工艺人，方可在实质上影响传统工艺的发展轨迹，推动其可持续发展。基于此，笔者认为开展手工艺人主体性研究是非常重要的，它能够为传统工艺相关政策的制定实施提供关键理论依据。

值得注意的是，手工艺人的主体特征在当代正在发生剧烈的变化，呈现出鲜明的后现代性。这种后现代性一方面体现为手工艺人身份的多重性，另一方面则体现为手工艺人造物实践的多变性。以贵州的安顺蜡染为例，蜡染艺人会在村落生活中严守族群的工艺传统，给亲戚朋友制作蜡染，以满足族群的仪式需求。作为工人，她们会在企业的管理下日复一日照本宣科式地画蜡。作为手工业者，她们会为了盈利而在绘制蜡染时减少一些可能的工序，也会面向口味多元化的大众消费者持续设计新的蜡染工艺品。对蜡染艺人而言，在不同语境中，她们的蜡染造物实践是不同的；在同一语境中，每一位蜡染艺人的造物实践也是不同的；甚至同一位蜡染艺人在不同生命阶段的造物实践也是不同的。可以说，手工艺人的造物活动既遵循着社会结构与文化传统限定的基本模式，又表现出很强烈的个体性、差异性和不确定性。这既给当代传统工艺的发展注入了活力，也给当代传统工艺的发展带来了变数。正因此，更有必要对手工艺人的主体性问题展开探索，以明确手工艺人在当代传统工艺高质量发展中的定位和功能。

客观而言，学界早已对手工艺人的主体性问题展开了长期的研究，不过仍然存在进一步探索的空间。传统工艺的本体论易将传统工艺的发展抽离地方的文化体系和社会结构，缺少对手工艺人实践逻辑及其整体性影响的关照。传统工艺的文化论将传统工艺置于文化整体观的视角下，观察传统工艺与其他文化要素的整体关联。手工艺人往往淹没在对文化要素间关系的分析之中，被理解为文化传统的“提线木偶”。传统工艺的社会论以社会结构或者社会互动为出发点，观察传统工艺的造物活动。手工艺人也因此常常淹没于社会结构和社会互动之中，他们作为传统工艺载体的地位及其能动性较少得到凸显。相较之下，传统工艺的实践论更具优势，它将传统工艺的造物活动置于文化传统和社会结构之中，将其视为一个动态的社会文化过程，手工艺人的主体性在其中得到更多的关注。但是，手工艺人是如何受到社会结构与文化传统制约的？他们又在何种程度上具有能动性？这些问题仍然有待进一步探索。因此，综合考虑传统工艺、手工艺人、文化与社会的互动关系，从手工艺人个体的造物实践出发，在比较中剖析手工艺人群体特征与个体差异，探讨手工艺

① 王文杰:《手艺：作为一种隐性知识及其获得机制》,《南京艺术学院学报（美术与设计版）》2010 年第 1 期，第 75 页。

人造物实践的模式性与能动性的关系，归纳手工艺人的造物实践逻辑，进而深化阐释手工艺人在传统工艺发展中的主体性，无论对传统工艺的理论研究，还是对中国传统工艺的高质量发展实践都具有重要价值。

本研究以安顺蜡染为个案，以身份认同为理论视角，观察蜡染艺人在不同语境中看待自我的方式，剖析蜡染艺人的身份认同对造物实践中原料选择、工具使用、图案设计、生产工序等方面的影响，比较分析安顺蜡染艺人的群体模式和个体差异，归纳安顺蜡染艺人的造物实践逻辑。在此基础上，笔者力求以小见大地阐释当代手工艺人的主体性及其对传统工艺发展的整体影响，以期对当代中国传统工艺的高质量发展提出相关的学理思考。

第二节　由“艺”及“匠”：传统工艺研究的范式转换与理论诉求

中国传统工艺具有多重意涵。它既是设计艺术的重要对象，也是民众参与日常生活的重要技艺，又深刻影响着社会结构与分层。因此，中国传统工艺研究一直是多学科关注的重要领域。经过长期的发展，中国传统工艺研究先后形成了本体论、文化论、社会论、实践论等四个主要的研究范式。通过比较分析可以发现，中国传统工艺的研究对象存在“工艺”与“工匠”的鲜明区别。目前，传统工艺研究正愈发关注工匠，呈现出由“艺”及“匠”的发展趋势。

一、工艺为本：中国传统工艺研究的三个研究范式及其特点

“工艺”是中国传统工艺研究的关键词，也是目前很多研究范式的核心关注对象。它们以工艺为研究对象，对传统工艺的本体、文化特征和社会属性展开了多维度的探讨。

（一）传统工艺研究的本体论范式

传统工艺本体问题是设计艺术领域讨论的重要问题之一，学者们以传统工艺本体为核心开展了大量的研究。张道一曾指出：“在近代工业出现之后，工艺美术面临的主要问题就是如何革新，与新的科技如何结合的问题。”① 面对这一问题，学者们主张从工艺美术的概念、目的和方法入手，通过对传统工艺的形状、装饰、色彩进

① 张道一：《陈之佛先生的图案遗产》，《南京艺术学院学报（美术与设计版）》2006 年第 2 期，第 143 页。

行分析，引导传统工艺的创作[①]。陈之佛认为："美术工艺（笔者注：传统工艺）实在就是美术的工业，它的内容必定含有两个相反的要素，即自目的的'美'和他目的的'实用'，二者缺一便不成其为美术工艺了。"[②]陈之佛的观点代表了相关学者的基本共识。他们以此为依据对传统工艺的设计创新开展理论研究[③]。

在此基础上，大批学者对传统工艺的设计创新开展了实践层面的探索。牟艾莉以绘本《粽子娃娃》为例，阐述其将中国端午节的民间手工艺——彩线粽子进行创新设计，使其融入当代儿童生活的过程[④]。张哲以山西花馍为研究对象，对其进行设计学的图解文论式剖析，进而开展视觉化传统创新再设计[⑤]。类似研究的体量很大，大多遵循这样的研究思路，即运用平面设计、立体设计、图像构成等理论与方法，从设计角度关注传统工艺的发展问题，以求让传统工艺融入现代生活。不过，严格意义上讲，类似研究多属于 OEM（代工生产）模式，也即以设计师为主导的传统工艺设计创新。手工艺人则沦为"代工者"，缺少在传统工艺设计创新中的参与权限。

（二）传统工艺研究的文化论范式

相较于传统工艺本体研究，文化论范式注重传统工艺的文化内涵。在很多学者看来，传统工艺的研究要超越手工艺本体，与文化传统相关联。很多学者通过历史文献等探寻传统工艺的文化本源，并开展相关的比较研究。马莉萍对中国少数民族民间剪纸的研究，把不同区域和民族的剪纸进行分类研究，认为少数民族剪纸具有原始性与古老性，各民族的剪纸都在不同程度地继承并内化了剪纸起源时的用途[⑥]。朱培初对古代端午节的研究也采取了同样的路径，他通过整理《荆楚岁时记》《岁时杂记》《日下旧闻考》等古代文献，对古代端午节所蕴含的丰富手工艺文化进行了总结[⑦]。杨先艺、王永东则从先秦《周易》《周礼》《礼记》等思想典籍和诸子百家的治世观念和散置的工艺思想典籍出发，剖析中国传统的设计美学观[⑧]。

当前，传统工艺的文化论范式更加注重将传统工艺嵌入特定语境之中，观察传

---

① 张道一：《陈之佛先生的图案遗产》，《南京艺术学院学报（美术与设计版）》2006 年第 2 期，第 143-148 页。

② 陈之佛：《美术工艺的本质》，《南京艺术学院学报（美术与设计版）》2006 年第 2 期，第 130 页。

③ 陈君：《传统手工艺的文化传承与当代"再设计"》，《文艺研究》2012 年第 5 期，第 137-139 页。张朵朵：《隐性知识：传统手工艺设计创新研究的微观视角》，《装饰》2015 年第 6 期，第 117-119 页。郭寅曼、季铁、闵晓蕾：《非遗手工艺的文化创新生态与设计参与价值》，《装饰》2021 年第 5 期，第 102-105 页。

④ 牟艾莉：《民间手工艺"彩粽"的创新再设计：以绘本〈粽子娃娃〉为例》，《装饰》2019 年第 10 期，第 132-133 页。

⑤ 张哲：《设计介入民间美术：山西花馍文化承变及应用实践》，《设计》2020 年第 15 期，第 48-51 页。

⑥ 马莉萍：《中国少数民族剪纸文化研究》，北京，民族出版社，2012 年。

⑦ 朱培初：《古代端午民俗及民间手工艺》，《装饰》2010 年第 6 期，第 62-66 页。

⑧ 杨先艺、王永东：《先秦典籍中的造物艺术与工匠精神》，《民族艺术研究》2021 年第 6 期，第 17-30 页。

统工艺与其他文化要素之间的共变关系。张士闪、邓霞对山东惠民河南张泥玩具的研究具有代表性，研究将张泥玩具放置于区域社会文化体系中，阐释张泥玩具与地方庙会、生计方式、民间信仰的共生关系①。周真刚、闫玉在对控拜银匠村的研究中也引入了“文化生态”的概念，从文化整体性入手，对西江苗族银饰工艺相关的历史记忆、生计方式、宗族等做了详细分析②。其他研究如《藏族“响箭”文化生态剖释》《近代福州漆工艺的文化生态刍议》等也均属此类。

总体而言，文化论范式下，传统工艺被纳入了整体性的文化体系之中，避免了抽离语境的风险。学者们从整体性的文化变革中探寻传统工艺的变迁原因，传统工艺的变迁也因此归因于文化整体的演进。方李莉就曾指出，传统工艺的原生性发展动力模式来自古代的手工业和农业的技术状态，而现代社会发展的动力模式则来自机械工业和高新技术的发展状态，不同的动力模式产生着不同的社会构成方式和社会生活方式,产生着不同的文化观念和不同的审美需求③。传统工艺在特定语境下被赋予了不同的符号意义，也因为其他文化要素的剧烈变化而发生变迁，逐渐退出日常生活的视域④。然而，多数研究虽然承认手工艺人对传统工艺的操行能力，但是通常多关注于传统工艺集体性的文化模式，聚焦于传统工艺宏观层面的变迁。少有研究关注手工艺人微观的造物活动，手工艺人的主体性也因此较少得到关照。手工艺人往往沦为文化传统的行动工具，他们造物活动的个体差异就此淹没在集体性的文化逻辑之中。

（三）传统工艺研究的社会论范式

在社会论范式下，传统工艺与社会之间的关系是讨论的重点。传统工艺的发展被放置于社会结构之中，视为一种社会行动。传统工艺、手工艺人和社会之间错综复杂的互动关系是研究关注的核心内容。

其中，有的研究重点关注社会结构对传统工艺的约束力。邱春林在《过渡期的政治嵌入与传统工艺文化的意识形态化》一文中就指出：“在对手工业者的社会主义改造进程中，意识形态通过新建立的行政机构和制度载体，从中央到地方垂直性地贯穿下去，并扩散开来，嵌入到最基层的生产单元和生活单元中，每一个人的知识、信仰、价值观念和行为规范都有力地回应着意识形态的冲击波，非此即彼，任

① 张士闪、邓霞：《当代民间工艺的语境认知与生态保护：以山东惠民河南张泥玩具为个案》，《山东社会科学》2010 年第 1 期，第 34-37 页。

② 周真刚、闫玉：《西江苗族银饰工艺的文化生态》，《中央民族大学学报（哲学社会科学版）》2014 年第 4 期，第 101-106 页。

③ 方李莉：《论工艺美术的原生性与再生性》，《民族艺术》2002 年第 1 期，第 159-167 页。

④ 张柱华：《陕甘黄土高原地区民间手工艺生存现状的考察与分析》，《民俗研究》2012 年第 3 期，第 142-148 页。

何手艺人都不能继续保持非工非农的职业特点，游离于社会主义大家庭之外。”[①]正是在制度的强大制约下，手工艺人的造物活动发生了改变。在合作社工作的手工艺人，参与了新的文化创造，他们的作品从形式到题材内容都传达了特定思想。事实上，不仅仅形式与题材内容，手工艺人的生产资料、生产技术与制作工序都会在社会制度的运作中受到影响。刘成纪在对百工制度的梳理中发现，早期的匠作制度在制作材料、制器过程、成品检验等方面都对传统工艺品的制作产生主导性的作用[②]。这些研究都指向手工艺人造物活动所处的制度环境，社会制度对传统工艺的结构性限制通过技术革新、生产工序、生产原料等方面得以表达。

有的研究则将传统工艺发展所依赖的社会关系作为分析重点。苏玉敏在《西域的供养人、工匠与窟寺营造》中发现，来自不同地域、不同家族的工匠可能形成不同的工匠集团，不同工匠集团会有自己独特的技术和风格，影响佛寺的形制、建筑的技术、雕塑工艺以及绘画的风格[③]。工匠集团作为手工艺人互动形成的社会组织，是社会关系的一种体现，它深刻影响佛寺建筑、雕塑、绘画的形制、技术和风格，正说明社会关系对传统工艺发展造成了深刻影响。事实上，当代传统工艺的发展中，社会关系同样影响着传统工艺的知识传播、传承与共享。吕可文、袁丰、高露等在对钧瓷的研究中发现：“生产现场、地方关系场、地方社会场与临时性场在钧瓷的学习创新中发挥着不同而又相互补充的作用。”[④]与此同时，也有研究发现生产者-中间商-消费者之间所形成的权力关系同样影响着手工艺人的造物活动。明娜在对传统手工艺行业中的中人制研究中发现：“商人雇主制普遍存在，其名称或因行业而异，但其本质都是相同的，即以商业资本的形式对手工艺者进行控制，为手工艺者提供资金帮助、提供原料甚至提供生产所需工具，作为交换，产品归商人雇主所有。”[⑤]与此同时，部分研究也发现各种社会力量所形成的社会关系网络已经嵌入传统工艺的造物活动，蕴含着引起传统工艺变迁的潜力。郭荣茂在对闽南永春漆篮技艺研究中发现：“村里的精英动员宗族网络中的漆篮手工艺人开始对市场的新需求做出迅速反应，果断采取措施加强产品的创新。”[⑥]邓军在对自贡彩灯发展历程的梳理中，也重点突出了不同时期自贡彩灯产业化组织形式的变化，展现了自贡彩灯生产

① 邱春林：《过渡期的政治嵌入与手工艺文化的意识形态化》，《民族艺术》2008 年第 1 期，第 53 页。

② 刘成纪：《百工、工官及中国社会早期的匠作制度》，《郑州大学学报（哲学社会科学版）》2015 年第 3 期，第 102-109 页。

③ 苏玉敏：《西域的供养人、工匠与窟寺营造》，《西域研究》2007 年第 4 期，第 74-83，143 页。

④ 吕可文、袁丰、高露，等：《多元场和集群创新：河南省神垕钧瓷文化创意产业的案例分析》，《人文地理》2019 年第 3 期，第 128 页。

⑤ 明娜：《传统手工艺行业中的中人制发展及其启示》，《装饰》2014 年第 3 期，第 100 页。

⑥ 郭荣茂：《宗族网络与传统手工技艺保护：闽南永春漆篮技艺调查》，《中国农业大学学报（社会科学版）》2015 年第 1 期，第 88 页。

性保护过程中地方政府、彩灯企业、彩灯艺人和其他社会力量的互动①。

总体而言，社会论范式将传统工艺嵌入于宏观的社会结构与社会关系之中，传统工艺的发展被视作动态的社会过程，不同的社会力量均参与其中。社会制度、社会互动、权力话语都成为该范式关注的重要问题。然而，由于传统工艺的发展被视为各种社会力量互动的结果或者社会制度运作的产物，社会结构与社会互动成为该范式关注的中心。受此影响，手工艺人微观的造物实践很少得到关注，手工艺人在传统工艺发展中的主体性因而也缺少较为具体的分析。

二、走向前台的手工艺人：中国传统工艺研究的实践论范式

近年来，一些研究逐渐将重心转移到手工艺人，尤其是实践论范式，这种人本取向更为明显。在实践论范式下，传统工艺研究呈现出更加生动的画面，它将传统工艺的发展置于具体的社会文化语境，兼顾社会与文化对传统工艺的影响。传统工艺的发展被视为一种动态而微观的社会文化实践，从而使手工艺人作为一个关键的行动主体逐渐浮现出来。

相较于其他研究范式，实践论范式对社会结构与文化传统都赋予了重要意义，文化传统与社会结构的结合是实践论范式下传统工艺研究的重要特点。方李莉对景德镇瓷业之前衰落的分析较为典型，她认为："景德镇手工的陶瓷业所以敌不过西方，体现在其社会组织形式和经济制度上的完全不同，知识的来源及宇宙观也完全不同。"②社会组织与经济制度侧重于社会结构，知识的来源及宇宙观则偏于文化传统，这反映出传统工艺研究中文化与社会并重的学术态度。当然，学者们在具体的研究中存在关注点的偏好。有的学者更关注多元社会主体的博弈。都晨以杨家埠木版年画为研究对象，通过对其艺术发展历程中不同力量在特定历史时期的行为表现进行观察，探讨年画如何借由年画生产者、消费者的活动，以作品保留或改变的方式进行传承和变迁，以个案的形式讨论民间艺术发展中不同力量博弈或互动的关系③。有的学者则侧重于文化传统。张君便从手工艺知识体系的分析出发，结合人类学的理论，探寻手工艺知识系统的特点及知识转化样态④。邱韩对大石窝石雕艺人的研究发现，传统工艺的创作离不开对手艺人自身心性的发现，也即对手艺人的文化

---

① 邓军：《传统手工艺类非物质文化遗产生产性保护的经验与反思：以自贡彩灯制作技艺为例》，《四川理工学院学报（社会科学版）》2016年第1期，第86-99页。

② 方李莉：《本土性的现代化如何实践：以景德镇传统陶瓷手工技艺传承的研究为例》，《南京艺术学院学报（美术与设计版）》2008年第6期，第21页。

③ 都晨：《从新国家建设时期的年画发展看结构与能动性的辩证关系：以山东潍坊杨家埠木版年画为例》，《民俗研究》2012年第3期，第120-128页。

④ 张君：《隐性知识的外显化：人类学对手工艺知识生产的重塑》，《民族艺术》2020年第1期，第87-98页。

的关注[①]。

在兼顾社会与文化的基础上，实践论范式下的传统工艺研究将手工艺人的微观造物活动作为研究重点之一。张建世提供了研究手工艺人的微观造物活动的典型经验。他在凉山彝族传统漆器工艺的调查中发现，漆器手工艺人由于漆器从实用品向礼品、旅游工艺品的转变，形成了针对不同消费群体的三种生产经营模式，并对这三种经营模式及彼此传统工艺的微妙变化做了较为细致的呈现[②]。从静态的工艺形态到动态的工艺实践，给手工艺人的主体性研究带来了突破口，启发学者们从手工艺人的微观造物活动入手，探寻宏观的传统工艺发展规律。

的确，实践论范式与之前几种视角最大的不同在于，手工艺人在传统工艺中的地位得到了凸显。琼斯和游自荧认为："在考察物品时，应当视其为人类行为的展现。虽然手工艺品和物品本身非常重要，但是它们不应当凌驾于制造和使用它们的人之上。"[③] 的确，手工艺人在传统工艺发展中具有核心载体地位。近些年，围绕手工艺人的主体性问题涌现出一批研究，如陈乃华聚焦于"唐卡"这一以图像承载神性的艺术与作为"造神者"的无名艺人研究，从"人物"的传记生命出发，在人的生命与物的流动中，揭示文化背后的驱策力量与逻辑[④]。近年来，学者们愈发关注近现代生活语境下手工艺人的群体演变，对很多新现象予以剖析。夏燕靖探寻我国传统手工艺人群体在近代化进程中所遭遇到的种种生存困境[⑤]。滕璐阳、徐赣丽在研究中发现："都市语境下，爱好者根据个人兴趣自发地学习手工艺，通过对审美体验的不断追求保持学习动力，并逐渐将手工艺内嵌于日常生活实践，呈现出弥散性传承的特征。"[⑥] 陈龙则以湘南木雕为例探讨工匠圈层及其更迭，指出"围绕木雕制造的意义生产过程，即工匠圈层的互动与实践使文化遗产得以生成与累叠"[⑦]。

近年来，在设计领域，OEM 模式中手工艺人的"代工者"角色也已引起研究者的关注。李砚祖便指出："'设计下乡'之时及其过程中，原先的匠人或手作艺人，

① 邱韩:《艺术人类学如何探讨传统艺术中的技术、技艺与变迁——以大石窝石雕艺术流变研究为例》,《民族艺林》2013 年第 4 期，第 5-11 页。

② 张建世:《凉山彝族传统漆器手工艺的文化再生产》,《西南民族大学学报（人文社科版）》2015 年第 7 期，第 35-44 页。

③ 迈克尔·欧文·琼斯、游自荧:《手工艺·历史·文化·行为：我们应该怎样研究民间艺术和技术》,《民间文化论坛》2005 年第 5 期，第 87 页。

④ 陈乃华:《无名的造神者：热贡唐卡艺人研究》，北京，世界图书出版公司，2013 年，第 1 页。

⑤ 夏燕靖:《传统手工业艺人群体近代化生存博弈探究》,《南京艺术学院学报（美术与设计）》2016 年第 4 期，第 120-130，212 页。

⑥ 滕璐阳、徐赣丽:《弥散性传承：都市语境下手工艺传承的一种路径》,《文化遗产》2022 年第 4 期，第 51 页。

⑦ 陈龙:《"遗产化"过程中的工匠圈层更迭与意义生产：以"湘南木雕"为例》,《民族艺术》2023 年第 1 期，第 72 页。

有的成了代加工者，成为劳力者。”[①] 有的研究者对此现象表示担忧，林岩便指出：“由于设计师的主导性介入使得手工艺人往往处于设计团队的边缘呈现出‘代加工’的尴尬局面……甚至会在设计师主观决策的引导下产生对原有文化特质的分裂与偏离。”[②] 随着对手工艺人主体性问题的深入思考，协同设计模式逐渐受到业界的关注，成为一种正在兴起的设计创新模式。诸如《协同设计“触动”传统社区复兴——以“新通道·花瑶花”项目的非遗研究与创新实践为例》[③]《传统手工艺创新——共创视野下传统工匠与时尚设计师的合作机制研究》[④]《国潮背景下的非遗传承与创新设计》[⑤] 均关注了协同设计中手工艺人的主体性问题。这些研究都表明，传统工艺研究正逐渐强烈地表现出对手工艺人主体性的关怀，这为探讨手工艺人的主体性问题提供了有价值的参考。

三、研究评述：手工艺人主体性研究的未来进路

通过梳理可以发现，中国传统工艺研究在研究对象层面具有“工艺”与“工匠”的分野，二者并无先后之分，只是研究切入角度存在差异。需要明白，以“工艺”为核心对象的研究范式具有深刻的启示意义。本体论范式能够为传统工艺研究提供传统工艺本体层面的思考；文化论范式强调了传统工艺研究的文化整体观；社会论范式则突出了传统工艺发展所依托的社会结构与社会互动。但同时，也要清楚中国传统工艺研究离不开对“工匠”的关注。本质而言，对中国传统工艺研究三大要素（传统工艺、文化传统和社会结构）关系的探讨始终离不开手工艺人的媒介作用，这正是关注手工艺人主体性的内在原因。

可以看到，手工艺人的主体性正在逐渐明朗的过程中。尤其是实践论范式，本着人本主义的关怀，对手工艺人的主体性开展了越发丰富的研究。然而，目前研究对于手工艺人与文化、社会的关系的认识，仍然是略显模糊的，亟待进行更加细致的剖析。人们常常视一些现象为理所当然，比如手工艺人为社会结构与文化传统所制约，又如手工艺人具有创造力。然而，手工艺人是如何受到社会结构与文化传统制约的？手工艺人又是如何在社会结构与文化传统的制约下发挥能动性开展造物实

---

① 李砚祖：《设计与手作：手作的社会学与哲学分析》，《南京艺术学院学报（美术与设计）》2015 年第 6 期，第 5 页。

② 林岩：《传统手工艺中隐性知识的当代转化与创新：以髹饰技艺为例》，《创意与设计》2020 年第 2 期，第 57 页。

③ 张朵朵、季铁：《协同设计“触动”传统社区复兴——以“新通道 · 花瑶花”项目的非遗研究与创新实践为例》，《装饰》2016 年第 12 期，第 26-29 页。

④ 廖勇、刘怡、李庆芳：《传统手工艺创新——共创视野下传统工匠与时尚设计师的合作机制研究》，《装饰》2021 年第 3 期，第 120-123 页。

⑤ 章莉莉、朱艺芸：《国潮背景下的非遗传承与创新设计》，《装饰》2021 年第 10 期，第 30-35 页。

践的？这些问题都亟待通过对手工艺人造物实践逻辑的深入剖析来得到解答。

探索这些问题直面的是传统工艺的一个核心概念对子，即“艺”与“匠”。我们一直都在强调手工艺人是传统工艺的核心载体，那么我们如何理解这个核心载体的地位；手工艺人在传统工艺的发展中扮演怎样的角色。尤其是在富于后现代性的当代日常生活中，手工艺人又对传统工艺的整体发展产生了哪些新的影响。对这些第二层次诸多问题的解答，将会让我们更加深刻地认识当代传统工艺与手工艺人的二元关系，更深刻地理解当代传统工艺发展的整体逻辑，这正是本研究最终的理论关怀。

第三节　身份：解读手工艺人造物实践的可能切入点

既然要依托手工艺人造物实践逻辑的解读，去阐释手工艺人的主体性问题，那么便需要寻找一个可能的理论切入点。这时，“身份”作为社会结构、文化传统与个体的衔接，便成为可能的选项。

一、何为“身份”：身份作为研究切入点的合理性分析

“身份”英文对应词为“identity”，构成的主要词义是“整体性”“个体性”“个别性”“独立存在”或一种确定的特性组合[①]。从早期社会心理学，到符号互动论，再到当代的身份认同研究，多位学者基于各自的研究视角对身份提出了不同的定义。

作为符号互动论的先驱，乔治·赫伯特·米德基于詹姆斯的“多重自我”、库利的“镜中我”和杜威的“实用主义”思想，对“自我”进行了开创性的研究。在他看来，一个人自我意识的形成来源于以符号为媒介展开的社会互动。他使用主我、客我和泛化的他人等概念对自我意识的形成进行了分析。他认为一个人的自我意识由主我和客我构成，客我便是作为共同体的社会态度，也即泛化的他人，主我则是对这种泛化他人的个人反应。它们共同作用并形成自我意识。在米德的研究基础上，符号互动论的不同流派分别提出了各自对身份的理解。

身份的拟剧视角注重的是身份的微观研究，代表学者是欧文·戈夫曼。作为符号互动论的代表性人物，欧文·戈夫曼在一定程度上继承了米德和布鲁默的学术遗

① 钱超英：《身份概念与身份意识》，《深圳大学学报（人文社会科学版）》2000 年第 2 期，第 89-94 页。

产，研究注重以符号为媒介的微观的社会互动过程，创造性地把戏剧表演的视角引入社会现象的分析中，对社会互动的过程展开微观的分析。他认为："自我是一种戏剧性的效果，是从被呈现的场景中渗透出来的效果。"[①]"在对自我的分析中，必须把自我和它的占有者分离开来，让自我从因它而受益，或因它而受损的人身上退离下来，因为它和它的躯体仅仅只是一个挂衣架，某种合作生产的产品只是暂时悬挂在它的架钩上。"[②]对于戈夫曼而言，并不存在一个本质化的自我，自我本质上来源于社会互动。个体为了符合情境的需要表演特定的自我，并采取一些相关的行为。正如戈夫曼所言："他所论述的仅仅是参与者呈现在他人面前活动的戏剧问题。"[③]因此，他的研究更多的是微观的，以个体行动为出发点。同时，身份被视作外在于人存在的主体间性的存在，个体成为被情境所驱使的"身份挂钩"。

虽然同样源出米德，由曼福德·库恩开创的结构符号互动论与布鲁默引领的传统符号互动论形成鲜明对比。库恩的结构符号互动论认为通过符号开展的社会互动最终会形成群体情境，它会反过来影响符号互动进程。在方法上，结构符号互动论主张用实证科学的研究方法，通过定量研究，解答社会心理学的问题。理论和方法上的特殊性都使结构符号互动论的身份理论具有鲜明的特色。

以斯特赖克为代表的身份理论以及皮特·布克的身份控制理论同样产生了很大的影响。斯特赖克的身份理论注重的是社会结构对个体身份认同与行为的影响。斯特赖克认为："身份由人们对他们在高度分化的当代社会中通常扮演的多重角色所赋予的意义组成。"[④]人们在特定的、小规模的社会关系网络中生活，角色扮演正是他们参与社会关系网络的手段。社会角色指的是在社会网络中所占据的社会地位的期待，而身份就是内化了的角色期待。多重身份按照一定的层次整合在一起，不同身份因为认同承诺不同而存在显著性的差异。在特定情境中，某一身份占据显著性地位[⑤]。而身份包含的角色行为期待则会指引个体做出相关的行为。皮特·布克的理论被称为身份控制理论。他综合运用语音差异测量等技术，对个人的身份验证过程也即身份与行动的内在动力机制进行分析。与斯特赖克注重社会结构对个体身份与行为的影响不同，布克的身份研究注重外在社会结构作用于个体认同的内在动态机制。布克认为每一个身份的确立都由身份标准、身份输入、身份比较和身份输出四个部分组成。人们在特定情境中会对自己感知到的情境中的自我意义与自己的身份

① [美]欧文·戈夫曼：《日常生活中的自我呈现》，冯钢，译，北京，北京大学出版社，2008年，第215页。

② 同上。

③ 同上，第11-12页。

④ Stryker S，Burke P J：The past，present，and future of identity theory，Social Psychology Quarterly，2000（4）：284-297.

⑤ 同上。

认知进行比较，如果两者相差无几，那么人们会采取相关的稳定的行动；如若两者存在差异，那么人们就会调整自己的行为反作用于社会[①]。布克通过意义建立起了身份与行动的关联。他认为身份是自我意义，由情境中角色的意义发展而来。身份与行为由它们所共享的意义建立起联系[②]。在布克的理论体系中，社会结构虽然仍具有先行地位，但是显然个体具有了相对更大的自由。

吉登斯对身份的研究同样是具有代表性的，在他看来身份是一种自我认同。吉登斯认为："自我的认同假定了反思性觉知的存在，或者说就在'自我意识'这个术语的意义上，个体具有意识。换言之，自我认同并不仅仅是被给定的，即作为个体动作系统的连续性的结果，而是在个体的反思活动中必须被惯例性地创造和维系的某种东西"。[③] 因此，"个体的自我认同是个人依据其个人经历所形成的作为反思性理解的自我"。[④] 吉登斯同时指出："惯例会依据自我认同的变动性而反思性地接纳改变，所有这些选择不仅是有关如何行动的决策，而且还是有关谁在做出这些决策的选择。"[⑤] 可见，在吉登斯的自我认同理论中，自我认同在行动中起到非常重要作用。

综上所述，当前对身份的定义多种多样。虽然学者的观点不一，但是对身份的以下认知是共识性的。

其一，身份是一种自我意识，是个体关于自己是谁的基本认知。这种意识来源于社会生活，具有社会建构性。从这一角度而言，身份是连接个人与社会文化的纽带。人的主体性在一定程度上就是在探讨人与社会文化之间的关系，因而身份为笔者理解手工艺人的主体性提供了可能的视角。

其二，身份与行动具有紧密的关联。在戈夫曼看来，身份是一种情境化的产物，个人为获得信任就必须表现出他人要求的形象，这种形象就是个人在情境中的自我。个人在情境中的行动就是对这种自我的表达。在斯特赖克看来，身份是个人各种社会角色的意义，当人们意识到自己的身份时，会按照相关的角色期待规划自己的行动。而在吉登斯看来，行动的决策同样与自我认知关系密切。因此，身份认同为笔者观察并归纳手工艺人造物实践逻辑提供了突破口。在此基础上，笔者将进一步理解手工艺人与社会文化的关系，从而推进对手工艺人主体性的研究。

---

① Burke P J：Identity control theory//Ritzer G：The Blackwell encyclopedia of sociology，Oxford，Blackwell Publishing，2007，p2202-2207.

② Stryker S，Burke P J：The past，present，and future of identity theory，Social Psychology Quarterly，2000（4）：284-297.

③ [英]安东尼·吉登斯：《现代性与自我认同》，赵旭东、方文、王铭铭，译，北京，生活·读书·新知三联书店，1998 年，第 58 页。

④ 同上，第 58-59 页。

⑤ 同上，第 92-93 页。

二、手工艺人身份的相关研究

目前，学者们已经对手工艺人的身份问题给予了一定的关注。爱德华·露西-史密斯曾在《世界工艺史：手艺人在社会中的作用》中指出："如果我们只将自己的视野固定在手工艺技术上，而不承认手工艺人在社会角色中的多变性，我们将无法理解手工艺的真正历史。"① 莉恩·M. 哈特对印度民间绘画的研究在手工艺人身份研究中较具代表性。她在论文《三面墙：地区美学和国际艺术界》中描述了一种很有趣的现象。在印度某村，很多女性掌握绘画技艺。在历史上，她们均绘制母神、象头神等图案，具有强烈的仪式价值。20 世纪下半叶，这种绘画远销海内外，分别被赋予了"仪式用品""旅游艺术""美术作品"三种不同意义。绘画者的社会角色和技艺因为绘画意义的转换而出现了差异。在村落生活中，绘画依然是仪式用品，绘画者的技艺是实现仪式过程的必要手段。在旅游市场，绘画是热销旅游艺术品，绘画者成为市场中的"艺术家"，技艺是她们获取经济利益的手段。在国际艺术世界，绘画则成为具有异域风情的美术作品，绘画者摇身一变成为"成功的艺术家"，技艺则成为审美视角下的艺术技巧②。可以说，哈特的研究是手工艺人身份与造物实践微观研究的典型，说明手工艺人身份与造物活动之间存在多元且动态的互动关系。哈特的研究不再局限于对特定群体造物模式的总结，将焦点聚焦于手工艺人在不同情境下的身份与造物活动的共变关系。正如她在文中所分析的："地区美学和国际艺术世界似乎要求图像生产者具有不同的身份：一是印度教家庭中的母亲，其绘制的图像是举行宗教仪式必不可少的组成部分；二是'艺术家'，其可通过合作社销售她的绘画。"③ 这集中说明了手工艺人身份与手工艺造物活动在不同情境中的共变关系，也从侧面支持了本研究的初步观点。

事实上，国内近些年来也在逐渐关注手工艺人的身份问题，尤其在中国传统工艺振兴计划提出后，对手工艺人身份的研究越来越丰富。有些研究呈现了手工艺人群体的整体身份状态。贺超海、李晓岑通过对古代手工艺家文献的整理，从手工艺家的籍贯、手艺类别、社会地位等方面对古代手工艺家的身份进行了分类分析④。这为手工艺人身份的研究提供了科技史方面宝贵的基础材料。更多的研究则是通过田

---

① [英]爱德华·露西-史密斯：《世界工艺史：手工艺人在社会中的作用》，朱淳，译，杭州，中国美术学院出版社，2006 年，第 2 页。

② [英]莉恩·M. 哈特：《三面墙：地区美学和国际艺术界》，载[美]乔治·E. 马尔库斯，[美]弗雷德·R. 迈尔斯：《文化交流：重塑艺术和人类学》，王建民，审校，阿嘎佐诗、梁永佳，译，桂林，广西师范大学出版社，2010 年，第 150-176 页。

③ 同上，第 158 页。

④ 贺超海、李晓岑：《中国古代手工艺家群体特征研究》，《自然辩证法通讯》2017 年第 3 期，第 1-7 页。

野调查对手工艺人群体的身份问题开展研究，这些研究通过对手工艺人身份建构的分析，阐释文化传统、社会结构对手工艺人身份的影响。例如，陈紫对景德镇陶工群体的身份研究。她通过对20世纪中叶景德镇瓷业转型期基本过程的梳理和描述，探讨陶工群体在国家力量与地方社会发生互动的状态之下，生活、技术、思想等的一系列转变，对陶工的身份认同做出人类学方面的阐释[①]。与陈紫关注的对象相似，蒋梦恬的研究对象是宜兴陶艺青年群体的身份认同问题。她从陶艺青年与外群体边界关系的建构、“父辈”与“我们”代际的差异以及群体内互动三个方面对陶艺青年的身份认同问题进行了分析[②]。谢越将嘎玛地域手工艺工匠群体作为研究对象，从文化共同体的研究角度对嘎玛工匠群体文化进行分析。他依托在嘎玛乡进行的田野调查，通过利用国内外藏学领域内的研究成果尝试对群体社会史进行书写，将地域、文化、群体三者间的互动关系加以呈现[③]。其他相关研究如《合作化时期（1949—1957）民间手工艺人社会身份的变化与技艺传承　以北京玉雕艺人潘秉衡的从艺经历为例》[④]《蒙古族弓弦乐器匠作身份的时代变迁与文化趋同》[⑤]也均对手工艺人的身份演变进行了深入分析。

自我国非遗保护工作开展以来，大量的手工艺人受到政府和社会的关注并获得国家赋予的相关身份。在此过程中，“手工艺人正面临巨大的历史机遇，他们的身份、地位、心理、价值观已经发生很大的变化，表现出新的特征”[⑥]。正如孙发成所言：“民间手艺人实现了从社会‘边缘’走向‘中心’，从‘文盲’切近‘精英’，从‘民间’进入‘官方’的转变。”[⑦]手工艺人的身份问题在此背景下愈发凸显出来。张西昌在研究中提出：“民间艺人在中国传统文化语境中的身份地位低及话语权缺失的现实，也极大地影响了公民对于民间艺术知识产权的认知程度。”[⑧]可以发现，手工艺人的身份状况已经引起了国内外学术界的关注。

如果说以上学者关注的是手工艺人身份本身，那么以下学者则进一步探寻了手工艺人身份与造物活动的共变关系。叶继红对镇湖绣女群体的调查为此问题提供了

① 陈紫：《国家与地方视野中的陶工身份认同（1949年—1958年）：以景德镇建国瓷厂为例》，中国艺术研究院，硕士学位论文，2011年。

② 蒋梦恬：《陶艺青年的身份认同研究》，华东师范大学，硕士学位论文，2015年。

③ 谢越：《延伸的信仰：嘎玛手工艺工匠群体文化建构》，西藏民族大学，硕士学位论文，2016年。

④ 王拓、张薇：《合作化时期（1949—1957）民间手工艺人社会身份的变化与技艺传承　以北京玉雕艺人潘秉衡的从艺经历为例》，《新美术》2018年第11期，第58-62页。

⑤ 刘婷坤、胡阿菁、仪德刚：《蒙古族弓弦乐器匠作身份的时代变迁与文化趋同》，《自然辩证法研究》2020年第11期，第105-110页。

⑥ 孙发成：《非遗保护中传统手工艺人的蜕变》，《中国社会科学报》2015年12月16日。

⑦ 孙发成：《当代语境下民间手工艺人的身份转向与群体特征》，《民族艺术》2015年第2期，第61页。

⑧ 张西昌：《民间艺人的身份归属与知识权益——以库淑兰现象为分析样本》，《郑州轻工业学院学报（社会科学版）》2016年第3期，第90页。

直观的演绎。他发现，随着苏绣的快速商品化，绣女群体也逐渐分化出多种角色和阶层。不同角色和阶层的绣女在造物活动方面具有差异性①。况贺对黄杨木雕传承人柯愈勋的艺术家身份认同做了分析，并从工具制作、作品署名等方面描述了这种身份对他造物细节的相关影响②。荣树云在研究中也发现,民间艺人在建构新的社会身份的同时，又重新塑造着他们的社会关系、价值观、行为模式、文化规则以及手工艺品的多元生产机制③。这些研究为笔者理解手工艺人身份与造物活动的关系提供了有价值的参考。

可以看到，近年来手工艺人的身份问题已经得到学术界越来越多的关注，不过对手工艺人身份与造物活动的共变关系的研究仍相对较少。哈特的研究是较具有启发性的，但可惜的是，哈特并未就身份认同与造物实践的具体过程与机制进行阐释。虽然她关注了手工艺人身份与造物活动的共变关系，但是对手工艺人如何管理自己的多元身份，又如何在不同身份状态下开展造物活动，这种造物活动中结构性与能动性的关系如何，又如何协调等问题仍有待深入探索。本研究便以安顺蜡染艺人为研究对象，对手工艺人的个体生命历程和造物实践过程展开剖析，分析手工艺人的身份认同与造物实践的共变关系，进而归纳阐释手工艺人的身份管理机制、造物实践机制、集体转化机制，从总体上形构安顺蜡染艺人的造物实践逻辑，在此基础上以小见大地阐释当代中国手工艺人的主体性。

第四节　概念界定

一、传统工艺

潘鲁生曾指出，民间手工艺通过广大民众的创造，以“技艺”的形式、“物”的形态，融汇时代的、民族的、地域的文化信息，包括自然观念、造物哲学、材料工艺、审美情趣和价值观念等④。与潘鲁生的概念相呼应，徐艺乙把传统手工艺界定

① 叶继红:《传统技艺与文化再生：对苏州镇湖绣女及刺绣活动的社会学考察》，北京，群言出版社，2005 年，第 266-290 页。

② 况贺:《论传承人的艺术家身份认同——以黄杨木雕传承人柯愈勋为个案》,《重庆文理学院学报（社会科学版）》2015 年第 1 期，第 5-9 页。

③ 荣树云:《“非遗”语境中民间艺人社会身份的构建与认同——以山东潍坊年画艺人为例》,《民族艺术》2018 年第 1 期，第 91-100 页。

④ 潘鲁生:《民间手工艺的知识产权保护与文化传承》,《红旗文稿》2012 年第 6 期，第 13 页。

为："在当代，传统手工艺主要是指在前工业时期以手工作业的方式对某种材料（或多种材料）施以某种手段（或多种手段）使之改变形态的过程及其结果。"[①] 这一概念突出了传统工艺在造物活动层面的特殊属性，更能够体现传统工艺作为实践过程与结果结合体的内容特征，本研究沿用这一概念。

二、手工艺人

手工艺人与人类的历史相伴而生，历史悠久。目前，学术界对手工艺人的界定是相当广泛的。柳宗悦在《日本手工艺》中如此评价工匠："即使他们是渺小的个人，但传统则是伟大的力量，他们的工作是由传统驱使着的。不仅如此，他们中间的多数人是有耐性的，学徒期满、技艺经过磨炼的工人……工匠以拥有手艺的工作为荣耀，但又不愿意夸耀自己，制作正宗的作品才是他们引以为豪的。可以说，他们是以作品为主、自己为辅，所以没有企图在一个个的作品上都签名。这样的胸怀才是应该尊重的。"[②] 在柳宗悦看来，手工艺人是经过学艺熟练掌握手工技艺的人，对手工艺的操行是对传统的顺从，手工艺人最主要的是集体性，个人性的创作则相对是次要的。相较之下，史密斯对手工艺人的定义则突出了手工艺人作为社会性的存在，强调手工艺人是在各种社会地位上开展手工劳作生产的人[③]。这些论断无疑对本研究是富于启发性的。

本研究所使用的手工艺人概念建立在柳宗悦和史密斯的概念基础上。柳宗悦的概念强调了手工艺人的文化属性，史密斯的概念则强调了手工艺人的社会属性。的确，手工艺人的生产劳作是一种社会性与文化性并存的劳动。因此，本研究在二者定义的基础上将手工艺人定义为：既是在社会地位基础上，也是在特定的文化情境中开展手工劳作活动的人，也即在特定情境中通过开展手工劳动参与社会生活的人。

三、主体性

主体性是哲学、社会学、人类学等多学科共同关注的学术话题。学界对主体性的界定也较为多样。例如和学新认为，主体性就是作为现实活动主体的人为达到"为我"的目的而在对象性活动中表现出来的把握、改造、规范、支配客体和表现

① 徐艺乙：《手工艺的传统——对传统手工艺相关的知识体系的再认识》，《装饰》2011年第8期，第54页。

② [日]柳宗悦：《日本手工艺》，张鲁，译，桂林，广西师范大学出版社，2011年，第8页。

③ [英]爱德华·露西-史密斯：《世界工艺史：手艺人在社会中的作用》，朱淳，译，杭州，中国美术学院出版社，2006年，第2页。

自身的能动性[①]。王玉樑则认为，主体性是主体的本质和特性，是主体在对象性活动中本质力量的外化，能动地改造客体、影响客体、控制客体，使客体为主体服务的特性[②]。虽然各种概念界定表述略有差异，但是对主体性的界定有共同之处。他们都强调主体性是人类在社会生活实践过程中展现出来的自主、主动、能动的能力和观念。而魏小萍在对主体性的论述中进一步强调了主体性的双重意涵。她指出，主体性不仅体现为主观能动性，它同时还包含着受动性与为我性。从主客体的对象性关系来说，能动性、受动性与为我性都是在人的对象性的实践活动中历史地形成、发展和发挥作用的[③]。这一概念进一步强调了主体性背后所隐含的个人与社会，个体与集体之间错综复杂的关系，而这正是笔者对主体性的核心关注点所在。

四、身份

身份研究是一个跨学科的研究领域，社会学、社会心理学、人类学等均对身份问题开展了长期的研究。本研究所使用的身份属于个体身份，即个人对“自己是谁”的问题的认知。正如上文所言，目前学术界对身份的概念界定非常多样，不过也有一些较为共识性的看法。笔者认为身份最为重要的三个特征如下。其一，身份是一种心理意识，是对自我的感知。无论是米德的“自我意识”，还是斯特赖克的“社会角色的意义”，对身份作为一种心理意识的理解是共识性的。其二，身份虽然是心理状态，但是却来源于社会生活，是在社会互动过程中积累的个人经验内化之后的心理状态，无论是米德的“泛化的他人”，还是吉登斯的“个人经历的连续性”都是这种内化的个人经验的体现。其三，身份作为一种个人经验的内化积累，既来源于个人的行动，也有可能对个人行动产生影响。无论是斯特赖克，还是吉登斯，他们都认为这种经验的积累与转化，能够影响个人的行动。不过，需要指出的是，身份作为一种衔接外化社会生活与内化心理世界的关键纽带，如何以合理的方式去认知并验证它，这是分析身份的一大难题。在此，霍兰德基于维果茨基的文化历史发展理论及其唯物辩证法思想，提出了一个更加利于观察和剖析身份的概念界定。她认为，身份是一个将个人世界与文化形式和社会关系构成的集体空间建立起联系的概念，它是行动世界中的自我想象，由各种外在行动经验内化的抽象图式构成，依赖于行动而存在[④]。本研究将沿用这一概念。

---

① 和学新:《主体性的内涵、结构及其存在形态与主体性教育》,《西南师范大学学报（人文社会科学版）》2005年第1期，第65-71页。

② 王玉樑:《论主体性的基本内涵与特点》,《天府新论》1995年第6期，第34-38页。

③ 魏小萍:《“主体性”涵义辨析》,《哲学研究》1998年第2期，第22-28页。

④ Holland D C：Identity and agency in cultural worlds，Harvard，Harvard University Press，1998，p5-8，p37.

第五节　作为研究剖面的安顺蜡染与研究过程说明

一、作为研究剖面的安顺蜡染及其典型性

本研究选取贵州省安顺市作为研究区域，以当地布依族（第三土语区）、苗族支系——小花苗的蜡染为主要研究对象。安顺蜡染被誉为“东方第一染”，已被收录于第二批国家级非遗代表性项目名录。历史上，蜡染技艺既为安顺市多族群共享，又因为蜡染图案、意义、用途的差异而成为各自族群身份的重要表征。但是，目前安顺市的布依族（第三土语区）和小花苗仍在较多地制作并使用蜡染，其他的族群如歪梳苗则已较少或者不再使用。安顺各族群的蜡染技艺工序在总体上具有相似性，但在蜡染的文化内涵、图案、画蜡手法和功能等方面存在差异。

目前，学界已经对安顺蜡染展开了较为多元的研究。其一，有学者对安顺蜡染的本体特征进行了探寻。黄亚琴、单文霞便对安顺蜡染的纹样做了分类，并从艺术学角度对其色彩的设计意识进行了分析[①]。其二，有学者对安顺蜡染的文化内涵进行了细致的剖析。伍文丽便曾对石头寨蜡染的文化内涵与价值做了全面且较为系统的分析，并在此基础上，运用传播学的理论和研究视角，对布依族蜡染工艺的传承与创新问题进行了探索[②]。其三，更多的学者将安顺蜡染嵌入于当代社会文化发展语境之中，观察安顺蜡染的文化嬗变问题[③]，在此基础上对安顺蜡染在当代的传承发展[④]和产业开发[⑤]两个重要问题展开了细致探讨。其四，少数学者也关注到安顺蜡染艺人的主体性问题。胡文兰在镇宁县石头寨田野调查的基础上，对绘制蜡染的女性进行了研究，探讨了蜡染对妇女社会生活产生的影响，以此为视角分析了蜡染在地方

① 黄亚琴、单文霞:《安顺蜡染纹样、色彩及其表现形式探究》,《浙江纺织服装职业技术学院学报》2014 年第 1 期，第 70-74 页。

② 伍文丽:《布依族民间蜡染工艺传承的传播学阐释——基于贵州镇宁县石头寨的调研分析》，西南大学，硕士学位论文，2014 年。

③ 胡文兰:《布依族妇女传统蜡染服饰变迁的“真假”之喻》,《广西民族研究》2019 年第 1 期，第 75-81 页。周继业:《试论贵州蜡染在现代中国的嬗变——以安顺“蜡染之乡”为例》,《轻纺工业与技术》2020 年第 9 期，第 148-149 页。

④ 周启萌、田艳:《非物质文化遗产视角下的布依族蜡染技艺的传承和保护——基于贵州省镇宁县石头寨的调研分析》,《原生态民族文化学刊》2011 年第 4 期，第 109-115 页。唐宸宸:《少数民族传统工艺的传承与创新——以贵州安顺布依族蜡染为例》,《西部皮革》2023 年第 4 期，第 55-57 页。

⑤ 张樊、石坚:《安顺布依族蜡染旅游产品开发探析——以石头寨布依族蜡染为例》,《贵州民族研究》2017 年第 9 期，第 179-181 页。

文化与旅游市场化背景下的发展状态[①]。黄素云、陶伟等则进一步聚焦于安顺蜡染艺人的造物实践，并指出“蜡染生产不仅是手工艺人表达自我的创造性实践，同时建构了特定的社会文化关系”[②]。以上研究呈现出安顺蜡染鲜明的民间艺术特点，同时也反映出其在现代生活中传统与现代并存、日常生活与产业开发并重的存续特征。

以上研究的发现反映出安顺蜡染作为研究对象的典型性，它集中展现了当代传统工艺多元的发展状态。事实上，在实际生活中，安顺蜡染作为研究对象的典型性还具有更加丰富的表现。一方面，安顺蜡染能够反映出中国传统工艺多元的存续状态。在各类别的安顺蜡染中，布依族蜡染和小花苗蜡染在各自族群的生活中依然在使用，在婚礼和葬礼等仪式和节庆活动中都扮演重要的角色。而歪梳苗的蜡染则由于民众对机制蜡染的广泛接受而已远离日常生活。这种多元的生存状态是当前中国传统工艺部分存续于生活，部分近于失传的状态缩影。另一方面，安顺蜡染能够反映出中国传统工艺差异化的商品化发展状态。小花苗因为定居于安顺城区和城郊，蜡染商品化进程相对较快，已开发出多种蜡染旅游工艺品，而且产品也在根据市场的需求持续更新。相较之下，布依族蜡染的旅游工艺品化程度较弱，仍然主要用于族群生活。蜡染艺人以制作布依族蜡染为主，销售对象也是布依族民众，蜡染旅游工艺品的开发仍相对滞后。事实上，当前中国很多传统工艺，如银饰制作、刺绣等，都正在经历类似的差异化的商品化发展历程。因此，安顺蜡染能够反映当下中国传统工艺的生存状态和发展趋势，具有典型性。

二、研究过程说明

（一）调查选点说明

本研究采取多点式田野调查与个人口述史相结合的方式，力求对安顺蜡染有更加整体性的把握。研究选取黄果树管委会的布依族村寨——石头寨（自然村）、安顺城郊的小花苗村落——核桃村（自然村）作为主要的田野调查点。

石头寨隶属于黄果树管委会，位于安顺布依族蜡染流布的核心区域，是当地蜡染艺人分布较为集中的村寨。目前，村中仍在从业的蜡染艺人有20人左右。20世纪70年代以前，石头寨的布依族女性以蜡染为制作日常服饰的重要手段。后来，随着布依族服饰传统的变迁，蜡染已很少在日常生活中使用，但是在婚丧嫁娶等重要的生命礼仪中仍大量使用。改革开放以来，石头寨开始进行大规模的旅游开发，大批中外游客来到石头寨，推动了布依族蜡染的旅游商品化进程，不过发展较为缓

① 胡文兰：《石头寨布依族妇女的蜡染人生》，中央民族大学，硕士学位论文，2011年。

② 黄素云、陶伟、蔡浩辉：《制造地理视角下乡村传统工艺类非物质文化遗产的生产实践》，《地理科学进展》2022年第11期，第2108页。

慢。目前，只有少数艺人从事蜡染旅游工艺品的制作和销售，其他艺人仍主要制作布依族传统蜡染，定期到附近集镇大抵拱销售给当地的布依族民众。

核桃村位于安顺市东郊，是一个以小花苗为主体的苗族自然村，隶属于西秀区东关办事处核山村，是目前安顺城郊村落中蜡染艺人较多的村落之一。核桃村蜡染最大的特点在于其相对快速的商品化。20 世纪 90 年代初，时任妇女主任的杨千群便开办了蜡染企业，生产蜡染旅游工艺品。最为兴盛时，村落中大批女性到安顺各蜡染厂学习蜡染并进厂做工。目前，安顺市较为有名的蜡染企业——星月蜡染公司就曾位于核桃村，有几名画蜡工人兼职为其做工。2017 年，核桃村还有 1 个蜡染企业，有 6 名画蜡工人长期或间歇性地从事蜡染绘制工作。另有 1 个家庭式企业，接收小规模的蜡染订单。可以说，核桃村的蜡染发展状况是安顺蜡染旅游商品化的缩影。

除此之外，本研究以普定县坪上镇沙锅寨为辅助调查点。沙锅寨是一个以歪梳苗为主体的苗族村落，其蜡染与织金蜡染相似，与布依族蜡染和小花苗蜡染存在明显差异。20 世纪 80 年代，沙锅寨村民依然穿着蜡染服饰，虽然服饰传统发生较大变迁，但依然在婚丧嫁娶中使用手工蜡染。2000 年前后，机制蜡染传入大哪、硝洞、等堆一带，并为沙锅寨等歪梳苗村寨的村民接受。传统的蜡染制作技艺逐渐被当地村民放弃。笔者曾与一位 20 岁左右的女孩闲谈，问她：“知道蜡染吗？”她居然问笔者蜡染是什么。可见，歪梳苗的蜡染技艺已经彻底退出了当地的日常生活，目前已经处于失传的境地。正因如此，沙锅寨的调查主要以村民的口述史为主，从历史记忆中寻找歪梳苗的蜡染印迹。

除社区调查外，本研究还对原安顺蜡染总厂、福远蜡染公司、国英蜡染公司以及小花苗和布依族蜡染市场等展开调查，同时对分散在安顺各地（包括西秀区牛角洞、西秀区旧州镇松林寨、开发区宋旗镇和尚庄、普定县魏旗镇沙戈村、西秀区王庄村、西秀区蓬赛斯小区、西秀区蔡官镇梅家庄等地）的蜡染艺人展开口述史的调查，从而与社区调查形成良性互补，以求系统把握安顺蜡染艺人的身份认同与造物实践的基本情况。

本次调查以安顺蜡染艺人[①]为研究对象，选取了 47 个个案进行深度访谈，收集了第一手资料。研究兼顾年龄的差异性，避免出现同一类型个案无效重复的情况，尽量涵盖各类蜡染艺人的状况。具体而言，笔者自 2016 年 5 月根据半结构式访谈提纲进行预调查，然后根据反馈信息和实际调查情况修改调查提纲，按表 0-1 的时间计划开展田野调查。

① 从事安顺蜡染制作的主要是小花苗和布依族的蜡染艺人，她们并没有“蜡染艺人”的自我认知，因此本文仅以蜡染艺人指代这些从事蜡染制作的人。

表 0-1　田野调查的基本历程

时 间	调查地点	调查内容
2016 年 5 月 1—2016 年 5 月 15 日	安顺市档案局及图书馆、西秀区旧州镇松林寨、西秀区蔡官镇梅家庄	预调查、确定田野点、整理文献
2016 年 6 月 7 日—2016 年 7 月 25 日	安顺市镇宁县石头寨	布依族蜡染艺人
2016 年 11 月 15 日—2016 年 12 月 12 日	安顺市镇宁县石头寨	布依族蜡染艺人
2017 年 3 月 10 日—2017 年 5 月 10 日	安顺市镇宁县石头寨，西秀区核桃村、牛角洞、和尚庄，普定县魏旗镇沙戈村，文庙，蒙多彩蜡染公司，福远蜡染公司	小花苗蜡染艺人、布依族蜡染艺人
2017 年 6 月 2 日—2017 年 6 月 9 日	安顺市普定县坪上镇沙锅寨	小花苗蜡染艺人、歪梳苗蜡染艺人
2019 年 7 月、2021 年 7 月、2022 年 7 月	安顺市镇宁县石头寨、大抵拱，西秀区花鸟市场、王庄村	先后三次进行调查回访

（二）文献使用说明

本研究运用文献分析法开展研究工作，具体而言，所使用的文献包含以下两方面。首先是安顺地区的历史、民族文化、地理等相关文献，包括《（咸丰）安顺府志》《续修安顺府志辑稿》《安顺地区民族志》《安顺市西秀区苗族志》《镇宁布依族苗族自治县志》《安顺文史资料》等资料。通过这些历史文化资料，笔者力图对安顺历史上的族群关系、各族群文化及其演变，以及蜡染在各族群文化中的位置进行梳理。其次是安顺蜡染相关的档案资料。在安顺市档案局的帮助下，笔者对 20 世纪 80 年代以来安顺地委轻工局、安顺地委民宗局及其他可供查看的资料进行整理，梳理安顺蜡染的旅游商品化进程，掌握了近 40 年来安顺蜡染的发展状态。

（三）受访对象说明

为了保护受访者的隐私，本次调查的所有个案将进行匿名处理（所有受访对象均为虚构后的姓名）。受访对象信息如表 0-2 所示。

表 0-2　调查对象基本信息统计

姓名	出生年代	族群归属					职业			
		布依族	苗族（小花苗）	苗族（歪梳苗）	仡佬族	汉族	个体手工业者	企业主	蜡染工人	无业
韦庆珍	1960	√					√			
罗德琴	1960	√					√			
杜德珍	1960	√					√			
吴登洪	1940	√					√			
吴德文	1960	√					√			
王启慧	1970	√					√			
吴文江	1960	√					√			
杨秀银	1980					√	√			
韦庆涛	1960	√					√			
马思涛	1980	√					√			
韦庆淑	1960	√					√			
伍进芬	1970	√						√		
卫晓梅	2000	√								√
杜晓霞	1960	√								√
魏文珍	1950	√					√			
王旭涛	1960	√					√			
杨文鑫	1960	√					√			
曲来芬	1980					√	√			
韦文欣	1940	√								√
吴锦霞	1940	√					√			
张潞静	1980	√					√			
刘玉霞	1940	√					√			
王文秀	1960	√					√			
杨岚	1960		√					√		
顾思琴	1970					√			√	
王英凤	1970		√						√	

续表

姓名	出生年代	族群归属					职业			
		布依族	苗族（小花苗）	苗族（歪梳苗）	仡佬族	汉族	个体手工业者	企业主	蜡染工人	无业
杨凤彩	1970		√				√			
杨银	1980		√						√	
杨千群	1940		√							√
王颖	1960		√					√		
王玉英	1950		√					√		
王桂英	1960		√				√			
杨可闵	1960		√				√			
杨启梅	1950		√							√
杨喜英	1950		√				√			
杨彩英	1950		√				√			
杨红波	1960		√				√			
杨寒梅	1960		√				√			
王玉婷	1980				√			√		
杨千颖	1960		√					√		
王怡	1970		√						√	
王婉珍	1960		√				√			
张玉珍	1940			√						√
张新芬	1940			√						√
刘春燕	1950			√						√
魏清	1960		√					√		
杨万鑫	1950		√							√

以上个案能够基本反映出安顺蜡染的基本格局与发展状态。

首先，研究个案的职业分布体现了安顺两个族群蜡染旅游商品化程度的差异。布依族蜡染艺人主要从事的是布依族蜡染手工业，销售的方向也是在集镇赶场时销售给周边的布依族民众。相较之下，蜡染旅游工艺品的发展较为滞后，从事蜡染旅游工艺品制作的企业主仅有 1 人，从事蜡染旅游工艺品制作的个体手工业者也仅有

1人。而小花苗蜡染艺人则表现出身份多元化的局面。目前，安顺蜡染旅游工艺品企业并没有准确的统计数字，福远蜡染公司、江海民间蜡染艺术馆、星月蜡染公司、婷婷蜡染艺术坊均以制作蜡染工艺品为主。蜡染工人长期在各个企业间流动兼职。调查案例基本能够反映出安顺蜡染当前的基本状态：布依族蜡染艺人仍广泛地在布依族生活之中制作蜡染，较少从事蜡染旅游工艺品制作；而小花苗蜡染艺人虽然也在族群生活之中制作蜡染，但是更多地参与到了蜡染旅游工艺品的产销之中。

其次，研究个案能够兼顾安顺蜡染艺人职业的多样性。表0-2表明，目前蜡染艺人的职业是非常多元化的。在个案中，蜡染个体手工业者27人，蜡染企业主7人（其中布依族1人），蜡染工人4人。需要指出的是，表0-2所统计的职业是她们目前所从事的职业。实际上，她们大多经历过一次或多次身份转型。例如王婉珍，她虽然现在是个体手工业者，但之前也做过蜡染工人。又如杨千群，她虽然现在赋闲在家，但却是核桃村最早开办蜡染企业的企业主，在此之前还在安顺蜡染总厂做过蜡染工人。这些人的蜡染生涯涵盖多种与蜡染相关的职业，进一步增加了本研究个案的样本覆盖面，反映出不同阶段蜡染艺人的身份认同和造物活动情况。

再次，研究个案的年龄分布能够反映出安顺蜡染艺人的基本年龄格局。年龄最大的蜡染艺人为吴锦霞，出生于20世纪40年代。年龄最小的是卫晓梅，出生于2000年以后，是一个蜡染的初学者。蜡染艺人的年龄段集中于20世纪六七十年代，这个年龄段的人也是目前安顺蜡染艺人的主力。因此，本研究的个案从年龄分布来看也能够较充分地反映安顺蜡染艺人的总体年龄分布情况。与此同时，这种年龄跨度，既能让研究顾及20世纪60年代以来的蜡染制作状况，又能实际地观察当前蜡染艺人的养成过程，让研究更加系统全面。

最后，研究个案能够反映出安顺蜡染艺人的总体族群归属情况。研究个案的族群归属分布表现为以布依族、苗族（小花苗支系）为主，以汉族、苗族（歪梳苗支系）、仡佬族为辅的特点。由于本研究以布依族、小花苗为主要调查对象，因而这两个族群的蜡染艺人是调查的主体。此外，有三位汉族的蜡染艺人，她们分别是从湖北、贵州铜仁和安顺两所屯嫁到石头寨和核桃村的媳妇。她们在嫁到村寨后也学会并从事蜡染相关的生计活动。由于歪梳苗的蜡染已经消失于日常生活，因此本研究以其为辅助，通过村落中老人的记忆来呈现歪梳苗的发展状况。另有一位仡佬族的蜡染艺人，她的母亲是小花苗，她在安顺学院美术专业毕业后学习的也是小花苗的蜡染技艺。这种个案选择基本符合安顺蜡染艺人的族群归属分布特点。

第一章　时空锚定：安顺蜡染的历史与现实

如果说安顺蜡染是一个孩子，那么安顺的社会文化环境便是孕育它的母亲。安顺的族群关系和区域文化让蜡染成为多个族群表征族群身份的重要符号。20 世纪 60 年代以来，安顺蜡染又在安顺手工艺品出口创汇和旅游产业发展的大潮中走出各族群的日常生活，成为供大众消费的文化商品。只有梳理清楚安顺蜡染所处的社会文化环境，才有可能对安顺蜡染艺人的身份认同和造物活动有更加深刻的理解。因此，本章将系统呈现安顺蜡染的历史进程和发展现状，为后续安顺蜡染艺人身份认同和造物活动的分析奠定基础。

第一节　地理空间与人口状况

安顺市位于黔中腹地，咸丰《安顺府志》记载："黔之属凡十二府，一直隶州，三直隶县，东西率介楚滇，南北率介粤蜀，独安顺四境皆介黔壤，在黔实为腹地。"① 安顺市分别与贵阳市、黔南州、黔西南州、六盘水市、毕节市毗邻，辖西秀区、平坝区、普定县、镇宁布依族苗族自治县、关岭布依族苗族自治县、紫云苗族布依族自治县。就民族构成而言，安顺市的汉族人口占 58.1%，少数民族占 41.9%②。其中，布依族在少数民族人口中占比最高，苗族人口次之，除此之外还有侗族、彝族、回族等 20 余个少数民族。各民族还有种类繁多的支系，如安顺苗族便包括小花苗、白苗、歪梳苗、青苗、黑苗等多个支系，汉族也有屯堡人等支系，

① 黄家服，段志洪：《中国地方志集成：贵州府县志辑 41 咸丰安顺府志（一）》，成都，巴蜀书社，江苏古籍出版社，上海书店，2006 年，第 1 页。

② 《安顺市情简介》，安顺市人民政府网站，http://www.anshnn.gov.cn/zjas/asgk/asjj/202401/t20240116_83546002.html.

布依族也根据语言分为多个土语区。可以说，安顺市是一个多民族共生共存的典型区域。

安顺市的布依族主要聚居于镇宁、关岭、紫云三县，在其他区县也有少量分布。本研究的田野点石头寨（图 1-1）就位于镇宁县的扁担山地区，是布依族聚居的区域。石头寨（自然村）位于黄果树瀑布上游 3 千米处，由于历史上民众的房屋、巷道、田坎等多由石头和石板建造而成，因而得名“石头寨”。它隶属于石头寨行政村，全村共有 18 个村民小组，3 个自然村寨（石头寨、偏坡村、普叉村），全村总人口 726 户 3 175 人。石头寨由县道和高速公路与镇宁县相连，沿县道从镇宁县供电局乘乡村巴士经白马水库、安庄坡、王三寨、大洋村便可到达石头寨，全程需 17 分钟左右。自石头寨继续前行，先后经偏坡村、普叉村、翁寨村、棉寨村，即可到达扁担山镇所在地大抵拱。蜡染艺人平日里便走此路线到大抵拱销售蜡染。

自镇宁县供电局出发，笔者沿途可以看到安庄坡、王三寨等村田土规模较大，山坡较为平缓利于耕种，因而村民们农业活动较为繁忙。石头寨情况则大为不同。由于山体陡峻，难以进行农业开垦，石头寨村民的田土相对稀少。石头寨景区开发之前，石头寨的白水河边曾有大片水田。2000 年前后，水田多因景区开发而被征掉。现在，村民家中田土已经十分稀少。村中男性或在黄果树和石头寨景区做工，或走乡串寨做木工、砖工，或外出务工。女性大抵与男性选择相同。不同的是，女性还可以通过制作和销售布依族蜡染赚钱。

图 1-1　石头寨社区掠影

石头寨是一个布依族聚居的村寨，周边村寨也多以布依族为主，仅在邻近的大洋村有少量黑苗民众。他们日常与布依族民众杂处，部分人能够听懂布依语，不过无法讲布依语，在民间信仰、生活习惯等方面都与布依族存在比较大的差异。近些年，石头寨的通婚范围大为扩大，已有不少汉族嫁到石头寨，其中不乏来自湖北、贵州铜仁等地的女性。她们中的一些人来到石头寨后也掌握了布依族蜡染技艺，并以此为生。

与扁担山地区布依族聚居的状态不同，安顺城区呈现出汉族聚居，苗族、布依族散杂居的特点。《续修安顺府志辑稿》曾对民国二十七年（1938 年）安顺县（即今西秀区）各族人口数量和居住状况进行统计，笔者在此简要列举（小）花苗① 村寨情况，如表 1-1 所示。

表 1-1　民国时期《续修安顺府志辑稿》载安顺（小）花苗代表性村寨人口统计

族群名称	村寨	居住状况	户数	人口
（小）花苗	罗家园	全居	20	132
	小营盘	杂处	9	70
	西王山	杂处	9	60
	黑石头	杂处	11	79
	和尚庄	全居	21	152
	大水沟	杂处	8	68
	牛角洞	全居	8	70
	东门庄	全居	13	92
	大山脚	全居	8	58
	核桃寨	杂处	26	158
	梅家庄	杂处	22	142

可以看到，当时（小）花苗民众在安顺城周围处于一种散杂居的状态。现如今，这些村寨都已经被纳入了安顺城市的范围。西王山现已商业店铺林立，大山脚更是安顺市新的商业区，黑石头也已建设了花鸟市场。苗族各支系在安顺城市化的过程中都发生了非常大的变化。

本研究的另一个田野点核桃村（图 1-2）就位于安顺城郊。核桃村隶属于西秀区东关办事处核山村，邻近安顺市客车东站。自东站往七眼桥方向乘坐公交车，至两所屯附近有一岔路分道，沿分道直走即可到达核桃村。核桃村北与两所屯相邻，

① 安顺市人民政府地方志办公室:《续修安顺府志辑稿》，贵阳，贵州人民出版社，2012 年，第 561-567 页。

西南和南部与安大厂家属区相连，东与孙家庄村相接。历史上，核桃村是一个杂居的村落，以小花苗为主体。20 世纪 60 年代，辽宁、山东、山西、河北等地大批技术工人被调来安顺，进行航空设备工厂建设，在核桃村以西建立了安大厂。从此，核桃村逐渐与安大厂的厂区和家属区融为一体，不过仍然保持着以农业生产为主的生活状态。20 世纪 80 年代，安顺城市建设加快，核桃村也被纳入了城市建设的范围，土地被大批征掉，核桃村的民众也大批进入安顺城区谋求务工机会，其中有一批女性进入了蜡染企业学习蜡染技艺并做工。至今，核桃村仍然有十余位女性在制作小花苗蜡染和蜡染旅游工艺品。

图 1-2　核桃村村口掠影

通过石头寨和核桃村周边环境的介绍可以发现，安顺总体上处于一种多族群共生的民族生存状态。也正是在这样的空间环境中，安顺各族群展开了频繁的社会文化互动，创造了各具特点的族群文化。

第二节　族群关系与区域文化：区域生活中的安顺蜡染及其艺人

历史上，安顺曾长期是远离中央王朝的边陲地区，域内苗族和布依族等民族都具有非常久远的历史。秦汉时期，苗族已成为夜郎国的主体民族之一，现还有苗族支系世代相传其为夜郎竹王的后裔[1]。同时,布依族和汉族等民族同样也是安顺的世居民族。各族群在安顺这片区域展开了频繁的互动。

一、历史上的安顺族群关系

历史上，安顺曾是中央王朝与边疆少数民族政权争夺的重要区域，自唐以后渐趋稳定，归于中央王朝管辖。从明朝开始，安顺进入了一个人口迁徙异常频繁的时期。洪武年间，朱元璋为了稳固西南边防，将战略重心放置于贵州。他一方面加强军事部署，在贵州设置卫所；另一方面为了解决粮食供给问题，开始实行屯军制度。当时，安顺一带设置了普定卫、安庄卫等卫所，大量军人在此驻扎并定居。设置卫所和屯军意味着中央王朝加强了对安顺的管理，改变了安顺的族群关系格局。洪武十四年（1381 年），明朝廷在阿达卜（今普定县）大量驻军，在普定府境内驻军屯垦，改阿达卜为普定卫城。军屯和民屯带来了资源竞争。为了生存，这些苗民或迁徙到“小朝”等地区，或迁徙至深山老林中避祸，形成历史上有名的苗民大迁徙[2]。

至中华民国时期，国民政府的统治使民族关系持续紧张。据《安顺市西秀区民族志》记载:“民国二十五年，四川军阀、国民革命军二十军军长杨森率部驻军安顺，杨森对苗民采取‘剿辅兼进’的两面手法，一方面重兵围剿反抗的苗、布依人民，剿除在镇宁、紫云一带活动的‘四大天王’武装，另一方面派出军政人员充当教师，在城郊苗民聚居村寨开办‘中华小学’(边胞小学)，宣传‘民族同化’政策，派遣军警在安顺大街上强剪苗民的头发、服饰，遭苗民的普遍反感。”[3]杨森主政贵州后，遵循蒋介石的指令，强制推行民族同化政策，一定程度上又加剧了民族之间的矛盾与冲突。

1949 年以后，中华人民共和国采取了富于包容性的民族政策，各族群之间的关系走向和谐，各族群在区域社会生活的各个方面都进行了更加频繁的互动，形成了一种民族间“和而不同”的民族交往交流交融格局。从目前布依族和小花苗老人的回忆中，可以窥见 40 余年前各族群的日常互动情况。

安顺市镇宁县石头寨布依族老人伍进超今年 50 余岁，他仍然对儿时四处迁徙的苗族民众记忆犹新。他讲:“我们每年都要见到苗族从寨门过，老人讲，苗族那边的人隔三年不搬家，就不发。他们牵羊牵狗，穿着麻袋，比什么人都苦。他们不留

① 安顺市西秀区民族宗教事务局、安顺市西秀区苗学研究会:《安顺市西秀区苗族志》，贵阳：贵州人民出版社，2012 年，第 1 页。

② 同上，第 2 页。

③ 同上。

在村子，也不知道他们到哪里才停，大人身上还要背小孩，狗是拴着的。看到他们好累啊，都是背的，没有推车的。估计都是住在山顶上，种些玉米吃。这些人才是真正的四海为家。”① 在扁担山一带，这是他们那个年纪的人的共同记忆。石头寨波升剧场圆门洞旁的商店老板也认为附近黑苗与他们是不同的。他讲：“山那边（大洋村附近）的黑苗人不多，生活和我们不一样，你去了他们那里，他们就很热情，给你吃的东西（时），你要不吃他就不开心，要是吃了就会把你当成好朋友。”② 可以看到，周边黑苗与布依族的生活习惯存在明显差异，不过并未影响两个族群民众的生活交往。

生活习惯的差异使安顺各族群间的边界较为清晰，这充分地体现在各族群的婚嫁传统上。安顺市西秀区东关办事处核山村老人杨恩华在接受访谈时年已 70 余岁，据他回忆，在他还是孩子的时候，核桃村一带盛行“汉苗不通婚”的习俗。村中苗族年轻人不允许与汉族存在婚嫁关系。不只是汉族与苗族，部分区域的苗族与布依族之间也有严禁通婚的习俗。石头寨布依族老人伍登亮（已过世）就讲：“祖辈流传下来的规定，不能和苗族结婚。老辈子跟他们说，不能让苗族给我们布依族上香、烧钱。”③ 伍登亮虽然年轻时和附近的黑苗朋友为同窗，关系密切，但是谈婚论嫁时仍会严守通婚禁忌。石头寨村民伍文松（已过世）也讲：“以前我们是不能和他们（苗族）结婚的，但现在都不论了。”④ 可见，20 世纪 70 年代以前，汉族、苗族和布依族之间虽然交往频繁而和谐，但是也保持着一定的族群边界。

在保持族群边界的同时，安顺各族群也存在着非常密切的文化交往交流交融。镇宁县的汉族和布依族在老人过世时盛行“开路念经”，然而双方念经的内容却有明显不同。正如石头寨布依族念经先生伍文立所言：“汉族就讲汉族的祖先，我们要讲我们的祖先。在开路经里面，我们要讲我们的祖先从哪里来，又到了哪里，又如何发展的过程。”⑤ 伍登亮是石头寨另一位会念经的先生，在他家中有两种不同的念经本子。一种是用汉字写的经文，这是镇宁县的布依族和汉族通用的版本。笔者的房东家曾请一位先生到家中念经驱邪，便是用汉语念的。但是，另一种经书则不一样，这些本子虽用汉字书写，但是若按汉语语音和语法阅读却混乱不堪，难以理解文义。后来，笔者从伍登亮和村民那里了解到，这些是布依族新生儿首次出门举行仪式时专门念的经书。经书中的汉字是布依语的汉字音译，只有布依族的人才能听

① 访谈对象：伍进超。访谈时间：2016 年 6 月 12 日。访谈地点：安顺市镇宁县石头寨山顶寨门旁。

② 访谈对象：石头寨波升剧场圆门洞旁的商店老板。访谈时间：2016 年 7 月 23 日。访谈地点：安顺市镇宁县石头寨韦文芬家中。

③ 访谈对象：伍登亮。访谈时间：2016 年 7 月 23 日。访谈地点：安顺市镇宁县石头寨圆门洞旁。

④ 访谈对象：伍文松。访谈时间：2016 年 6 月 13 日。访谈地点：安顺市镇宁县石头寨伍文松家中。

⑤ 访谈对象：伍文立。访谈时间：2016 年 7 月 7 日。访谈地点：安顺市镇宁县石头寨伍文立家中。

得懂①。从经书的内容和使用差异就会感受到扁担山一带汉族与布依族在信仰和仪式上的联系和区别。

此外，安顺各族群的交往交流交融还体现在经济生活方面。核桃村小花苗老人的回忆能让笔者了解各族群友好商贸的过往。20 世纪 50 年代，核桃村是一个以生产扁担而闻名的村落，村落中很多小花苗家庭都制作扁担。旧州是屯堡人非常集中的城镇，小花苗民众在旧州销售扁担已经成为那时的一种习惯②，这也从侧面反映出当时各族群频繁互动的情况。

历史文献与老人的回忆，让笔者逐渐拼接起安顺历史上的族群关系。一方面，各族群在日常生活中总体是很和谐的，他们在日常生活中可以是朋友、同学，可以一起玩耍，可以一起做生意。另一方面，各族群民众在婚丧嫁娶、民间信仰、岁时节庆、禁忌等方面又存在明显区别。这些都使安顺各族群维持着族群的边界。正是在这一背景下，蜡染成为各族群重要的文化符号，成为他们区分彼此的重要表征。

二、历史中的安顺蜡染及其工艺

对于安顺蜡染真正的起源，目前仍然没有科学和历史上的定论。在调查过程中，布依族和小花苗民众纷纷提到安顺蜡染起源于自己的族群，这当然无从可考。北宋时期，范成大在《桂海虞衡志校注》中曾记载安顺一带蛮人情况："人椎髻跣足，或著木履，衣青花斑布，以射猎仇杀为事。"③其中，青花斑布即为蜡染。1987 年，贵州省平坝区桃花村苗族棺材洞岩洞葬原址的考古发掘现场，发掘出土了一件彩色蜡染裙。"中国科学院地球化学研究所对该裙所在的'简棺'进行了 ^{14}C 同位素检测，结论是该裙最迟为 11 世纪之物。这条彩色蜡染褶裙虽然经历了近千年时光的销蚀，布料已朽损脆弱，但是彩色的图案花纹却是艳丽如新。"④考古学的发现同样说明，安顺自北宋时期已有蜡染技艺。

清代《黔书》也曾记载：（小）花苗服饰"裳服先用蜡绘花于布，而后染之，既染，去蜡则花见。"⑤蜡染之所以在安顺盛行，资源优势是一个很重要的原因。"19 世纪初期，安顺一些地区，布依族农民普遍种植蓝靛，除自用外，多数作为商品在市场出售。"⑥蓝靛草富余到能够拿去销售，可见当时安顺在蜡染原料方面的充裕程度。

---

① 访谈对象：伍登亮。访谈时间：2016 年 7 月 8 日。访谈地点：安顺市镇宁县石头寨伍登亮家中。

② 访谈对象：杨恩华。访谈时间：2017 年 4 月 5 日。访谈地点：安顺市西秀区核桃村杨恩华家中。

③（宋）范成大：《桂海虞衡志校注》，南宁，广西人民出版社，1986 年，第 117 页。

④ 周光智：《人类存世的第一件彩色蜡染裙：平坝县桃花棺材洞出土彩色蜡染裙》，载于安顺市西秀区民族宗教事务局、安顺市西秀区苗学研究会：《安顺市西秀区苗族志》，贵阳，贵州人民出版社，2012 年，第 336-339 页。

⑤（清）田雯：《黔书》，贵阳，贵州人民出版社，1992 年，第 19 页。

⑥《布依族简史》编写组：《布依族简史》，贵阳，贵州人民出版社，1984 年，第 64 页。

也正因此，当地苗族、布依族对蜡染的使用非常普遍。1902 年，日本人类学家鸟居龙藏在安顺调查时观察到了蜡染。“1902 年 11 月 2 日，鸟居龙藏抵达安顺府城的第二天，就到数里之外的旧寨调查。在那里他仔细地观察了当地（小）花苗女性的服饰，看到了蜡染法加工的布料在衣服上的表现和蜡绘的过程，使他无比感慨。同年 11 月 6 日，他从关索岭往坡贡的途中，路径仲家苗村寨，看到类似旧寨（小）花苗的蜡染制造法的全过程。”① 通过鸟居龙藏的记录，可以了解清末安顺布依族和小花苗的蜡染制作情况。

民国时期，蜡染仍然普遍地运用于安顺布依族、小花苗和歪梳苗等族群的生活之中。《续修安顺府志辑稿》记载了当时安顺 8 个苗族支系的服饰状况。其中，蜡染在（小）花苗（（小）花苗描述与《滇黔志略》同）、青苗、水西苗和牛角苗的服饰中，扮演着比较重要的角色。其记载如下：

“青苗：一名渡笼苗。男子衣尚青，如汉装而短，性强悍。女子以青布制巾，如华山巾蒙首；衣止及腰，圆领无衿扣，左右交合；其裙直幅细褶，着花布一方于后，以白布间之，仅掩膝。

“水西苗：男女均以白麻布为短衣，近年，男子亦如汉装，女子短衣窄袖，衣裙皆绘花，背负一格棒。长裙有褶十数，极厚，以花木梳挽发于右脑，后腰缠青带，与罗鬼无甚区别。

“牛角苗：其人深目长身，黑面白齿。以青布为囊，笼发其中而束于头，如角状。女子服同（小）花苗，头用毫猪签绾发。出入夫妇必偶，常挟镖弩，左足踏弩弦，右手执弩箭，随意施放，百发百中，以打猎为生计。”②

《(民国)镇宁县志》则曾记载当时布依族的服饰情况：

“夷族，亦曰仲家……有黑红二种之分别，俗统称之夷家，黑仲家，又曰补夷……男子服装同于汉族，惟妇女则异，短衣花裙，衣以色丝刺绣。其背面及袖杂作方格形，裙以白布用蜡画花染青，括去其蜡而纫之……补夷，以扁担山一带为最著。”③

这里讲述的正是镇宁县布依族民众的服饰特征，可以看到当时蜡染技艺已被广泛使用于该地布依族民众的生活中。《布依族简史》中也曾如是记载当时安顺四县的蜡染情况：

“镇宁、关岭、郎岱、普定等县，盛行制作蜡染。蜡染的花纹图案，常见的有

① 黄才贵：《影印在老照片上的文化：鸟居龙藏博士的贵州人类学研究》，贵阳，贵州民族出版社，2000 年，第 474 页。

② 安顺市人民政府地方志办公室：《续修安顺府志辑稿》，贵阳，贵州人民出版社，2012 年，第 561 页。

③ 胡翯、饶爕乾：《(民国)镇宁县志（卷三民风）》，成都，巴蜀书社，2006 年。

蕨菜花、刺梨花、团花、小花、漩涡形、水波形和连锁式等。妇女之裙用蜡染的图案有两种：一种以万字符字形连续回旋构成长方形图案，作裙的上半截；另一种为散点花纹或菱形图案，作裙的下半截。蜡染，几乎每个妇女都会做，从十一二岁就开始学习。绘制蜡染的方法就是先把蜜蜡略为加温，熔成蜡汁，然后用铜制蜡刀蘸蜡汁绘在棉布上，再放进自制的蓝靛染缸中渍染为蓝色或者浅蓝色，最后将布煮过，使蜜蜡熔脱，绘蜡之处呈白色，就成蜡染布了。有的还制成套色花样，与刺绣花配合使用，更为美观。”①

从史料的记载中，笔者了解到了20世纪中叶蜡染在安顺布依族民众生活中大量制作和广泛使用的状态。20世纪60年代以后，苗族和布依族在日常生活中逐渐不再穿着本族群的传统服饰，只在婚丧嫁娶等重要仪式和节日中才会使用。即使是远在大山之中的歪梳苗在20世纪90年代以后也很少再穿着本族群的蜡染服饰了。在此背景下，安顺各族群的蜡染造物实践越来越鲜见了。

三、当代安顺蜡染的制作工艺及族群差异

总体而言，安顺蜡染在制作工艺上具有同质性，布依族、小花苗、歪梳苗共享着一些蜡染制作传统。同时，各自的蜡染技艺又具有本族群的文化特征，呈现出一种“和而不同”的特点。

（一）安顺蜡染的总体制作工艺

1. 原料方面

（1）棉布

安顺蜡染需使用棉布绘制。1949年以前，安顺蜡染使用的是古法织布机织产出的土布，质地比较粗糙且略微泛黄。1949年以后，质量更高的机制棉布逐渐在安顺普及，布依族和小花苗民众也逐渐用机制棉布替换掉了传统的土布。

（2）蜡刀与蜂蜡

蜡刀是当地民众绘制蜡染的主要工具，在形制上较为多样。布依族、小花苗和歪梳苗三个族群中，歪梳苗的蜡刀是形制最小的，其绘制的线条也是最为细致的。不过，三个族群的蜡刀种类都非常丰富（图1-3：核桃村苗族蜡染艺人使用的蜡刀）。有的蜡刀是用于拉横线的，有的蜡刀是用于绘制细密图案的，有的蜡刀则是用于点缀散点纹路的。布依族和小花苗都有专业制作蜡刀的师傅。绘制蜡染的蜡主要是蜂蜡，绘制蜡染时，它会随着蜡刀的轨迹在棉布上留下非常流畅的蜡迹。

① 《布依族简史》编写组：《布依族简史》，贵阳，贵州人民出版社，1984年，第137页。

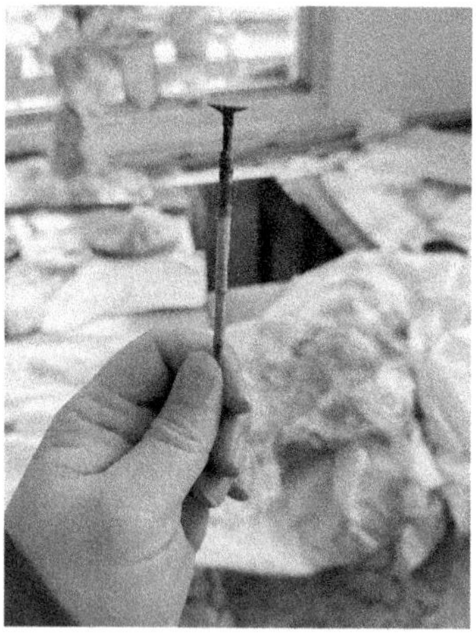

图 1-3　核桃村苗族蜡染艺人使用的蜡刀

（3）染缸

布依族和小花苗都曾使用蓝靛草、豆浆与当地草药混合调制而成的染料，盛放这种染料的染缸当地称为“土缸”，这是蜡染浸染非常关键的材料。在石头寨，几乎每位蜡染艺人家中都有自己调制的染缸（图 1-4：布依族蜡染艺人用的染缸）。染缸制作后需要长期的养护，平日里当地蜡染艺人每天都会向染缸中加入一碗土靛，以确保染缸的品质，保证蜡染的染色效果。

图 1-4　布依族蜡染艺人用的染缸

除此之外，安顺蜡染还有其他一些辅助的材料，如融化蜂蜡用的火盆、脱蜡用的煮锅等，这些都因蜡染艺人的个人习惯而有细微不同。

2. 工序方面

无论是布依族蜡染，还是小花苗蜡染，都需要经过洗涤与晾晒、画蜡、染色、脱蜡、漂洗与晾晒的工艺流程。

（1）洗涤与晾晒

在画蜡之前，蜡染艺人需先将棉布漂洗晾干，去除棉布表面的杂质，提高棉布的光滑度。早期使用土布的时候，由于土布泛黄，蜡染艺人若直接画蜡，最终获得的蜡染图案无法达到亮白的效果。因此，在画蜡之前，蜡染艺人会用一些传统办法对棉布做相应处理。扁担山地区曾经使用“牛屎汤汤”浸泡土布。当地的老人现在提起这件事还会感觉好笑，但是“牛屎汤汤”在那时的确产生了漂白的效果。在漂洗过后，蜡染艺人会将棉布挂起来晒干，以备后续使用。

（2）画蜡

画蜡之前，蜡染艺人会用一个火盆装满木屑，当地布依族蜡染艺人称之为“木面面”。这种木屑燃烧较为缓慢且温度较为恒定。将蜂蜡放在一个小瓷杯中，放置于木屑上，待木屑温度升高，瓷杯中的蜂蜡便渐渐融化。如果蜡温过高，蜡染艺人就可把瓷杯向火盆的边缘挪一下，远离燃点，蜡温就会降下来。待蜡温达到合适温度，蜡染艺人便可以用蜡刀蘸取蜂蜡，在棉布上绘制图案。蜡染艺人并不需要事先绘图起稿，本族群传统的蜡染图案已了然于胸。她们只需要用针、纸盘等确定图案的大致布局，便可以得心应手地画蜡了。

（3）染色

染色是一个耗时耗力的工作。在画蜡完成后，蜡染艺人会将布浸泡于自制的染缸中。在浸染的过程中，蜡染艺人需要小心翼翼地完成工序。若动作过大，画好的蜡容易碎裂，碎裂的部分被染色后会影响图案的整体效果。她们常常使用竹竿或者衣架将画好蜡的棉布悬挂起来，垂直放入染缸，以确保布均匀浸入染缸。待布浸泡1~2小时后将其提出染缸，进行晾晒，这会让染料充分氧化。蜡染艺人每天要反复浸泡、晾晒5次左右，浸染一般要持续3天左右的时间。在此浸染过程中，画好蜡的棉布会逐渐从浅蓝色变为深蓝色。

（4）脱蜡

脱蜡之前，蜡染艺人会在河边漂洗染好的布，尽量冲洗掉附着于布上的土靛，然后进行晾晒。随后，蜡染艺人架起一口大锅，加满清水并将水煮沸，然后将蜡染布放入锅里浸泡。蜡会随着水温的升高而融化脱落，此时由蜡覆盖的部分就呈现出棉布本来的白色，精美的图案便出现了。脱蜡并不是一蹴而就的，蜡染艺人要反复地对布进行加热清洗，只有这样才会把蜡染布上残留的蜡屑洗掉，从而保证蜡染布的洁净。

（5）漂洗与晾晒

蜡染艺人将脱好蜡的蜡染布放在水里不断地捶打，将附着于蜡染布上的残渣和土靛都清洗掉，然后将其放置在太阳下晾晒。待晾干后，一张精美而完整的蜡染布就完工了。

以上便是安顺蜡染的基本制作工艺。至今，布依族和小花苗总体上仍按照这样的工艺进行蜡染制作，只是在细节和技术上存在一些细微的差别。

（二）各族群的蜡染工艺差别

虽然蜡染工艺是布依族、小花苗和歪梳苗共享的，但是他们在具体的工具、图案、工序、意义上存在明显差别。下面，笔者就从蜡染的图案、规范和蜡染在各自族群文化中的位置等方面，分别对小花苗、布依族和歪梳苗的蜡染工艺进行介绍。

1. 小花苗

蜡染是小花苗服饰使用的重要技艺。《安顺市西秀区苗族志》中曾这样描述小花苗的服饰："头戴半月形红木梳、绕银链、插银饰、耳垂环、戴银项圈、手镯、戒子，身穿蜡染或刺绣开襟短衣。衣无扣、两襟交叉相合，下穿黑长裙，麻织腰带束腰，蜡染或刺绣白围腰系身，脚穿尖角鞋或胶鞋。"① 可以看到，蜡染在小花苗服饰中的重要作用（图 1-5：小花苗蜡染服装）。与此同时，蜡染还应用于小花苗背扇、被单的制作。王桂英今年 40 余岁，家住开发区的蓬赛斯小区，至今仍然保留着一件蜡染被单。她已记不清是家里哪一辈流传下来的了，被单因为时间过久而有所残破，但被单上的蜡染图案清晰可见，彰显着小花苗蜡染的悠久历史。在画蜡手法上，小花苗有推刀和拉刀之分。在图案设计上，小花苗的蜡染艺人不拘一格，传统图案主要以日常生活中的田埂、米粒、蝴蝶、石榴花、鸡冠花、鸟、鱼等具象图案和一些简单的抽象图案构成，具有鲜明的族群风格特征。在这些图案的基础上，小花苗蜡染艺人可以根据自己的想象对图案进行自由创作。小花苗蜡染除了绘制线条，还要根据图案要求（如鸡冠花、石榴花、鱼等）对线条内部进行封蜡，以确保这部分不被浸染，从而保证图案效果。在染布方面，小花苗在改革开放后已经很少有人自己制作染缸，对染布方式没有严格的限制。由于靠近城区，小花苗蜡染艺人在画蜡完成后习惯到附近的染布作坊进行染色，一般约 3 个小时就能完成染色工作。

蜡染曾在小花苗的日常生活和仪式活动中被广泛使用。女性的服装主要使用蜡染、刺绣或挑花加工，男性则多在长衫的袖口、领口和胸前使用蜡染，幼儿使用的背扇和被窝也多由蜡染制作（图 1-6：小花苗蜡染背扇）。相较于日常生活，蜡染在

① 安顺市西秀区民族宗教事务局、安顺市西秀区苗学研究会：《安顺市西秀区苗族志》，贵阳，贵州人民出版社，2012 年，第 71 页。

仪式之中具有非同寻常的意义。小花苗女性的新娘装上衣多由刺绣完成，下身的长裙则多由蜡染绘制。历史上，小花苗女性在新婚当天穿完这套服装后往往长期保存直至其去世。去世后，小花苗女性会穿上这套服装下葬。核桃村的杨恩华和杨千群都记得，改革开放前后，苗族跳花节中，丈夫要身着妻子亲手制作的刺绣和蜡染服饰参加跳花。每跳一圈脱一件衣服，展示新的衣服，以此凸显妻子精湛的手工技艺。不过，随着小花苗在日常生活中的服饰变迁，已经基本不在日常的生活中使用蜡染服饰，仅在重要的节庆、婚礼、葬礼和出行时才穿。

图 1-5　小花苗蜡染服装

图 1-6　小花苗蜡染背扇

2. 歪梳苗

歪梳苗与小花苗在文化上有很多共同之处，诸如跳花节、四月八等岁时节庆，又如盛行杨鲁的祖先传说等。但二者仍然存在族群归属的支系差别，这种差别便重点体现在蜡染的制作和使用上。

《续修安顺府志辑稿》如是记载民国时期歪梳苗的服饰："头挽髻，戴半月形小花梳偏侧于脑后，内衣多为蓝、白二色，外套长袖镶边短衣，衣袖由各色蓝布杂接而成，下穿裙，两侧有褶，裙中是多幅蜡染图案，裙角有青蓝两色布，衣外系围腰，脚穿青布鞋或胶鞋。"① 可以发现，当时蜡染在歪梳苗的服饰中已经占有重要地位。

歪梳苗蜡染在工具、图案和使用方式上不同于小花苗蜡染，有自己的特点。首先，歪梳苗使用的蜡刀更加小巧。歪梳苗老人张新芬今年 71 岁，依稀记得她们（歪梳苗）的蜡刀很小，她们在棉布上画的线条（如细密的鱼钩图案）只有用这种

① 安顺市人民政府地方志办公室：《续修安顺府志辑稿》，贵阳，贵州人民出版社，2012 年，第 561 页。

小蜡刀才能完成[1]。小花苗蜡染艺人杨可闵曾这样评价歪梳苗的蜡刀："歪梳苗穿得和我们不一样，蜡刀最细的是他们的。我们传统的蜡刀都没有这么细的，我都是去他们那儿买的。"[2]其次，歪梳苗蜡染的图案主要有大鱼钩、小鱼钩等，而且图案有相对严格的布局规定，并不如小花苗蜡染那样可以相对自由地发挥。再次，歪梳苗蜡染主要使用于袖口和褶裙上，这一点与小花苗存在明显不同。这种蜡染在服饰上的使用差异，也成为两个苗族支系民众相互区分的重要标志。

3. 布依族

布依族蜡染技艺主要应用于民众的服饰。布依族女性传统服饰的手臂部分以蜡染装饰，褶裙和红裙也大量绘制蜡染。此外，布依族女性的头帕也往往用蜡染绘制（图 1-7：布依族蜡染头帕）。布依族蜡染的袖子需要 0.6 尺棉布做成一对，以涡纹作为主要图案，以 3 个大涡纹为中心，周边各有 6 个小涡纹环绕并以线条与中心的涡纹相连，这 21 个涡纹共同构成 3 个圆形，居于蜡染袖子布片的中间，成为蜡染衣袖的主体图案。蜡染褶裙需要 1 丈 1 的棉布，上半部以 11 圈或者 9 圈的涡纹图案并列一字排开，在涡纹两边以小涡纹图案一字排开作为点缀，下半部则以散点纹有规则地排开，形似蝴蝶翅膀上的点点纹路。蜡染红裙上半部以万字符为主要构成图案，线条反复旋转构成并排的多个长方形图案，周边辅以狗牙纹和散点点缀；下半部则以当地特有树木浸泡而来的红色染料浸染而成的红布构成（图 1-8：布依族蜡染红裙的图案）。蜡染布做好后会有专业艺人手工捏制成褶裙。

图 1-7 布依族蜡染头帕

图 1-8 布依族蜡染红裙的图案

① 访谈对象：张新芬。访谈日期：2017 年 6 月 7 日。访谈地点：安顺市普定县坪上镇沙锅寨张新芬家中。
② 访谈对象：杨可闵。访谈日期：2017 年 4 月 23 日。访谈地点：安顺市普定县魏旗镇沙戈村杨可闵家中。

布依族蜡染的工具种类丰富，涡纹使用的蜡刀与小花苗相似，比歪梳苗的蜡刀略大，还有拉横线的蜡刀、点散点的模具、点狗牙纹的模具等。同时，布依族蜡染的棉布分类也更加细致。蜡染袖子强调线条的细致与规则，因而要以高质量的府绸作为原料，以保证线条的流畅。蜡染褶裙和红裙对布的要求则不同，若用高质量的府绸来做，图案虽然很漂亮，但是做好的裙子质量过轻，容易被风吹起来。因此，蜡染褶裙和红裙要求布的质地更厚一些，只有这样裙子才会自然下垂。在制作工序上，布依族对土靛有严格的规定。当前，当地蜡染艺人虽然已经广泛使用化学染色，但是在化学染色后仍然要将蜡染布放置于土缸中继续染色，这样蜡染才会达到布依族所推崇的“黑红黑红”的颜色。因此，在石头寨、偏坡村等蜡染艺人较集中的村寨，可以看到很多家庭均放有自制的染缸。

20 世纪 80 年代以来，布依族已经很少在日常生活中穿着蜡染服饰了。笔者在扁担山的村落穿行时，仅偶尔会看到个别耄耋老人仍然坚守着布依族的服饰传统，穿着布依族的蜡染服装坐在堂屋前沐浴夕阳。但是，当民众举办仪式活动时，蜡染服装就会再次展现它在布依族文化中的重要位置。扁担山的年轻人虽然愈发推崇将西式婚纱作为婚礼主要服饰，但是进家门拜祖宗时仍然要脱下婚纱，身着布依族蜡染盛装完成进门仪式。在葬礼中，或许会看到停棺前几天与其他地域没有明显不同，但是出殡当日，死者家附近就会出现多名家族中的儿媳妇，均身着布依族蜡染服装。她们按辈分两两一排，走在送葬队伍的最前面，为死者引路上山。可以说，对扁担山的布依族而言，蜡染仍然在族群的仪式中扮演重要的角色。

总而言之，小花苗、歪梳苗、布依族的民众虽然共享着蜡染工艺，但是各族群在原料选择、图案传统、制作工序上都存在或明显或微妙的差异。

四、区域生活中的蜡染艺人及其变迁

1949 年以前，安顺的布依族、小花苗蜡染基本没有进入市场贸易。《安顺布依族百年实录》中对布依族蜡染的情况这样记载：“蜡染品在解放以前，多为布依族妇女自产、自用、自销。”[①]《安顺苗族百年实录》中对苗族蜡染的情况也有类似记载：“蜡染工艺品以前均属各自所需绘画，产品不作商品”。[②]可见，自产、自用、自销是 1949 年以前布依族和小花苗蜡染的主要活动方式。事实上，1949 年以后的一段时期内，除布依族蜡染外，小花苗和歪梳苗的蜡染还仍然以自产、自用、自销为主。

当时，制作蜡染是歪梳苗蜡染艺人闲暇时的重要活动。张新芬今年已经 71 岁，

① 中国人民政治协商会议贵州省安顺市委员会文史资料委员会：《安顺文史资料选辑　第六辑》，内部资料，1980 年，第 130 页。

② 同上，第 90 页。

是从黔南嫁到普定县沙锅寨的。她的丈夫曾是电影放映员，在黔南放电影时两人相爱。嫁到沙锅寨后，她学习并掌握了歪梳苗的蜡染技艺。她回忆起计划经济时期制作蜡染的景象："哎哟，那时候白天都要去做工分，要用蜡染了，我晚上就在那个柜子（衣柜）上面画。我在我们这里画得是最好的咧。"① 从张新芬的话中可以看到，当时制作蜡染是为了满足家庭生活的需要，蜡染也是利用空闲下来的时间制作完成的。沙锅寨歪梳苗妇女刘春燕今年 52 岁，是从山上的村落硝洞嫁到沙锅寨的，她回忆起刚嫁到村里时制作蜡染的情况，"嫁过来后，我就天天做蜡染，我想给家里人都做一些衣服。每天做完农活，我就给妹妹和婆婆做蜡染。"② 事实上，直至 20 世纪 90 年代，歪梳苗的蜡染都没有进入市场贸易。当时，安顺著名的蜡染艺术家洪福远曾到沙锅寨考察歪梳苗蜡染。到达村落时，他看到一位 20 余岁的女性正在画歪梳苗的蜡染背扇，了解后才知道这是给她孩子做的。洪福远希望购买这块蜡染，但这位女性并不知道应该卖怎样的价格，还是回屋问了她的婆婆后才要价 80 元。洪福远觉得她们有点儿吃亏，给了她们 120 元。现在这块蜡染依然挂在福远蜡染公司的墙上③。从这个小故事可以发现，那时沙锅寨的歪梳苗蜡染基本还没商品化。此后，歪梳苗也开始了短暂的商品化进程，在硝洞、大哪赶场都会有一些蜡染艺人销售歪梳苗蜡染，在水井寨、等堆等村也有一些人在销售。但很可惜，这时已经是歪梳苗蜡染手工制作的尾声。1998 年前后，一些商人在买回歪梳苗蜡染后，用机器复制出了机印蜡染并转手卖给歪梳苗民众。歪梳苗民众并没有因为它出自机器而拒绝，反而因为这种蜡染廉价且不掉色而非常喜欢。从此，机印蜡染占据了普定县歪梳苗的市场，蜡染艺人因此不再手工制作蜡染，手工蜡染自此逐渐消失于歪梳苗的生活之中。

20 世纪 80 年代以前，小花苗的蜡染制作情况与歪梳苗相似。蜡染艺人在需要蜡染时完全可以自给。王英凤今年 50 余岁，是附近小学的民办教师，17 岁就在母亲的指导下学会了蜡染。在调查时，她拿出了一张已经有些漏洞的蜡染被单，这就是她刚学会蜡染时给家里做的，被单上是她画的一些鸟和鱼，栩栩如生。不过，并不是所有的女性都会蜡染技艺。当结婚组成家庭后，若家中需要蜡染，这些不会蜡染技艺的家庭就会求助于蜡染艺人。根据核桃村原妇女主任杨千群回忆，20 世纪 70 年代，核桃村的蜡染艺人已经较为稀缺了，村民需要蜡染时，就去找仍然会做的几位蜡染艺人帮忙，其中就包括杨千群的母亲、杨岚和王英凤的母亲。那时，核桃村村民都要通过做工分来换得粮食，显然制作蜡染会耽误几位蜡染艺人的生计。因

① 访谈对象：张新芬。访谈时间：2017 年 6 月 7 日。访谈地点：安顺市普定县坪上镇沙锅寨张新芬家中。
② 访谈对象：刘春燕。访谈时间：2017 年 6 月 6 日。访谈地点：安顺市普定县坪上镇沙锅寨刘春燕家中。
③ 访谈对象：洪福远。访谈时间：2017 年 4 月 25 日。访谈地点：安顺市西秀区福远蜡染公司。

此，她们达成了口头协议，即这几位蜡染艺人绘制一天蜡染，那么求助的村民就要帮她们做一天农活，换取相应的工分。不过，在计划经济时期，以工分换蜡染的活动并不是很频繁。罗家岩的小花苗蜡染艺人杨彩英讲："公社的时候，是抢工分吃饭。钱贵得很。那个时候（政府）也不准做生意，大家都没有什么收入，那些劳力大抢工分多，娃娃又少的人家，一年到头去除口粮后还能补到一些多余的钱，才可以有钱来请我画（蜡染），所以很少有人来请的。"① 核桃村的小花苗蜡染艺人杨岚今年 53 岁，她回忆起年轻时村里制作蜡染的情况："那个时候蜡染不卖钱的，谁家需要蜡染，自己会做的就自己做，不会做的就去请人做。我那时候家里穷，一顿饱饭都吃不上，谁家来叫我制作蜡染，只要给我吃一顿饱饭就可以了。"②

20 世纪 80 年代，小花苗的蜡染不再局限于自产自销和邻里互助，开始走向了市场贸易。最初，很多小花苗民众依然到蜡染艺人家里请其制作蜡染，不过开始以金钱来交换劳动了。后来，一批蜡染艺人认为反正也是有偿来画，生活中也到处都能进行商品交易，就开始做起小花苗蜡染的生意。杨喜英是较早开始做小花苗蜡染生意的艺人。她讲："那时候我们都分散在各个地方做，在家里做，在村子里做。后来，我们几个认识的人就说，不如凑到一起来卖，买的人还能多些，后面我们就在小十字那边巷子开始摆摊摊了。"③ 小十字是当时安顺较为喧闹繁华的地方，人流量大，小花苗蜡染集聚在此的消息不胫而走，很多有意从事该行业的蜡染艺人闻讯纷纷加入队伍，杨彩英也是这一时期加入的。由于市政管理政策的影响，小花苗蜡染先后从小十字搬迁到若飞公园等地，在文庙经营了 10 余年后现又搬到了黑石头的花鸟市场。小花苗蜡染的生意一直不错，现在已经形成了 40 人以上的队伍。

相较于小花苗与歪梳苗，布依族蜡染更早进入市场交易。少数布依族蜡染艺人在 1949 年以后就已经以制作和销售蜡染为生计了。石头寨现 60~70 岁的老人都已无法说出大抵拱蜡染市场是何时出现的，但是可以确信的一点是，在 20 世纪 50 年代，大抵拱就是扁担山地区的蜡染集散中心。远至关岭的布依族民众都来这里买蜡染。不过，那时布依族民众的生活并不富裕，民众对蜡染的需求量相对较小，因此蜡染市场的规模也相对有限，从事布依族蜡染手工业的艺人也不多。这种状态曾在一段时间内中断。20 世纪 70 年代以来，蜡染在国家民族与文化政策的支持下重新成为布依族民众生活和婚丧嫁娶的必需品，大抵拱的蜡染市场因此恢复生机。一批蜡染艺人在这时加入了蜡染交易大军，开始从事布依族蜡染的制作和销售工作。很多小姑娘除了放牛、割猪草，其他时间常常围坐在一起制作蜡染。妇女们在辛苦做

① 访谈对象：杨彩英。访谈时间：2017 年 4 月 29 日。访谈地点：安顺市文庙。

② 访谈对象：杨岚。访谈时间：2017 年 4 月 5 日。访谈地点：安顺市西秀区核桃村杨岚家中。

③ 访谈对象：杨喜英。访谈时间：2017 年 4 月 22 日。访谈地点：安顺市西秀区和尚庄杨喜英家中。

完农活后，晚上也开始拾起棉布制作蜡染。20 世纪 90 年代，布依族民众对婚丧嫁娶中的蜡染服装仍然较为讲究，尤其是在婚礼中使用的新娘装由之前的一套逐渐增加到两套，有的家庭甚至为儿媳妇准备了四套新娘装。这进一步催生了对布依族蜡染的需求。在很多布依族女性眼中，从事布依族蜡染手工业是一份比较心仪的工作。石头寨老人王旭涛今年 60 岁，未出嫁时就已经在家中制作蜡染了，嫁到石头寨后继续从事布依族蜡染手工业至今。她便讲："八几年时[①]，那些有工作的人一个月的工资才 40 多块钱，我画一个月蜡染能赚 100 多块钱。我在家还没有人管，还赚得比他们多，你说哪个划算。"[②]的确，扁担山一带的蜡染艺人最初多被蜡染较高的收益所吸引。在目前 50~60 岁女性的记忆中，布依族蜡染手工业是她们改善家庭生活，给自己买吃买穿的重要资金来源。韦庆珍今年 58 岁，她 8 岁时就开始跟随奶奶学习蜡染，最开始学习蜡染的动机就是赚钱。她用销售蜡染赚来的钱，给自己买了不少食物和衣服。这在当时引起了母亲的夸赞，也收到了妹妹羡慕的目光。

2000 年以后，大抵拱的蜡染交易继续兴盛。由于黄果树旅游开发的缘故，石头寨、偏坡村、洞口等村土地大量被征。以伍文松家为例，1998 年修建黄果树高速公路时，他家有几分地被征掉；2004 年修建石头寨公园和烧烤长廊时，他家几分水田再次被征掉；至 2016 年时，他家仅剩下村后一片土地种些玉米和青菜。石头寨很多人家都和伍文松家一样，因旅游开发而失去了家中的水田。他们虽然获得了征地补偿，但是农业生产已经无以为继了。他们从土地中解放出来，男性在旅游景区寻找做短工的机会，女性则多处于赋闲的状态。在此情况下，女性视布依族蜡染手工业为重要的生计方式，开始常年或者季节性地从事布依族蜡染制作销售活动。

总而言之，在区域生活之中，蜡染是各族民众表征族群认同的重要符号。20 世纪 50 年代以来，蜡染逐渐从自产自销走向了市场贸易。在这一背景下，蜡染艺人也进入了市场，并逐渐将蜡染手工业视为重要的生计方式。

第三节　大众商品化：安顺蜡染及其艺人的新发展面向

20 世纪 60 年代，安顺蜡染逐渐走出族群生活，开始大众商品化。在国家手工艺品出口创汇政策的引导下，安顺蜡染开始作为一种文化商品，为国内外消费者所购买。作为大众商品的蜡染在原料选择、工具使用、图案设计和制作工序等方面均

① 20 世纪 80 年代。

② 访谈对象：王旭涛。访谈时间：2016 年 12 月 2 日。访谈地点：安顺市镇宁县石头寨王旭涛家中。

发生了变化。在大众商品化浪潮的推动下，部分布依族和小花苗蜡染艺人也走出村落生活，或者开办蜡染企业成为蜡染企业主，或者在家中独立制作成为个体手工业者，或者进入工厂成为蜡染工人。蜡染艺人发生了职业生涯的新变化。

一、安顺蜡染的大众商品化历程

20 世纪 50 年代，国家为了发展少数民族经济，在安顺成立了国营民族贸易公司，收购和销售蜡染商品，蜡染制品开始进入大众商品化生产，出现了个体作坊式生产[①]。这是文献记载中安顺蜡染大众商品化的开端,但是这也仅是一个较小规模的发展状态。很多布依族和小花苗民众对国营民族贸易公司并没有印象。不过，一次广交会改变了这种发展状态。洪福远当时是美术专业院校的毕业生，他在毕业后参与到安顺市工艺厂的筹办与发展工作中。1966 年，洪福远等人带着产品参加广交会，受到日本和法国客商的认可，双方签下了订单。从此，安顺市工艺厂忙碌起来，做起了蜡染出口创汇的生意，这便是安顺蜡染大众商品化的真正开端。随着政策的改变，安顺市工艺厂 1968 年以后很少做蜡染订单，一切刚起步的蜡染工作都暂时搁置了。1971 年，国外又有少量订单，当时虽然绝大多数画蜡画的人都走了，但是原来的 20 多人还在，基本完成了订货任务[②]。总体而言，这一时期安顺蜡染的大众商品化历程是较为初步的。

1972 年，贵州省政府重新重视蜡染产业并组织筹建安顺蜡染厂。安顺蜡染厂受安顺地委轻工局管理，由曾庆雄任厂长。1973 年底，安顺蜡染总厂筹建完成，大众化蜡染商品的生产开始走向规范化。最初，蜡染厂仍把一些民族性强的蜡染产品分发给安顺城区周边的少数民族女性制作。但是，大批样品受到欢迎，订货量增长速度非常快，这促使蜡染厂进行生产方式的改革，招聘了一些专职工人开始车间化的生产。那时，安顺蜡染总厂有 1 个画蜡车间、1 个印花车间、1 个洗染车间，还有供洪福远等设计师进行产品设计的设计室约 5 个、刀刻制版室约 4 个。据洪福远回忆："（安顺）蜡染总厂那时染工多的时候都有十几个，还有一个很大的蜡染展厅，服务员都有好几个，表演的也有。"[③] 小花苗蜡染艺人王月圆就曾经在蜡染总厂的展厅给参观的人群表演蜡染技艺。总体而言，那时蜡染总厂已经形成了一定的规模。

此后，安顺蜡染总厂借助生产制度改革的力量，生意日渐红火。1980 年底，安顺蜡染总厂职工达到 228 人。1983 年，安顺蜡染总厂生产能力为年产蜡染花布 50

① 中国人民政治协商会议贵州省安顺市委员会文史资料委员会:《安顺文史资料选辑　第六辑》，内部资料，1980 年，第 159 页。

② 洪福远:《我所经历的安顺工艺美术发展历程》,《黔中早报》2017 年 4 月 18 日。

③ 访谈对象：洪福远。访谈时间：2017 年 4 月 25 日。访谈地点：安顺市西秀区福远蜡染公司。

万米，产值 100 万元，产品销往北京、上海、辽宁等 20 个省、自治区、直辖市，销往日本、加拿大等 10 个国家和地区。至 1988 年，国内外销售网点达 30 多个，订货量从 1977 年的 8.16 万米增加到 1988 年的 55.72 万米。蜡染厂的规模也进一步扩大，厂房面积达到 6 000 平方米，固定资产净值达到 127 万元。

除了安顺蜡染总厂，当时还有其他几个企业也都在生产蜡染产品，包括镇宁县蜡染厂、安顺民族工艺服装厂、安顺市棉纺厂等，这些企业当时的效益也都不错。1987 年，镇宁县蜡染厂仅在黄果树旅游区供应国内外旅游者的专柜，销售额已达 27.5 万元，销往全国的蜡染小件产品逐年增多，并销往了国外，仅法国客商就一次订货 2 万米。在西安展销会上，七省十四家客商争相订货，日本商人等也到镇宁县蜡染厂看样品。1988 年，安顺民族服装厂与昆明的中国传统工艺美术研究所草签了订单合同 38.7 万元，当时签订合同的单位还有北京香山饭店、北京西单商场纺织部、北京白孔雀艺术世界、北京民族文化馆、北京通古斋、大连银帆宾馆、上海春星苑工艺厂、重庆包装印刷厂、昆明友谊商店等。可见，安顺蜡染在 20 世纪 80 年代末已经具有了比较大的影响力。诸多蜡染厂家已经广泛参与进大众化蜡染商品的产销中，并且均取得了不错的效益。

然而，20 世纪 90 年代，持续辉煌十余年的蜡染厂渐渐走向衰落。市场经济体制改革使国民经济焕发了活力，但是计划经济主导下的蜡染厂却表现出种种不适应。工资管理的僵化很难把工人的积极性调动起来，蜡染工人出工不出力，蜡染厂对市场的变化也反应滞后。这些原因导致蜡染厂在 20 世纪 90 年代举步维艰。1992 年 4 月 28 日，中国贵州首届蜡染艺术节在安顺隆重开幕，黔中大厦商品交易会剪彩，蜡染市场隆重开展。艺术节虽然规模空前，但是却成为安顺大众化蜡染商品发展的拐点。洪福远和原六盘水蜡染厂刘厂长都是经历过这一阶段的重要人物。根据他们的回忆，1992 年的安顺蜡染艺术节就暴露出了安顺蜡染商品存在的问题。虽然厂家很多，但是产品图案基本是一样的，而且做工也参差不齐，有的产品掉色严重。这让参观的商家与游客大失所望，严重影响了安顺蜡染的声誉，企业的效益也因此急转直下。2000 年前后，相对大型的蜡染厂倒闭了许多。

在国营和集体性质的蜡染厂出现危机的同时，一批私人蜡染企业如雨后春笋般发展起来。据原六盘水蜡染厂刘厂长估计，安顺私人蜡染企业最多时达到 400 余家，这一数字在洪福远那里也得到了证实。一部分企业正是由在蜡染厂工作过的蜡染工人开办的，她们在蜡染厂掌握了各种大众化蜡染商品的制作技艺。面对蜡染厂的没落，她们纷纷走出工厂，自主开办了蜡染企业。然而，私营蜡染企业的繁盛仅是昙花一现。大批人看到大众化蜡染商品生意红火而参与进来，希望从中分一杯羹。他们不讲究图案设计，习惯于从南华路市场和其他厂家抄袭产品图案，然后在自己的企业中复制生产。当时，西秀区的张坪村就形成了此类企业集聚的现象。他们生产的劣质蜡染产品扰乱市场，引发恶性竞争，最终导致安顺大批蜡染企业倒闭。安顺的大众化蜡染商品发展因此受到了重创，很多企业都陷入死寂，曾经繁华的南华路蜡染街，此时生意异常惨淡。

为了扭转这种颓势，贵州省和安顺市政府通过各种方式推介安顺蜡染商品。其中，举办展销会是非常重要的方式之一。贵州省和安顺市政府先后组织了多次蜡染展销活动。1999年，西秀区苗族蜡染艺人王月圆代表贵州蜡染界，参加了全国妇联举办的“全国农村妇女‘双学双比’活动十年成果展”[①]。2003年，当时的文广局局长帅学剑带队去台湾进行安顺手工艺展示，其中就包括了安顺蜡染。通过参加国内外举办的展会，安顺蜡染成功地为国内外消费者熟知，也再次吸引了一批国内外的蜡染商品订单。伴随着电视与网络的发展，安顺蜡染也多次出现在媒体报道之中，包括《人民日报》《贵州日报》《贵州都市报》等，国家和地方重要媒体均多次对安顺蜡染的发展进行了报道。各种安顺旅游宣传片中也从来不会缺少安顺蜡染的身影。在黄果树机场的候机楼里，大屏幕循环播放着安顺旅游宣传片，其中石头寨博物馆下布依族姑娘画蜡染的镜头、小花苗蜡染艺人以刀为笔在棉布上作画的场景频繁出现。与此同时，安顺市政府在招商或与其他企业洽谈时也将安顺蜡染作为安顺文化形象的代表之一，作为佳品馈赠给对方，这也起到了宣传推广的作用。

在国家日益重视非遗保护的背景下，贵州省和安顺市每年都组织蜡染艺人参加加拿大、法国、意大利等国家的艺术品和旅游工艺品展，也遴选艺人参加在北京、天津、上海、深圳、广州等地举办的文化博览会等。2015年，西秀区东关办事处核山村小花苗蜡染艺人杨兰作为安顺蜡染市级代表性传承人，前往西班牙参加“多彩贵州民族民间手工艺品走进西班牙活动”[②]。2017年，中国定制劳伦斯·许“山里江南”大秀在2017/18秋冬巴黎高级定制时装周上演，杨领辉和陈道珍分别代表安顺小花苗和布依族参加了展会，并在展会上表演安顺蜡染技艺[③]。这些都给蜡染艺人提供了展示蜡染技艺，推介自己的平台。王玉英是安顺较早开办蜡染企业的小花苗蜡染艺人，她曾经讲述参加昆明世博会时忙碌的景象：“那时我和我妹两个人带了两包蜡染包和蜡染服装去的昆明，开展当天我就坐在那里画蜡，没想到会有那么多人来看，有些观众就来买我们的产品，两包产品当天就全卖完了。这些本来是为了这一

① 安顺市西秀区民族宗教事务局，安顺市西秀区苗学研究会：《安顺市西秀区苗族志》，贵阳，贵州人民出版社，2012年，第56页。

② 人民网：《安顺蜡染亮相西班牙获赞》，http://unn.people.com.cn/n/2015/0202/c14717-26491966.html，2023年10月18日。

③ 北京周报：《借力巴黎高定时装周，中国非遗“贵州蜡染”走出去》，http://www.beijingreview.com.cn/wenhua/201706/t20170616_800098480.html，2024年11月7日。

次博览会准备的，没想到这么受欢迎。我就赶紧让我妹赶火车回安顺，让家里的工人赶快做包包和衣服。她回到家还没怎么歇脚，就拿上产品坐火车来昆明。后来，我们厂子生产的产品供应不上，我还叫了其他厂一起生产发货。”① 从王玉英的话中，可以看到当时安顺蜡染商品在博览会上受欢迎的程度。博览会不止给她们带来了收入，也带来了客源。很多蜡染艺人在参加博览会、展销会时与各地客商建立了联系，这些客商都成为她们后来独立开办企业的重要客源。

发展至今，较成规模的安顺蜡染企业已达十余家。近年来，这些企业受到安顺市政府的大力扶持。安顺市政府一方面对它们进行监督管理，另一方面又给予它们各种奖励补贴。目前，具有代表性的企业如下：星月蜡染公司、婷婷蜡染艺术坊、福远蜡染公司、王翀的蜡染斋、国英蜡染公司、蒙多彩蜡染公司、张杏蜡染公司、江海蜡染艺术馆等。除此之外还有一些没有挂牌的蜡染企业，虹机厂附近有 1 家、核桃村有 2 家。这些企业中较大的是福远蜡染公司，目前有蜡染工人 10~20 人。其他蜡染公司的蜡染工人则几人不等，工人多以小花苗蜡染艺人为主体。

二、安顺蜡染的大众商品化再造

大众消费者与小花苗、布依族民众对蜡染的审美偏好存在一定差异。以材质为例，对于大众消费者而言，布依族和小花苗蜡染使用的棉布质地偏硬，手感偏差，并不受欢迎。因而，为了能够在大众商品领域生存，设计师和小花苗与布依族蜡染艺人对安顺蜡染进行了一系列改造。20 世纪 80 年代，安顺各蜡染厂根据车间生产的特点对蜡染工艺进行了调整，并推行了一系列改造项目。笔者根据 20 世纪八九十年代的轻工局档案，整理了当时蜡染厂进行的蜡染技艺改造项目，如表 1-2 所示。

表 1-2　20 世纪八九十年代安顺各蜡染厂蜡染生产研发项目统计表

序号	工厂名称	项目名称
1	安顺蜡染总厂	彩色蜡染花布生产工艺
2	安顺蜡染总厂	彩色真蜡防花布的开发利用
3	镇宁县蜡染厂	手绘彩色蜡防布料及制品
4	安顺民族工艺服装厂	手绘粗布、麻布彩色蜡染工艺时装
5	安顺民族工艺服装厂	彩色蜡扎染丝绸面料服装及工艺品
6	安顺蜡染总厂	提高蜡防染衣着面料染色色牢度
7	安顺蜡染总厂	民族工艺旅游品开发

① 访谈对象：王玉英。访谈时间：2016 年 5 月 6 日。访谈地点：安顺市西秀区牛角洞王玉英家中。

可以看到，很多蜡染厂在安顺蜡染的繁荣时期都围绕大众化蜡染商品，对蜡染工艺进行了改造。其中，甚至已有一些工厂进行了蜡染制作工序的标准化建设。安顺民族工艺服装厂为了能够保证批量的蜡染商品质量，制定了相应的制作规范与流程。以手绘粗布、麻布彩色蜡染工艺时装、面料工艺流程及操作规程为例，如表1-3所示。

表 1-3　手绘粗布、麻布彩色蜡染工艺时装、面料工艺流程及操作规程表

流程	工序标准
制版	将设计花稿描图，要求线条流畅，无错描
坯布处理	将坯布浸泡于 40 ℃温水中做缩水处理，时间 1 小时左右
坯布检验	检查进厂坯布有无破边、烂洞、跳纱，幅宽、色差、经纬密度问题等
色浆配制	配料室根据生产科下达的生产通知单及花稿打小样，符合花稿要求后，做好配方记录，配制染料，供车间使用
印点	根据生产科下达的生产通知单及花稿，领取布料烫整后印点，要求印点明显，无污迹，接版准确，布料长度无误差
手绘上蜡（套彩）根	根据花稿及生产要求，多次上蜡套彩，不允许漏上、错上、滴蜡、错色等现象，不允许蜡温度过低，上蜡应厚薄均匀
冰纹处理	根据不同的艺术效果要求进行处理
半成品检验	检验蜡温情况、封蜡厚薄、冰纹效果
染色	根据生产科下达的生产通知单，由配料室领取染料及辅料，配好后发染色车间染色，染色时注意水温、浸染时间与次数，保证氧化，要求染色正品率达 97%
后处理	脱蜡（在规定的温度下一次性脱定），清洗（在规定热水中进行酸洗、清洗、三次完毕），要求无蜡屑附于布上，无浮色
整理	晾干、烫干，要求掌握幅宽、无破折
检验	检验花纹是否清晰，有无混色、破损，负责定码
入库	按入库清单清点数量并分类整齐堆放

通过诸多改造项目，安顺大众化蜡染商品完成了对布依族、小花苗蜡染的借用与改造。这种改造具体体现在产品种类、原料使用、工具选择、制作技艺、图案设计等五个方面。

（一）产品种类方面

蜡染总厂建立后，设计师研发出了多种大众化蜡染商品。其中，蜡染旅游工艺品是很重要的组成部分。安顺市是著名的旅游城市，黄果树景区、龙宫景区等都开有安顺蜡染工艺品店，供游客消费。事实上，安顺蜡染旅游工艺品的销售不只限于安顺的旅游景区。通过对安顺各蜡染企业的统计，笔者发现安顺蜡染旅游工艺品供给区域非常广泛。在贵州省内，贵阳、毕节、兴义商家都有从安顺订货。在贵州省外，桂林、昆明和大理从20世纪90年代就已经是安顺蜡染旅游工艺品重要的流向地了。桂林阳朔和大理工艺品店的部分蜡染商品都出自安顺，只不过摇身一变贴上了当地手工艺品的标签。目前，蜡染工艺品订单仍然源源不断地发往各蜡染企业。在旅游工艺品之外，蜡染日常装饰品、服饰也同样受到欢迎。一些消费者使用蜡染壁挂、蜡染画、蜡染桌布等装饰室内环境，视蜡染服饰为一种时尚，这给蜡染家居用品和服饰的发展注入了活力。

旅游业的兴盛和民众的日常生活审美需求给安顺蜡染带来了生机，蜡染企业围绕大众消费者的喜好研发出了多种蜡染商品。20世纪80年代初，安顺蜡染广泛使用蜡染、扎染、绣染等技艺应用于时装，还应用于装饰挂件、软雕塑等，形成了西餐围腰、旅游包、背包、提包、信插、壁挂等20多个品种。很多蜡染厂在蜡染产品的研发上形成了自己的特色。镇宁县蜡染厂在申报书中曾这样介绍该厂特色："蜡染厂小批量生产的棉麻、化纤丝绸等手绘彩色蜡、扎染面料和制作的壁挂、服装及蜡染小件产品，投放市场就博得了国内外使用者的喜爱，产品有旗袍、围巾、领带，也有室内装饰品。"民族工艺服装厂设计的产品则包括手绘粗布彩色蜡染工艺时装、手绘麻布彩色蜡染工艺时装、各种规格成套房间蜡扎染装饰品（床罩、沙发罩、窗帘、门帘、坐垫等）、各种彩蜡壁挂、大型壁画、各种旅游包、帽子、钱夹、针线包等。20世纪80年代以后，安顺蜡染商品的种类基本定型。很多蜡染企业停下了创新的脚步，开始互相抄袭，蜡染市场上的产品也大同小异。

近年来，蜡染商品越来越受到大众消费者的欢迎。黔东南、湘西、云南省等地的大众化蜡染商品发展很快，安顺蜡染面临的市场竞争也越来越激烈。为了生存，很多蜡染企业和个体手工业者又开始研发新的蜡染产品。2016年6月，石头寨的韦庆珍接到了一个广东家居用品店老板的电话。他此前曾来石头寨旅游，在博物馆看到了韦庆珍手绘的蜡染，回去后心生制作蜡染文创产品的想法。他电话联系韦庆珍，并发来了一张水中荷叶的照片，请她按照图片的构图与色彩绘制两幅蜡染样品。他讲，若质量可以就与韦庆珍建立长期合作，由韦庆珍制作，由他在广州销售。在凹子寨，布依族蜡染艺人伍进芬意外收到了上海归了蜡染服饰有限公司的邀请，这家公司对伍进芬的蜡染技艺表示认可，聘请她做蜡染制造商。伍进芬欣然接受了公司的邀请。公司每年都会派来设计师在伍进芬家住一段时间，与她一起讨论蜡染产品的设计问题。目前，如归了一类的蜡染服饰公司快速发展，数量猛增。2014 年，上海展销会仅有归了一家公司参展，但 2016 年参加同样的展会时，参展的蜡染服饰公司已达 20 余家。在牛角洞，王玉英也不时会收到日常家居用品的订单，窗帘、桌布、桌旗的相关订单也越来越多。杨岚也在张杏的启发下，与广州的皮包公司洽谈合作事宜，在蜡染包的基础上制作蜡染皮包。王玉婷的蜡染艺术坊近几年也将蜡染运用到很多生活用品的制作中，诸如蜡染灯罩、蜡染鞋垫、蜡染杯垫、蜡染儿童娃娃等，进一步丰富了安顺大众化蜡染商品的种类。

（二）原料使用方面

大众化蜡染商品的品种多元化决定了它在原料方面与布依族和小花苗的传统蜡染存在一定差异。布料方面，大众化蜡染商品使用的布料非常多元。蜡染包使用的棉布是粗制棉布，蜡染壁挂使用的棉布质地则要更加粗糙一些，只有这样壁挂才会下垂，方便后期装裱。相较之下，蜡版画的布料则需要非常细密的府绸。因为蜡版画非常注重线条的美感与精细度，只有用府绸画出来的线条才会流畅且定型良好。丝绸也是大众化蜡染商品的重要原料，与棉布的物性差别更大。它要求画蜡的蜡温较低，否则丝线很容易被相对高温的蜡汁烧断。

（三）工具选择方面

大众化蜡染商品在布依族、小花苗蜡染工具的基础上有了一些新的发展。安顺蜡染总厂在繁荣时期生产的主要产品是蜡染段布，这种蜡染宽度可达 1 米，绘制的也都是造型比较大、线条比较粗的图案。小花苗和布依族传统的蜡刀都比较小，无法满足这种产品的绘制需求。因此蜡染厂的设计师、工人和蜡刀师傅研制出了大型号的蜡刀。

除了蜡刀，一些商品的制作还需使用刷子等工具。洪福远的作品《丝路明珠》在画蜡时不仅需要用蜡刀描绘图案线条，还需要通过刷子分层次地涂绘白蜡，以凸显沙漠的层次感。目前，刷子在《丝路明珠》一类蜡染作品中的使用已经非常广泛。在蜂蜡的使用上，大众化蜡染商品也有一些特殊的处理。为了让蜡染商品色彩更加丰富，色彩搭配更加合理，洪福远等设计师将化工颜料与蜂蜡勾兑在一起，这样在棉布上作画的蜡便变得五颜六色了。可以看到，大众化蜡染商品的工具较之布依族和小花苗的传统蜡染更加多样了。

（四）制作技艺方面

蜡染艺人根据不同的产品需求和原料物性对小花苗和布依族的传统蜡染技艺进行了改造，其中最为重要的是对蜡温和染色度的把握。对于小花苗和布依族的蜡染艺人而言，掌握蜡温是学习技艺最重要的步骤之一，也是难点之一。笔者曾经体验过布依族蜡染，若蜡温过高，蜡汁画到布上的一瞬间就会模糊成一片；若蜡温过低，蜡汁画到布上的一瞬间就会凝固起来，这些都影响着蜡染的线条和图案效果。然而，大众化蜡染商品对蜡温的要求更加复杂。随着丝绸等新布料的使用，大众化蜡染商品对蜡温的要求发生了变化。在丝绸上画蜡，蜡的温度要比传统蜡染的蜡温低一些，否则丝绸就会因为温度过高而出现破损。在使用刷子刷蜡的时候，蜡的温度反而要非常高。在蜡染工人刷蜡的时候，周围会飘着很浓厚的蜡的味道。商品蜡染为节省成本，多使用白蜡：蜡版画是高端产品，使用蜂蜡。当白蜡加热到近乎沸腾的时候，蜡染工人用刷子蘸取白蜡在棉布上刷一下，会发出“吱吱”的声音。这样，白蜡才会浸穿棉布，在染色时才会达到预期的效果。蜡版画对蜡温的要求更加复杂。蜡版画是由蜂蜡绘制出来的画作，在彩色颜料出现之前，蜡染艺人为了让蜡版画在色彩上能够有所变化，会不断调整蜡温进行绘制。不同蜡温状态下，蜂蜡的颜色会有所不同。蜡染艺人通过变换蜡温在棉布上留下不同色调的蜡染线条，从而创作出色彩变化多样的蜡版画。

除了蜡温，大众化蜡染商品在染色方面也做出了调整。诸如蜡染包、蜡染壁挂、蜡染服装等商品都需要经过染色工序，不过对染色度的把握与传统蜡染有所不同。由于部分消费者不喜欢深蓝色或黑色，蜡染艺人在制作蜡染时会缩短染色时间，使蜡染产品呈现出浅蓝色的色度。有时为了做出多层次的蜡染产品，蜡染艺人会采取分段染色的方式，使服装呈现出由白色、浅蓝色到深蓝色的渐变形态。有些蜡染商品甚至不需要经过染色程序。蜡版画就是这一类产品，它由蜡染艺人细心画蜡完成，画完蜡的作品就已经呈现出精美的图案，无须再经过染色环节。可以发现，大众化蜡染商品在蜡染技艺的运用上更加灵活，也对小花苗和布依族蜡染艺人提出全新的技艺要求。

（五）图案设计方面

图案设计是大众化蜡染商品的关键环节。20 世纪 60 年代，大众化蜡染商品的发展仍然处于摸索阶段。为了保证生产效率，洪福远等设计师设计了以小花苗蜡染图案为基础的图案模板。在把棉布散发到各个公社后，小花苗蜡染艺人可以既快速又高质量地完成画蜡的工作。随着蜡染厂客源的累积，洪福远等设计师开始对蜡染的图案进行创新。不过，不同时期蜡染图案的设计均有一定的限制范畴。洪福远作为当时的设计师曾讲述安顺蜡染总厂在图案设计上的变迁，他说：“1972 年，蜡染总厂设计的图案主要两方面，一方面是在各民族传统图案基础上修改的图案；另一方面是经过几个老师设计的国画类型的图案。1978 年，中国工艺美术大会召开，轻工部作报告，说要大胆设计，凡是老百姓喜欢的都大胆设计，龙凤福禄寿喜这些中国传统的东西都要大胆创作。1982 年，我到苏州进修，学习了中国古典图案，特别是汉画、敦煌画派、青铜等，回到安顺我就进行重大变革，我的蜡染画进行图案设计，重点突出中国风，设计了很多古典图案，很受欢迎。之后，我还创作了佛像画这些。”① 与此同时，其他蜡染厂也在进行蜡染图案的创新。20 世纪 80 年代，镇宁县蜡染厂的产品以粗犷豪放的布依族、苗族民间图案为主。安顺民族服装厂则选材更加广泛，图案的设计灵感主要来源于本地少数民族剪纸、民间传说、神话、乡土人情、非洲木雕、印第安文化等。可以发现，大众化蜡染商品的图案已经超越了小花苗蜡染、布依族蜡染传统的图案范畴。为了保证图案的设计质量，这些蜡染厂分别聘请美术专业院校的专家与学生为设计师。安顺蜡染总厂聘请了洪福远等美术专业院校毕业的学生，镇宁县蜡染厂则聘请贵州师范大学艺术系副教授陈宁康和贵阳市工艺美术研究所付木兰为开发顾问，聘请美术专业毕业的伍俊明为设计师。这些人将艺术学、美术学的知识和技能应用在大众化蜡染商品的研发上，对蜡染厂的发展起到了积极作用。

三、涉足大众文化领域的安顺蜡染艺人

事实上，受到大众化蜡染商品影响的不只是蜡染技艺本身，小花苗和布依族蜡染艺人也被卷入其中，发生了职业发展轨迹的变化。20 世纪六七十年代，小花苗和布依族的蜡染艺人对蜡染包、蜡染桌布、蜡染画等商品并没有概念。在计划经济时期，蜡染艺人只有做工分才能换得粮食。即使有空闲时间，家务也让她们分身乏术，所以她们很少制作大众化蜡染商品。

最开始接触大众化蜡染商品的艺人应该是蜡染总厂雇佣的第一批蜡染艺人，她们都居住在安顺城郊，蜡染厂分发棉布给她们，让她们帮忙制作蜡染。她们则可以凭此赚一些零用钱。真正开始大规模从事大众化蜡染商品生产是在 20 世纪八九十年代。家庭联产承包责任制后，小花苗和布依族民众都获得了土地的使用权，不过家庭分得的土地大多都可以很快耕种完，蜡染艺人有很多闲暇的时间。恰好这时正值安顺蜡染的繁荣时期，除了几个大的蜡染厂，分布在大山脚、罗家岩、武当山、西王山一带的私人蜡染企业也不计其数。这些企业都需要聘请蜡染工人来画蜡。因此，住在安顺城郊的蜡染艺人纷纷进入企业接受培训，待学成后就直接在企业做蜡染工人。当时，扁担山一带也有一批蜡染艺人获得了进厂做工的机会。那时，镇宁县蜡染厂生意非常好，急需画蜡工人，因此他们派人到扁担山一带招工进厂画蜡。同时，也有一些蜡染艺人离开了安顺，在贵阳、北京的蜡染厂找到了做工的机会。杨金秀，蔡官镇梅家庄人，是安顺蜡染的代表性人物，20 世纪 80 年代出国参展后

① 洪福远:《我所经历的安顺工艺美术发展历程》,《黔中早报》2017 年 4 月 18 日。

声名远播。1987 年，她与贵阳的老板合建了一个蜡染厂，之后便从安顺各地精挑细选了一批蜡染艺人学艺做工。

20 世纪 90 年代末，安顺蜡染商品进入萧条期，小花苗和布依族蜡染艺人的进厂热潮也渐渐消退。镇宁县蜡染厂 100 多人的画蜡工人队伍解散，蜡染艺人回到了各自的村寨。她们或者外出打工，或者回家继续制作布依族蜡染到大抵拱去销售。安顺城郊的小花苗蜡染工人随着企业的倒闭也纷纷返回各自的村落。随着安顺城区的发展，她们中的很多人寻找到新的务工机会，渐渐放弃了蜡染的生计。不过，仍然有一批艺人坚持下来，在仅有的少数蜡染企业（如福远蜡染公司、杨兰蜡染研究所等）继续做工。她们中的一些人在积攒了一定的资金和客源后，也独自开办了蜡染企业。

小 结

通过对安顺蜡染的历史与现实情况的梳理，可以了解到安顺蜡染在区域社会生活中的变迁历程。在历史长河中，蜡染一直在安顺部分族群的文化中扮演着重要角色，融入于族群生活中。1949 年以来，蜡染又在国家政策与市场的驱动下逐渐走出族群生活，进入大众文化领域。发展至今，安顺蜡染已经表现出族群文化形态与大众商品形态并存的发展状态。

随着安顺蜡染的变迁，可以发现布依族和小花苗蜡染艺人的生活也在发生变化。在族群生活中，她们改变了以前的自产、自用、自销状态，将本族群的蜡染手工业作为了重要的生计方式。而随着安顺大众化蜡染商品的发展，她们中的很多人也参与其中。无论是自己办企业、个体经营还是进厂做工，蜡染艺人都根据个人生活目标与外部环境，通过自己的抉择和努力，在大众文化领域谋得了新的位置，实现了职业生涯的新发展。

第二章　初涉“江湖”：安顺蜡染艺人的技艺习得与身份建构

所谓“蜡染艺人”就是运用蜡染技艺参与社会生活的人。如果说手工领域是“江湖”，那么蜡染艺人就是江湖中的“行者”。对于她们而言，蜡染技艺是她们行走江湖的必要手段，而各种身份（无论是族群身份，还是职业身份）则指向的是她们参与社会生活的规范准则，决定着她们制作蜡染的方式方法。因此，蜡染艺人既需要掌握蜡染技艺，也需要领会各种身份的要义。只有这样，安顺蜡染艺人方可在江湖中生存。

第一节　技艺为本：安顺蜡染艺人的学艺过程

一、族群生活中的蜡染技艺习得

20 世纪 70 年代以前，掌握蜡染技艺对于布依族和小花苗的女性都是很重要的。当时，蜡染技艺是满足家庭日常服饰与家居需求的重要手段，也是择偶的重要标准。布依族老人伍登宏曾讲：“那时候，有些人给别人介绍对象的时候，都会说这个姑娘会做蜡染。”① 魏文珍是从安庄坡嫁到石头寨的。17 岁时，魏文珍的妈妈担心她嫁不出去，便要求她学习蜡染。这种情况在小花苗的生活中同样存在。杨兴琼今年 60 余岁，她曾回忆起儿时学习针线活的场景：

“我们小花苗的姑娘以前都是要学习针线活的，要不别人会讲（指说三道四）你。我外家（娘家）在七眼桥（镇），那时候家里大人平时是没有时间教你针线活

① 访谈对象：伍登宏。访谈时间：2016 年 7 月 4 日。访谈地点：安顺市镇宁县石头寨伍登宏家中。

的，只有每年正月初一到初三，共三天。那时候，除夕都不让动针线的，初一早上妈妈就把针线盒拿出来，在外面教我们做刺绣。你（如果）不赶紧学，就学不会了。到结婚的年龄，正月间就在村子外面一个棚棚里做针线活，外面寨子的男孩子会来这里看。他们觉得我们哪个好，过后就会找人过来提亲。”①

从杨兴琼的话中，可以看到在当时小花苗生活中针线活的确是择偶的重要标准之一。那时，大多数小花苗的女孩至少要在刺绣、蜡染和织锦中选择一项学习。杨兴琼更加喜爱刺绣，因而就没有学习蜡染。当然，也有一批女孩子选择蜡染作为学习对象。目前，安顺蜡染艺人主要分布于 40 至 60 岁的年龄段。她们多是在这样的背景下学习蜡染技艺的。对于她们而言，家庭、村落、市场都对她们学习和掌握蜡染技艺至关重要。

（一）家庭中的蜡染技艺传习

家庭是学习蜡染技艺的重要空间，家中掌握蜡染技艺的亲属往往是她们最初的老师。笔者在与蜡染艺人们聊起学习蜡染的经历时，她们常常说：“看着她们（家里母亲、奶奶和姐妹）画，我也想跟着画。”这看似简单的一句话体现了家庭对蜡染艺人潜移默化的影响。

已经去世的松林寨小花苗蜡染艺人杨万鑫曾讲起她学习蜡染时的经历：“我从小就看我妈妈制作蜡染，当时我就是特别喜欢画这个。那时家里穷，我妈不让我用布画，害怕我浪费布。我就在叶子上画各种图案。后来我妈觉得我画得还可以，才让我在布上画（蜡染）。”② 马思涛是石头寨的蜡染艺人，小学时就学习蜡染。那时，家里的母亲、奶奶和姐姐都在制作蜡染，她放学回来看到她们画，慢慢地就有了兴趣。后来，她每天放学回家，就和她们一样操起一块棉布制作蜡染，直到深夜才会睡觉。小花苗蜡染艺人王英凤也是如此，她在高中的时候才开始学习蜡染，那时家里的母亲和姐姐都会制作蜡染。在她们的影响下，王英凤也开始学习蜡染。由此可见，家庭在布依族和小花苗传习蜡染过程中具有重要作用。

关于蜡染艺人如何在家庭中学艺的问题，调查是具有难度的。每当笔者问起蜡染艺人她们的学艺过程时，大多数人往往一笔带过，不会详细讲述，因此笔者很难了解家庭中学艺的具体细节。直到 2016 年 11 月的某个晚上，笔者亲历了在家庭中传授蜡染技艺的过程，才对这一问题有了更直观的认识。

2013 年，韦庆珍借助石头寨博物馆的支持，在石头寨景区制作并经营蜡染旅游工艺品，做了几十年的布依族蜡染手工业因此基本停滞。不过，家中依然保留着四条半成品的蜡染褶裙布片。这几条布片已经画好了图案，但还没有点散点纹。入冬

---

① 访谈对象：杨兴琼。访谈时间：2017 年 4 月 10 日。访谈地点：安顺市西秀区核桃村杨兴琼家中。

② 访谈对象：杨万鑫。访谈时间：2016 年 5 月 8 日。访谈地点：安顺市旧州镇松林寨杨万鑫家中。

时节，石头寨的游客数量锐减，蜡染旅游工艺品生意也较为惨淡。相较之下，布依族蜡染却进入销售旺季。因此，韦庆珍想把这四条裙子剩下的工序完成，拿到大抵拱卖掉。

晚饭过后，韦庆珍在堂屋放了一个板凳，板凳上固定着一个木板，木板的一边钉着 4 个钉子，用于固定棉布。板凳旁边的座椅上放置着蜂蜡和火盆。她把裙子末端挂在板凳的钉子上。待蜡温达标后，她用点散点纹的模具有序地点了起来。这时，有趣的事情发生了。她的孙子安安走进堂屋，看到韦庆珍在工作，他的表情告诉笔者他很好奇。他在奶奶周围徘徊，趁奶奶和我聊天分神之际，抢走了点蜡模具，要去点散点纹。韦庆珍害怕他点毁了裙子，不让他这样做。他为此怄气失落地坐在了堂屋的神龛下。笔者去请他过来，他才故作神气地回到堂屋。韦庆珍耐不住安安的“纠缠”，就同意教他点散点纹了。

韦庆珍害怕安安弄脏衣服，因此在他裤子上垫了毛巾，然后用她的右手握着安安的右手，轻轻地蘸些蜂蜡，一点一点地点在布上。没过多久，安安说他要自己点，韦庆珍同意了。韦庆珍说，她小的时候长辈也是这样教的。安安也的确是神情专注地在点蜡，只是做得还不像样。爷爷让安安去写作业，可是安安已经画出兴致，固执地画了半个小时。后来，他才在妈妈的强迫下哭着去写作业了。

从上面的案例不难发现，蜡染技艺的习得有时就发生在家庭生活的不经意间。韦庆珍制作蜡染的活动吸引了安安。在安安的强求之下，奶奶便细心地教授起来，手把手地教他掌握制作蜡染的手法。从安安的故事中，笔者仿佛看到了这些 40~60 岁蜡染艺人学习蜡染的情景。可以说，很多蜡染艺人就这样通过家庭传习潜移默化地掌握了蜡染技艺。

（二）村落中的蜡染技艺传习

除了家庭，村落也是传习蜡染技艺的重要空间。这在布依族蜡染技艺的传习中表现得尤其明显。20 世纪 90 年代，石头寨的女性经常以邻里为单位在家门前的院坝聚集起来，身旁放着加热蜂蜡的火盆，彼此有说有笑，绘制各自的蜡染。现在蜡染艺人数量已大为减少，在石头寨仅能看到一支由四五位蜡染艺人组成的小队伍围坐在一起制作蜡染。她们彼此之间不只聊家常，也常常对制作蜡染时出现的问题进行讨论。对于初学者而言，这是绝佳的学习机会。张潞静在娘家时没有学过蜡染。嫁到石头寨后，她便在与邻里的相处中边看边画学会了蜡染。她讲：“没有谁来专门教我蜡染，就是和她们（邻居）一起做，看她们怎么画，自己照着画，有时候她们教我一下，就这样学会了。”[①] 从她的话中可以发现，邻里之间的蜡染知识交流对初

① 访谈对象：张潞静。访谈时间：2016 年 11 月 29 日。访谈地点：安顺市镇宁县石头寨张潞静家中。

学者而言是很重要的。2016 年 12 月，石头寨恰好有一个小姑娘正在周边邻居的指导下学习蜡染，给了笔者观察村落中学习蜡染的机会。

这个小姑娘名叫卫晓梅。她小的时候曾经在奶奶的指导下学习蜡染，不过那时候只是画一些数字、花草，并未系统学习布依族蜡染。初二时，卫晓梅辍学，之后一直在家里。2016 年，她在家里人的劝导下去和亲戚们学习蜡染，也算是打发时间。这天上午 10：00，大多数蜡染艺人此时刚吃完早饭，笔者便来到卫晓梅家中观察她与亲戚们交流并学习蜡染的过程。

10：20，卫晓梅拿着一块已经折叠好的棉布和蜡刀开始在堂屋里画蜡，她画的是蜡染褶裙布片。卫晓梅虽然已经学了几个月，但比较贪玩，所以蜡染技艺进步缓慢。她虽然对于拉横线已经相对熟练，但是明显蜡画得太薄，这会影响染布的效果，在布依族看来这种蜡染即使做完也是质量一般的。

10：30，卫晓梅的伯娘坐在旁边，感觉卫晓梅的横线画得比较粗糙。因此，她让卫晓梅把棉布给她，一笔一画地给卫晓梅展示拉横线的标准。可能是笔者在旁边的原因，卫晓梅显得有些难为情，但还是按照伯娘的指导继续制作蜡染了。

10：35，卫晓梅已拉好横线，不过线条之间的接头很多，这对初学者而言是正常的。随后，她开始点狗牙纹。由于蜡温过高，她刚开始点蜡就在布上渗出一大片，无奈赶紧补救。眼看狗牙画得不顺利，她又求救她的五娘，五娘亲自给她演示了狗牙的做法。她用狗牙纹模具轻轻地蘸了些蜂蜡，点在了布上，然后用蜡刀把狗牙纹模具留下的一些缝隙填好。卫晓梅貌似很有收获，马上接过蜡刀尝试，很快就有了改善。

11：00，卫晓梅开始画涡纹了。由于之前贪玩，卫晓梅画涡纹依然比较粗糙。此时，卫晓梅的伯娘正在聚精会神地画自己的涡纹，偶然回头时看到卫晓梅画的涡纹，感觉不是很满意。她从卫晓梅手里夺过了画布，给她演示了几笔，将她没有画整齐的涡纹补齐，卫晓梅在一旁仔细观看。卫晓梅的五娘在一旁对伯娘说，不要这样继续给她画了，画一下就可以了，要不就影响自己的蜡染工作了。卫晓梅的伯娘因此又把棉布交给了卫晓梅。卫晓梅听从她们的建议，将涡纹线条间的空隙尽量画窄一点儿，努力地补蜡。

11：44，卫晓梅在长辈们的指点下，认真地画了两个涡纹，貌似很满意，很自豪地展示给她的五娘看。五娘略微点了下头，表示认可。

午饭过后，笔者又回到这间屋子，屋子里只有卫晓梅还在制作蜡染了。她的伯娘回家给萨摩犬喂饭，而五娘则看天气晴朗，外出给染好的布脱蜡。卫晓梅经过两个小时的努力已经画完一小块布，开始给新的棉布拉横线。不过她很难改掉贪玩的毛病，看到姐姐在一旁玩手机，便放下布跟着玩了，自此下午再未继续制作蜡染。

可以看到，卫晓梅虽然从奶奶那里受到了蜡染的启蒙，但是真正开始系统学习布依族蜡染始于与几位亲戚邻居的交流。这些长辈也并非专门教授她蜡染技术，只是让卫晓梅跟随她们做，在做的过程中给予演示和指导。卫晓梅学习蜡染的经历让笔者感受到村落生活在初学者掌握蜡染技艺过程中的重要性。

（三）家庭和村落中蜡染学习的重心

可以发现，蜡染艺人在家庭和村落交流中习得的主要是制作蜡染的规范和一些基本的画法和技巧。正如韦文欣所言："现在大抵拱的图片都是一样的，样样都是（按照）老谱子（指传统的规范）做的，学别样（做）出来的都不好看。老人们都说，你们要按照老谱子做，你们（胡）乱做是做不出来的。"① 对于布依族蜡染而言，最为重要的是规范。韦文欣曾这样给笔者讲布依族蜡染的构图："这个中间做一个（涡纹）嘛，做好后，把其他的涡纹画个线，粑（连接）到中间的那个涡纹嘛。这个涡纹做六个，中间做一个，有七个，不能乱做的。"② 布依族蜡染艺人手中都有两个自制的纸质圆盘和针，这些都是她们构图的主要工具。她们以针来勾画横线，以圆盘确定涡纹之间的比例关系，这些看似简单的操作对于一个初学者而言是很难的，然而这又是必须经历的过程。

相较之下，小花苗蜡染对构图没有如此严格的限制，它更加突出了画法的重要性。小花苗蜡染艺人从儿时就在他人的指导下学习小花苗蜡染的画法。王英凤曾讲起她在妈妈的指导下学习画法的感受："刚开始的时候手硬邦邦的，不软和，只会画直线。当时心里都想那个转弯的线要怎么画啊。其实，我们家的蜡染最主要的是把线条拉好了，转弯的（地方）要画慢一点儿，画轻一点儿。"③ 王玉英在家中指导自己的侄女学蜡染时，最注重的也是拉线条，她讲："如果线条画得很顺，没有接头，那说明你蜡染的技法很不错了。"④

画法掌握好后，初学者就可以随心所欲地创作各种图案了。杨千颖还记得她当初学习蜡染的情况："我小的时候，就拿铅笔画石榴花、荷花。我们民族都是绣为主，但我不喜欢刺绣，喜欢蜡染，我就偷偷地和我大嫂画，后来我妈知道我的兴趣也同意啦。我学得比较快，学了两个小时就掌握好了蜡温。大嫂说我心里想怎么画就画出来吧。我就自己画蝴蝶、荷花。荷花是我上学的时候，神笔马良的那个课里出现的图案，我印象很深刻就画出来了。真正的荷花叶没有看到过，就看着神笔马良画的荷花，自己慢慢想。"⑤ 可以看到，杨千颖的大嫂在教她时也主要以教画法为

① 访谈对象：韦文欣。访谈时间：2016 年 7 月 4 日。访谈地点：安顺市镇宁县石头寨韦文欣家中。
② 同上。
③ 访谈对象：王英凤。访谈时间：2017 年 4 月 4 日。访谈地点：安顺市西秀区核桃村王英凤家中。
④ 访谈对象：王玉英。访谈时间：2016 年 5 月 6 日。访谈地点：安顺市西秀区牛角洞王玉英家中。
⑤ 访谈对象：杨千颖。访谈时间：2017 年 4 月 26 日。访谈地点：安顺市西秀区核桃村杨千颖家中。

主，掌握画法后便鼓励她随心所欲去画，从此杨千颖开启了小花苗蜡染的创作生涯。

除了基本规范和画法，最为重要的是掌握蜡温，这是掌握蜡染技艺的另一个难题。笔者在学习布依族蜡染时就体会到掌握蜡温的重要性。当蜡温过高时，笔者将蜡刀放在布上，瞬间蜡就在布上洇成一片。而蜡温过低时，笔者拿着蜡刀在布上画涡纹时，蜂蜡很快便凝固了。这是大部分蜡染初学者都出现过的问题，她们在经验积累过后大多成功地解决了此问题。初学者们在学习了蜡染的基本规范、画法和如何掌握蜡温后，就基本掌握了本族群的蜡染技艺，可以得心应手地制作蜡染了。

（四）挑剔的消费者：市场对蜡染技艺的“检验”

如果说家庭和村落给予了蜡染艺人习得技艺的文化空间，那么市场贸易则在不断地促进着蜡染艺人修正并提高技艺，让她们的技艺不断成熟。很多布依族和小花苗蜡染艺人在学成之后都在从事本族群的蜡染手工业。走进市场是大部分艺人学成之后的必然选择，消费者们挑剔的眼光在时刻监督着她们的手艺，促使她们不断改进完善。

2017 年 3 月初，笔者在大抵拱赶场时看到这样一位消费者。首先，她在蜡染摊位前用手搓了下蜡染布，看掉不掉色，同时又在阳光下看蜡染布的色泽。然后，她仔细地比对裙子的蜡染纹路，用手比对着涡纹的距离。随后，她检查蜡染的断纹，检查蜡染红裙布片的纹路。最后，她又检查横线，看到横线有浸入蓝色，出现了中断。她把这些问题逐个地给蜡染艺人指出来。在大抵拱蜡染市场，类似的消费者还有很多。不仅大抵拱的布依族蜡染市场，安顺小花苗蜡染市场也不缺少眼光挑剔的消费者。2017 年 4 月，笔者在安顺文庙的小花苗蜡染市场也遇到一对母女。她们 9 点钟就出现在交易市场，在每一个蜡染摊位前驻足。与布依族蜡染消费者不同，她们并没有用手检查蜡染的染色情况，而是更多地盯着蜡染的图案，还不时地把蜡染服装穿上试试并仔细打量（图 2-1：小花苗民众在试穿蜡染服装）。或许是对这一次集镇的蜡染服装不满意，两个人最终一件蜡染服装都没有买。可以说，蜡染消费者的眼光是非常挑剔的。

也正是在与消费者的交流中，蜡染艺人逐渐深刻地领会自己在制作蜡染时的不足之处。笔者曾在布依族蜡染市场记录下这样一段对话[①]。

买家 A：这张蜡染是好，就是有点儿泛色了。

卖家：拿回去化点儿水就会显得新一点。

买家 B：她的这个可能是画很久后才去浸染。

---

① 笔者并不懂得布依语，这些对话都是录音后由布依族朋友翻译的。

卖家：就是做久了才拿去浸染，浸染后也没晒够时间才会这样。

买家 A：她的这个可能不是蜂蜡做的吧？

卖家：这老一点的是蜡做的，但用的是脱蜡后回收的蜡，不是用一般的蜂蜡做的。

买家 B：不管是用哪种蜡画，没晒干放久了都会这样，时间一久就不太好。

图 2-1　小花苗民众在试穿蜡染服装

在这段对话中，消费者和蜡染艺人对蜡染的染色问题等进行了讨论，甚至对如何处理都做出了说明。可以看到，布依族蜡染消费者在蜡染知识方面的专业性，这也的确让蜡染艺人在销售蜡染时不停地接受检验。杨秀银在 2017 年 12 月初赶场时也受到了消费者的批评。她的一张蜡染褶裙布片少画了半个涡纹，被消费者发现了。她让杨秀银降价 20 元钱，两人相持了很久才达成交易。临走前，这位消费者还告诉她，下次做蜡染的时候一定要把这半个涡纹补齐，否则会很难卖出去，这让杨秀银颇感无奈。

从场景和对话中可以看到，大抵拱的布依族蜡染市场不仅具有经济功能，更具有对布依族蜡染的监督功能。初涉市场的蜡染艺人为了能够获得更高的收益，不得不接受消费者挑剔的眼光，并随时对蜡染技艺进行改进完善。这也促使初涉江湖的蜡染艺人们在技艺层面走向成熟。

二、大众文化中的蜡染技艺习得

安顺蜡染艺人有很明确的类型划分，其中一批主要从事本族群的蜡染手工业，另一批则主要从事大众化蜡染手工业。这二者的明显区别就在于她们制作蜡染的风格与规范。对于涉足大众化蜡染商品的艺人而言，无论她们在族群生活中有多么精湛的技艺，大多都需要重新学习并掌握大众化蜡染商品的全新技法，这是她们从事相关职业的基本前提。

让我们把时间拉回到20世纪70年代。1973年，安顺蜡染总厂建成，蜡染旅游工艺品开始车间化生产。此后，在工厂的主导下，国画、佛像画、古典画风格的蜡染产品大量出现。这对布依族和小花苗蜡染艺人们提出了更高的技艺要求。她们进入车间生产之前都要经过一定的培训。安顺蜡染总厂设有专门的蜡染工人培训车间，由资深的蜡染工人教授各种大众化蜡染商品的制作技艺。杨千群曾在安顺蜡染总厂做工，她曾讲起做工前技艺培训的经历："我们刚进厂的时候，都要有培训。在那里用的蜡刀都和我们以前的不一样。这种蜡刀更大，需要重新去学习。另外，工厂画段布多，都是大幅的产品，这些都需要师傅来教。"[①] 对于杨千群一类的工人而言，大众化蜡染商品的技艺培训是进厂做工的必经阶段。只有考核合格，她们才能分配到车间正式做工。

随着国营蜡染厂日渐衰落，各种私营蜡染企业纷纷出现，这些企业同样要对工人进行技艺培训。1993年，杨千群曾在核桃村开办过一个蜡染企业。她讲起之前对蜡染工人培训的场景：

"她们来了后，我要给她们碎布，教她们画（蜡染）。我先把蜡温画给她们看，怎么样是高，怎么样是低。蜡温低了，渗不下去；蜡温高了，蜡全渗到（布）背面了，染的时候就是背面白，正面不白。线条也要慢慢教给她们。当这些人掌握线条和蜡温后，我就给她们成品，让她们画。"[②]

当前，在大众文化领域，无论是蜡染企业主，还是蜡染个体手工业者，或是蜡染工人，大多有过这样的学艺经历。对她们而言，这是从事相关职业的技艺保障。

第二节　身份为引：安顺蜡染艺人的身份建构

蜡染艺人学习蜡染都有各自的目的。对于她们而言，蜡染技艺是参与生活的一种手段，是她们与他人交往的重要工具。蜡染技艺的运用都是与她们各种各样的社会身份相伴而生的。换而言之，蜡染技艺如何运用都要视她们特定情境下的身份而定。因此，在观察安顺蜡染艺人的造物实践前还需要分析她们相关身份意识的形成问题。

---

① 访谈对象：杨千群。访谈时间：2017年4月9日。访谈地点：安顺市西秀区核桃村杨千群家中。

② 同上。

一、族群生活中蜡染艺人身份意识的形成

在族群生活中，蜡染艺人制作蜡染的原因有很多类型。她们可能是给自己制作蜡染，也可能是给自己的亲属制作蜡染，还可能是以本族群的蜡染手工业为生计。在此，她们的身份是多种多样的，既包含族群性的身份，也包含血缘性和地缘性的身份，还包含个体手工业者的职业身份。这些身份都是她们在族群生活中与他人进行频繁的社会交往而逐渐形成的。

（一）族群身份与亲属朋友身份的养成

1. 族群身份的养成

在安顺，无论是布依族蜡染艺人，还是小花苗蜡染艺人，都有着很强的族群身份意识。2017 年 2 月，笔者参加了安顺南风日化厂附近花坡举办的西门跳花节。跳花节是苗族的传统节日。中华民国时期《续修安顺府志辑稿》曾如是记载："跳花之俗，遗传最古。苗俗相传始于杨六时间，大都在阴历正月，日期：初六、初八、初十、十二日。地点：花苗、坝苗则在北门外跳花山、东门外跳花山；水西苗则在轿子山；青苗无一定处所，每年就适中山场选择。"[①] 时至今日，跳花节仍然是安顺苗族非常重要的节日。当日中午，小花苗、青苗、歪梳苗、白苗等都已经穿上了本族群的服饰，聚集在跳花场下的平台上。所有苗族民众融汇为一条长龙，两两一排，吹着芦笙，跳着舞蹈，沿步道向场地中心的花树走去。此时，身着各支系服饰的苗族民众排起的长龙覆盖了整个步道。他们配合着芦笙的音乐在每一环道绕行，直至绕行至花树，每一位苗族民众脸上都洋溢着喜悦的神情。从西门花坡的情况来看，无论是花树求子，还是吹芦笙绕花树跳舞，都与民国时期的跳花节记载差异不大。虽然跳花节所具备的男女相恋的功能已经非常微弱，但可以看到苗族民众仍然对跳花节表现出非常大的热情。从中可以看到苗族民众对自己族群的认同感。

事实上，同跳花节之于小花苗一样，布依族的族群意识也能通过他们的重要仪式体现出来。近些年，布依族的婚礼已经发生了很大的变化，西式婚纱成为越来越多布依族新娘结婚的首选。与此同时，结婚过程也日益趋于简化，但是仍然有一些传统习俗得以保留。2016 年 11 月 30 日，笔者参加了石头寨太平桥边一家布依族民众的婚礼。婚礼仪式是在凌晨 3 点举行。凌晨 2 点 30 分，新郎的接亲车队回来了，新郎的朋友把各种床上用品放进了卧室，不过新郎和新娘都没下车。此时，笔者发现新娘还穿着红色的西式婚纱。凌晨 3 点，新郎和新娘的车队回来了，新娘下车时让人感觉眼前一亮，新娘在婚纱外面穿上了布依族蜡染盛装，上身长袖短衣，下身

① 安顺市人民政府地方志办公室：《续修安顺府志辑稿》，贵阳，贵州人民出版社，2012 年，第 576 页。

蜡染红裙，不过头上没有带甲壳。新郎与新娘携手踏入家门，此时在堂屋中已经摆好了桌椅。新郎与新娘面对着祖先的神龛和家门中的8位长辈行三鞠躬礼，方才礼毕进入卧室休息。

短短一分半的进门仪式，可以看到布依族婚礼简化的事实。但正是在这样的简化仪式中，我们看到了蜡染对于布依族民众的重要性及其所彰显的强烈的族群意识。正如伍登宏所言："我们布依族的风俗都变了，但就是这个（蜡染）不能变。"① 蜡染在布依族的文化中扮演着重要的角色。石头寨的老人伍文立曾经是村主任，后来学习风水，成为念经先生。从他那里了解到，在布依语中，死亡被叫做"得了（音译）"，意为去见祖先。为了与祖先能够相互识别，布依族人去世时要穿着布依族服饰。正如伍文立所言："我们是要穿本民族的衣服，才能见到祖先的嘛。你不穿这个怎么去呢？你不穿民族衣服，怎么能找到祖先呢。这个衣服有好有坏，但是（无论）怎样都要穿这样的衣服。"② 石头寨老人伍登宏也讲："我们民族就是这样，什么都可以变，但是到死的时候这件衣服不能变，要不没有办法见祖宗啊。"③ 因此，男性死后需穿长衫和布鞋，女性需穿布依族蜡染服饰。

从小花苗和布依族民众生活的描述中，可以看到这样一个事实：虽然两个族群的文化经历了剧烈的变迁，但是其民众的族群意识仍然是非常强烈的，而且体现于村落生活的很多方面。

蜡染艺人的族群身份意识正是在她们自幼参与村落生活的过程中自然而然形成的。在石头寨和核桃村调查期间，笔者能够感受到两个村落在生活中的族群文化特点。村落民众虽然都会安顺方言，但是在村落生活中普遍使用本族群的语言，尤其是石头寨。石头寨作为布依族聚居的村落，布依语是当地民众之间交流的主要语言工具。笔者在参加当地人的婚礼和葬礼时，经常因为语言不通，陷入尴尬局面。同时，村落民众的生活中都具有本族群独特的风俗习惯。在石头寨，当地葬礼中仍然保留着独特的送葬环节。逝者家门的几十位儿媳妇身着布依族蜡染服装，走在送葬队伍的最前面，为逝者引路上山，帮助他找到返回祖先之地的道路。这些极具族群特色的文化实践彰显着各自族群的文化特性。蜡染艺人自幼便在这样的环境中接受熏陶，长期的生活实践，已让她们自然而然地形成了族群身份意识。而这种身份意识也直接反映在她们的蜡染造物活动中。当她们给自己制作蜡染时，这种族群认同感油然而生，促使她们严守族群的蜡染规范，用心地为自己打造一套专属的蜡染盛装。

① 访谈对象：伍登宏。访谈时间：2016年7月4日。访谈地点：安顺市镇宁县石头寨伍登宏家中。
② 访谈对象：伍文立。访谈时间：2016年7月7日。访谈地点：安顺市镇宁县石头寨伍文立家中。
③ 访谈对象：伍登宏。访谈时间：2016年7月4日。访谈地点：安顺市镇宁县石头寨伍登宏家中。

2. 血缘和地缘身份的养成

与族群身份相似，对于布依族蜡染艺人和小花苗蜡染艺人而言，血缘和地缘身份所承载的情感与责任意识同样强烈。在布依族和苗族的族群生活中，“亲属”和“朋友”身份包含着一系列的行动规范与情感表达。蜡染艺人们在长期的村落生活中深知作为他人亲属和朋友的情感与责任内涵。

笔者在石头寨调查期间，能够深刻地感受到布依族文化对血缘和地缘关系赋予的丰富内容。2016 年冬，石头寨村民伍文正的父亲不幸离世，每当笔者路过他家门口时那位慈祥的老人都会微笑地看着。他的离世对于村落而言是一件大事，整个村落有近一半的家庭都和他有或近或远的亲戚关系，他所在的家门也有 30 余家。老人离世当天，他的女儿便和婆家的多位亲属带着祭品赶来奔丧。随后几天里，伍文正和其他兄弟姐妹便按照布依族传统在堂屋守灵。老人家门的各家各户则成为帮忙的主力。有的负责接待客人，有的负责在后厨准备饭菜，还有的则准备送葬当天的各种事宜。这些人不需要伍文正过多安排，都知道这是家门大事，均全身心地投入其中。在出殡当天早上，家门中的儿媳妇们都早早地穿上布依族蜡染盛装，按辈分排好队伍，走在送葬队伍最前方，送老人最后一程。这一场葬礼就像是村落亲属关系的展演一样，让笔者看到了布依族民众对亲属关系的认知和表达。而同村的那些没有血缘关系的朋友也纷纷前来吊唁，更让笔者感受到地缘身份所承载的情感。在停棺期间，这些同村的朋友们纷纷聚集在死者家周围，向死者亲属表示哀悼，也会帮助他们做一些力所能及的事情。这种基于血缘和地缘的身份意识通过这场葬礼集中地向笔者展示出来。而更令笔者印象深刻的是葬礼中的孩子们，他们虽然懵懂，但已经参与到村落的集体行动之中，在其中感受着何为亲属身份，何为同村邻里，这为他们未来的行动起到了示范作用。

事实上，蜡染艺人们也都从这样的年纪成长而来。村落生活就是这样，习以为常但具有教化意义。正是在频繁地参与家族生活的过程中，蜡染艺人们深知作为他人亲属（或亲缘较近，或亲缘较远）具有怎样的情感和责任。而这也深刻地体现于她们的蜡染造物活动之中。在调查期间，韦庆珍曾向笔者讲起一件令她感动的事情。几年前，她正在为儿子筹办婚礼，其中为儿媳妇准备蜡染盛装是很重要的工作。一天，她的亲妹妹韦庆涛来到家里，对她讲：“给你做（蜡染）我就不要钱了，我给你好好做，就当是做幺姨的一点儿心意。”这令韦庆珍很是感动。韦庆涛是远近闻名的蜡染艺人，她制作的蜡染质量很高，也很畅销。对她而言，两套蜡染袖子布片是一笔不小的收入。但在韦庆涛看来，此时她是韦庆珍的亲妹妹，而不是一个以蜡染为生计的人。为自己的亲姐姐制作蜡染，是她表达亲属情感与责任的重要方式。

（二）族群蜡染手工业者身份的养成

客观而言，在族群生活中，蜡染艺人给自己或者亲属制作蜡染的情形相对较少。她们更多地以之作为生计，从而自己作为自负盈亏的手工业者从事着蜡染的制作和销售工作。受城市建设和旅游开发的影响，石头寨和核桃村村民的土地大部分被征掉，曾经的农业生产已经难以为继。一批女性选择走进蜡染市场，从事本族群的蜡染手工业。

1. 蜡染艺人的从业动机

目前，布依族和小花苗从事本族群蜡染手工业的艺人在 100 人以上。在最初调查时，笔者很好奇为什么如此多的人将本族群的蜡染手工业作为生计。随着调查的深入，笔者发现这是她们权衡个人条件、家庭责任和从业收入而做出的选择。

首先，这份工作对于蜡染艺人而言是学历条件有限的情况下可以选择的职业。20 世纪七八十年代，很多布依族和小花苗民众存在重男轻女的观念，很多家庭只允许男孩接受教育，女孩只能在家放牛、割猪草，即使有女孩读书也很少读到初中。以杨喜英为例，她家中有兄弟姐妹六人，她排行第三。由于家中没有钱支持她读书，她一直在家照顾弟弟妹妹，没有接受过系统的学校教育。杨凤彩也有相似的经历。她出生在蔡官镇梅家庄，自幼就没有接受过学校教育。这种受教育程度让那个年代出生的布依族和小花苗女性很难获得比较好的工作机会。这时，族群蜡染手工业由于没有学历要求，便成为她们谋生的重要选择。

其次，从事蜡染手工业既不需要耗费太多的劳力，也还能在家中照顾孩子和老人，于是便获得了在布依族和小花苗女性中的好感度。布依族和小花苗的一些女性由于家中老人年老体衰或者子女需要照顾，很难再外出务工。以杨喜英的儿媳为例，她有公公、婆婆需要照顾，还有一个 3 岁的孩子需要养育。她在和笔者聊天时都要继续画蜡，不时还要去看看孩子是否在外面淘气。对于她而言，族群蜡染手工业虽然是一种权宜之计，但至少可以在照顾家庭的同时赚取一些收入。

再次，族群蜡染手工业的收入水平也让很多蜡染艺人满意。2000 年之前，布依族和小花苗蜡染能够给蜡染艺人带来稳定而较高的收入。在调查过程中，很多蜡染艺人都喜欢把蜡染和其他物品的价格进行比较，来说明她们刚刚从事蜡染手工业时的高收益。王旭涛就讲：

"那时（指 20 世纪 80 年代）领工资才 25 块钱，画一条蜡染裙子就 18 块钱，画两天就能完成一条。我一个星期就能卖 30~40 块钱。除了本钱，我还剩 20 多块钱。自己一周赚的钱比他们（指在政府工作的人）还多。那时候我就不想去工作了，就天天搞这个（指制作蜡染），不想读书了。”[①]

20世纪90年代以前，从事这份工作的收益比政府公职人员的收入还要高，为家中的日常收入做出很大的贡献，这对布依族女性而言充满诱惑力。对部分蜡染艺人而言，这份职业甚至是非常重要的，以韦庆涛为例：

“我家两个孩子读书，我丈夫每个月才能赚几百块钱，孩子的生活费、学费都靠我画蜡染。当时，大儿子学费3 900块，小儿子学费2 000~3 000块，每个月生活费最少都要1 000块钱一个人。算上其他杂的，两个孩子每年都要30 000块钱。家里的收入是不够用的。我们供两个孩子读书，房子都修不起了。以前一个星期能画一套（蜡染袖子布片），一个星期赚850块钱。”[②]

仔细算来，韦庆涛制作蜡染一年的收入仅勉强支撑两个孩子每年的花销。也正因此，2017年她家还住着已有20多年的石头房子。不过，族群蜡染手工业的确让她成功地支持两个孩子完成了学业。可见，对于韦庆涛一类的布依族蜡染艺人而言，蜡染给她们带来的收益是很重要的。而且，这种生计方式在2016年后变得越来越重要了。当时，旅游服务业渐趋萧条，石头寨的布依族女性除了打短工很难再找到比蜡染手工业还赚钱的工作了。因此，越来越多的蜡染艺人开始全年性地制作蜡染。杜德珍早年丧夫，儿子也在外务工。平日家中仅有她一人生活。她除了儿子寄回的生活费，就主要依靠制作和销售布依族蜡染贴补家用。2017年3月，她积攒了一个月的蜡染褶裙布片在集市上仅仅20分钟就卖出去了，赚了1 000元。看着她脸上洋溢的笑容，笔者就能感受到这份职业对她有多么重要了。

对于小花苗蜡染艺人而言，蜡染的收益也让她们比较满意。王颖就讲：“八几年[③]的时候，一个背扇就七八十元。当时，我公公是校长，工资才38.5元。他（指她的丈夫）工资都没我高。以前我老公是老师，一个月也才280元，我自己一个月就赚四五百（元）。我这一辈子就凭我这个手艺（指蜡染）过日子，没做过什么重的，时间自由，想做就做，不想做就不做。”[④]即使现在，小花苗蜡染艺人对蜡染手工业的收益也比较满意。她们一星期可以做4床背扇，最多的能做5床背扇。2017年，每一床背扇的市场价270元左右，除去成本70元，每床背扇净赚约200元。在生意好的情况下，小花苗蜡染艺人每个月大约可以赚3 000元。因此，她们对这份职业非常看重，视其为增加家庭收入的重要手段。150厂附近的一位蜡染艺人甚至把丈夫、儿媳妇和儿子都调动起来，办起了家庭式企业。企业由她与儿媳妇绘制

① 访谈对象：王旭涛。访谈时间：2016年12月2日。访谈地点：安顺市镇宁县石头寨王旭涛家中。
② 访谈对象：韦庆涛。访谈时间：2016年7月5日。访谈地点：安顺市镇宁县石头寨韦庆涛家中。
③ 20世纪80年代。
④ 访谈对象：王颖。访谈时间：2017年4月19日。访谈地点：安顺市西秀区王庄村王颖家中。

蜡染，由丈夫与儿子去外面找人染布和加工。小花苗蜡染手工业已成为她们全家最主要的收入来源。

最后，也有一些蜡染艺人因为族群蜡染手工业的工作环境而选择这份职业。杨秀银是从铜仁嫁到石头寨的汉族媳妇，孩子出生后就再未外出务工，除平时有游客时做些零售生意，其他时间主要从事布依族蜡染手工业。调查期间的某天，天空晴朗，村子里一些蜡染艺人认为会有游客过来玩耍，临近正午就已经在白水河边摆起了烧烤摊、凉粉摊。杨秀银却选择在家里制作蜡染。她讲："学这个（指蜡染）也没人管，在家里也不用晒太阳。想休息就休息，想多赚钱就多画点，能继续干就接着画。而且做这个（指蜡染）收入也稳定点，在那边（旅游景区做零售生意）今天或许能赚钱，明天可能就没有游客来了。"①可见，族群蜡染手工业相对自由和舒适的工作环境，一定程度上成为杨秀银选择这份职业的重要原因。

2. 布依族和小花苗蜡染市场的基本情况

蜡染艺人既然选择族群蜡染手工业作为职业，就意味着将与本族群的蜡染消费者打交道。正是持续的市场参与，让她们逐渐形成了对这份职业的身份意识。对于从事蜡染手工业的艺人而言，她们与蜡染需求者的关系是由市场交易建立起来的。如果想依靠制作蜡染来赚钱，她们就不得不接受民间约定俗成的蜡染制作和贸易规则。只有接受了这些规则，她们才能够成为合格的蜡染手工业者，而长期的蜡染贸易正给了她们身份养成的机会。

目前，布依族的蜡染贸易主要集中在扁担山大抵拱蜡染市场，虽然丁旗镇、关岭的部分乡镇赶场日也有销售蜡染的，但是他们大多是中间商，多是从大抵拱买走蜡染后到这些地方转手赚差价的。每周六是大抵拱集镇的赶场日，也是当地蜡染市场开市的日子。笔者在 2016 年 6 月、12 月分别记录了 6 次大抵拱布依族蜡染贸易的情况。下面笔者将其中两次蜡染交易的状况做一描述，以此展现布依族蜡染市场贸易的基本状况。

2016 年 7 月 9 日早，蜡染市场已经聚集了约 50 位蜡染艺人。在集市一边是两排撑着雨伞的蜡染摊位。这些摊位主要销售的是一些成品的蜡染上衣、裙子、头帕、围腰，也有部分摊位销售蜡染布和刺绣用的丝线。另一边则聚集着 13 位背背篓而来的蜡染艺人。她们没有固定的蜡染摊位，只是将自己制作的蜡染褶裙布片、蜡染红裙布片等放在背篓上，等待消费者购买（图 2-2：在大抵拱销售蜡染的布依族艺人们）。具体而言，各个摊位的信息如表 2-1 所示。

① 访谈对象：杨秀银。访谈时间：2017 年 3 月 18 日。访谈地点：安顺市镇宁县石头寨杨秀银家中。

图 2-2　在大抵拱销售蜡染的布依族艺人们

表 2-1　2016 年 7 月 9 日布依族蜡染市场摊位信息统计

序号	主要产品	序号	主要产品	序号	主要产品
1	成品蜡染上衣、蜡染褶裙	9	成品蜡染褶裙、蜡染红裙	17	头帕、刺绣
2	成品蜡染上衣、蜡染褶裙	10	头帕、成品蜡染上衣	18	刺绣布片、成品蜡染上衣
3	染布	11	成品蜡染上衣、蜡染褶裙	19	头帕、刺绣布片、头饰
4	染布	12	头帕、成品蜡染上衣、蜡染褶裙、蜡染红裙	20	成品蜡染上衣、头帕、围腰
5	腰带、头帕、成品蜡染上衣、围腰	13	成品蜡染上衣、围腰	21	腰带
6	丝线、头帕	14	成品蜡染褶裙、蜡染红裙	22	头帕
7	成品蜡染上衣、蜡染褶裙	15	成品蜡染上衣、蜡染褶裙	23	头帕、成品蜡染褶裙
8	成品蜡染褶裙、蜡染红裙	16	腰带、成品蜡染上衣	24	头帕

续表

序号	主要产品	序号	主要产品	序号	主要产品
25	围腰、腰带、头帕	32	蜡染褶裙布片	39	蜡染褶裙布片
26	蜡染褶裙布片、成品蜡染上衣、头帕	33	蜡染褶裙布片	40	蜡染褶裙布片
27	红染布	34	蜡染褶裙布片	41	蜡染褶裙布片
28	红染布	35	蜡染褶裙布片	42	蜡染褶裙布片
29	蜡染褶裙布片、蜡染红裙布片	36	蜡染褶裙布片	43	蜡染褶裙布片
30	蜡染褶裙布片	37	蜡染褶裙布片、蜡染红裙布片	44	蜡染褶裙布片
31	蜡染褶裙布片	38	蜡染褶裙布片	45	蜡染褶裙布片、蜡染红裙布片

夏季是布依族蜡染交易的淡季，年轻人多在外务工，较少举办婚礼。蜡染的需求量因而较小。因此，蜡染市场中销售蜡染的人较少，生意也较为惨淡。笔者记录的其他三次夏季集市的情况与此大抵相同。

相较之下，冬季是蜡染制作和销售的旺季。布依族的婚礼往往集中在冬季，因而布依族蜡染产品更加畅销，有些蜡染艺人的蜡染甚至很早就被预订出去了。2016 年 12 月 3 日，前夜的大雨影响了大抵拱的生意。大抵拱集市的场坝泥泞不堪，蜡染艺人们的背篓甚至都没有地方放置，因此很多人选择不来赶场。但是，这种情况下仍然有 55 个摊位在这里销售蜡染和其他手工制品。当日，石头寨的吴文江、吴德文刚到大抵拱，蜡染褶裙布片就被抢购一空。待笔者八点半到达时，她们已经很有兴致地买菜回家了。当日具体情况如表 2-2 所示。

表 2-2　2016 年 12 月 3 日布依族蜡染市场摊位信息统计

序号	主要产品	序号	主要产品	序号	主要产品
1	成品蜡染上衣、腰带、绣花	4	成品蜡染上衣、裙子	7	成品蜡染上衣、染布
2	成品蜡染上衣、蜡染褶裙、腰带、围腰	5	成品蜡染上衣、绣花	8	头帕、绣花
3	蜡染褶裙布片、蜡染袖子布片	6	蜡染褶裙布片	9	蜡染褶裙布片

续表

序号	摊位信息	序号	摊位信息	序号	摊位信息
10	染布	26	成品衣服、蜡染红裙、腰带、围腰	42	成品蜡染上衣、蜡染红裙
11	头帕、绣花	27	蜡染红裙布片	43	蜡染褶裙布片
12	蜡染红裙布片、蜡染袖子布片	28	成品蜡染上衣、头帕	44	围腰、裙子、头帕
13	染布	29	头帕	45	头帕
14	丝线、头帕、染布	30	蜡染褶裙布片片	46	蜡染褶裙布片
15	蜡染红裙布片	31	成品蜡染褶裙	47	头帕
16	成品蜡染上衣、腰带	32	腰带、头帕、围腰	48	染布、丝线
17	头帕	33	蜡染褶裙布片	49	蜡染褶裙布片
18	蜡染褶裙布片	34	成品蜡染上衣	50	绣花
19	丝线	35	成品蜡染上衣、头帕、腰带	51	蜡染红裙布片
20	绣花、头帕	36	蜡染褶裙布片	52	头帕、染布、丝线
21	蜡染褶裙布片、蜡染袖子布片	37	成品蜡染上衣、蜡染褶裙	53	蜡染褶裙布片、绣花、染布
22	裙子、成品蜡染上衣	38	成品蜡染上衣、蜡染褶裙	54	机器印制的蜡染上衣
23	成品蜡染上衣、裙子	39	丝线	55	绣花
24	蜡染红裙布片、蜡染袖子布片	40	成品蜡染上衣、绣花		
25	蜡染袖子布片、甲壳	41	甲壳、绣花		

汇总冬季和夏季两个季节的蜡染摊位情况可以看到，销售蜡染褶裙、红裙和袖子布片的摊位都达到 18 个。除了这两次，笔者还记录了其他 4 次大抵拱的蜡染销售情况，均如此种情况。而且，每一次赶场几乎都是这一批蜡染艺人。每次赶场，她们就像聚会一样，背着背篓从凹子寨、油寨、翁寨、偏坡村和石头寨等村相聚于此。每一场又总是有人欢喜有人忧。有的蜡染艺人的产品大受欢迎，会高兴地提前买菜回家；而有的蜡染艺人则蹲坐半晌也没有任何进账，只能无奈背上背篓买好日用品回家，期待下一场能够有好的运气。

安顺黑石头花鸟市场的小花苗蜡染市场扮演着与大抵拱蜡染市场一样的角色。每周日，汪家山、核桃村、西王山、和尚庄、150厂、武当山等地从事小花苗蜡染手工业的艺人便群聚于此（图2-3：在花鸟市场销售蜡染的小花苗艺人）。与布依族蜡染艺人不同，小花苗蜡染艺人并无确定的产品制作方向，蜡染背扇、蜡染被窝、蜡染上衣、蜡染裙、蜡染长衫、蜡染腰带等均有制作。笔者于2017年4月9日对小花苗蜡染市场的摊位信息进行了统计，统计情况如表2-3所示。

图2-3　在花鸟市场销售蜡染的小花苗艺人

表2-3　2017年4月9日小花苗蜡染市场摊位信息统计

序号	主要产品	序号	主要产品	序号	主要产品
1	小花苗帽子	6	小花苗帽子	11	小花苗帽子、男性蜡染长衫、围腰
2	银饰	7	单色和彩色蜡染上衣、腰带	12	彩色蜡染上衣、单色和彩色蜡染背扇
3	木梳、蜡刀	8	单色和彩色蜡染上衣、单色和彩色蜡染背扇	13	彩色蜡染上衣、彩色蜡染背扇
4	丝线	9	腰带、小花苗帽子	14	单色蜡染上衣
5	丝线	10	腰带、单色和彩色蜡染上衣	15	彩色蜡染上衣、单色蜡染背扇

续表

序号	产品信息	序号	产品信息	序号	产品信息
16	单色和彩色蜡染背扇	23	单色蜡染背扇	30	彩色蜡染上衣、围腰
17	彩色蜡染上衣、腰带、围腰、彩色蜡染背扇	24	小花苗帽子、男性蜡染长衫、彩色蜡染上衣	31	彩色蜡染背扇
18	单色蜡染背扇	25	彩色蜡染上衣、围腰	32	彩色蜡染上衣、彩色蜡染背扇
19	彩色蜡染上衣、单色和彩色蜡染背扇	26	单色和彩色蜡染背扇	33	单色蜡染背扇
20	男性蜡染长衫、单色和彩色蜡染背扇	27	彩色蜡染上衣、围腰	34	男性蜡染长衫、彩色蜡染上衣
21	单色和彩色蜡染上衣、单色和彩色蜡染背扇	28	单色蜡染背扇、被窝	35	腰带
22	单色蜡染背扇	29	彩色蜡染背扇	36	单色和彩色蜡染上衣、单色和彩色蜡染背扇

每周日早上，这些蜡染艺人们便聚集于此，在各自租用的场地前摆好摊位，一直到下午1点钟左右才各自回家。对于她们而言，小花苗蜡染已经成为她们家庭重要的收入来源。在调查期间，发生的一件棘手的事情反映出了她们对这份工作是多么珍惜。小花苗蜡染市场已搬至文庙十余年了。文庙地处安顺市中心区域，人流量大，而且十几年的经营已经让这个销售点广为人知。但是，2017年，安顺市为整修文庙，让小花苗蜡染艺人集体搬至黑石头花鸟市场。当时，花鸟市场位于城郊，是一片刚开发的区域，人流量少，距离其他地方较远。这让小花苗蜡染艺人心生烦恼，她们担心搬到花鸟市场后生意不景气。为此，她们在2017年3月底一次赶场结束后，聚集在一起开了会，希望能够与文庙管委会沟通，不要搬出文庙。杨喜英就讲:“我们要是去黑石头卖（蜡染），不会有人买的，这可要我们怎么活啊。”[①] 从杨喜英的话中不难感受到，小花苗蜡染艺人对这份职业寄托了很多的希望。正因为如此，市场的变化才让她们如此敏感。幸好，在搬迁至黑石头花鸟市场后，她们的生意并未受到太大的影响。

① 访谈对象：杨喜英。访谈时间：2017年4月22日。访谈地点：安顺市西秀区和尚庄杨喜英家中。

3. 蜡染艺人在市场中的身份历练

发展至今，布依族的蜡染市场已经运营了至少60年的时间，小花苗的蜡染市场也已经运作了近40年，两个市场都具有各自的市场规则。对于布依族和小花苗民众而言，他们购买蜡染的主要目的就是为了满足仪式的需求，因而蜡染消费者们特别注重蜡染是否符合布依族和小花苗的“规格”。所谓的“规格”就是布依族和小花苗蜡染的制作规范与审美要求。布依族蜡染的消费者与蜡染艺人们在长期的贸易中产生了默契，消费者以布依族蜡染的制作规范和审美要求为依据，从蜡染的生产原料、图案规范、染色效果等方面对蜡染产品进行评价，并根据蜡染产品的质量确定蜡染的价格。当然，这个价格并不是由政府确定的，而是由蜡染艺人和消费者约定俗成的。如果一件蜡染产品不符合规范，如蜡染产品在线条上发生断裂，或在图案上有些许失误，都会在价格上有所反映。对于蜡染艺人而言，参与蜡染市场是她们了解行业规则，习得职业规范，成长为成熟的族群蜡染手工业者的必经之路。对于初涉市场的蜡染艺人而言，只有经受住眼光刁钻的消费者的持续考验，才有可能在蜡染市场中站住脚跟。

蜡染艺人在最初进入市场时充满了复杂的情绪。她们既想把自己的蜡染卖出去赚钱，但又对蜡染市场挑剔的蜡染消费者充满了畏惧。石头寨的张潞静今年33岁，在外出务工几年后又重新回乡拾起了蜡刀，制作并销售布依族蜡染。她讲：“那时候如果自己去，人家看小孩子画的，就不买。你搞得合规格了，他们就不会说什么。要是你搞得不合规格了，那他们就要说这里不好，那里不好。那样，我就会不好意思了（指难堪）。我只是在家里制作蜡染，交给大人去卖。这样，管它好不好，反正我也听不到了，没什么感觉。”[①] 韦庆涛也讲：“第一次去赶场时，我不好意思拿去卖。我和妈妈去，我站在她背后，不站在前面。人家过来看的时候，我也害羞，不好意思。幸好最后还是卖出去了。我很开心，就喜欢做（这份工作）了。”[②] 进入蜡染市场后，蜡染艺人如果能够与消费者进行一次成功的交流，并且赚到钱，便是一次愉快的体验，也能让她们成功地迈出从业的第一步。

相较之下，一部分蜡染艺人在蜡染市场的经历充满坎坷。她们对蜡染消费者的挑剔的态度表示抗拒，最终放弃了这份工作。马思涛就曾经提起自己的一位同伴，她最初在家学习蜡染技艺时都是很顺利的，后来便来到蜡染市场销售蜡染。但是，过来看货的消费者对其百般挑剔，这让她羞愧难当。最终，她因为忍受不了这样的状况，就不再制作和销售蜡染了。不过，总体而言，大多数蜡染艺人都能顺利地克服早期的恐慌，在市场立足，成长为合格的族群蜡染手工业者（图2-4：大抵拱蜡

① 访谈对象：张潞静。访谈时间：2017年12月5日。访谈地点：安顺市镇宁县石头寨张潞静家中。
② 访谈对象：韦庆涛。访谈时间：2016年7月5日。访谈地点：安顺市镇宁县石头寨韦庆涛家中。

染市场消费者讨价还价的场景）。

图 2-4　大抵拱蜡染市场消费者讨价还价的场景

2016 年 11 月，笔者在大抵拱赶场时遇到了一对母女，她们来购买婚礼用的蜡染盛装。当时，两人走到一个摊位前与蜡染艺人聊了起来。她们的对话能够反映出蜡染艺人与消费者交流的基本情况，其对话内容如下。

卖家：这个（指蜡染褶裙布片）以前卖 400 多（元），现在没人买，才这么便宜。你要两对还是要一对？

买家：要两对，便宜点儿吧。

卖家：少也少不多，你看那两块布用来捏（指捏褶裙），会捏得很好。油寨已经有人拿了两对，这是用同一个（染）缸同一种布做出来的。这一对要 380 元才卖，刚才已经有人给了 350 元，我没有卖。

买家：那给 350 元就卖给我吧。

卖价：上个场卖了四对，都是 350 元卖。今天这个场要价要贵一点儿。

买家：350 元，就 350 元吧。大家都是熟人了，就帮个忙嘛，算来大家都是亲戚的。你看你的这个涡纹（线条）断了这么多，便宜点儿。

卖家：这个也不算断的很多，你们放心。不是化学染的，给外面的人看都看得出来的。你们拿去放三五年，如果有一点褪色就拿回来，我退钱给你们。哎呀，350 元就 350 元啦。

买家：就是啦，350 元我要两对，刚才你又说不卖。

卖家：你如果连前面那块布（指蜡染褶裙前面的半块蜡染布，蜡染褶裙由五块布构成，其中前面那块布最简单、面积最小，价钱相对便宜）一起买，我就 350 元卖给你。如果不买这块布，我就要380元了。你看，我这个裙子上面的点点（指散点纹）点得多规整，我经常做这个的。

买家：再少点儿吧，现在行情这么差的，前面这一块（蜡染）多少钱。

卖家：一块40元，你看我这涡纹全部画通了，多好的啊。

买家：这个涡纹你画断了，也卖多不了多少。

可以看到，这位婆婆既关注蜡染的价格，也关注蜡染的质量，指出了这位蜡染艺人的产品在涡纹和线条上的问题并借此讨价还价。消费者与卖家的对话都是围绕着布依族蜡染的规范和价格展开的。对于蜡染艺人而言，正是如上述场景一样，对蜡染市场的持续参与，让她们逐渐地熟悉作为族群蜡染手工业者的行为规范。蜡染艺人若要从事本族群蜡染的制作和销售工作，就必须遵从市场规则。否则，消费者们就不会接受她们，她们也就很难在蜡染市场立足。在小花苗通行一句俗语："画的（是）徒弟，买的（是）师傅。"该俗语的意思是，购买蜡染的人是卖蜡染的人的师傅，他们让蜡染艺人们知道蜡染应该制作成什么样子。这句话虽然带有蜡染艺人们对部分蜡染消费者的讽刺意味，但却也反映出市场参与对她们职业身份养成的路径价值。

二、大众文化中蜡染艺人身份意识的形成

对于安顺的蜡染艺人而言，大众文化是近几十年来新涉足的文化领域。与族群生活不同，大众文化具有截然不同的社会结构和关系网络。涉足大众化蜡染商品制作的艺人在这里具有全新的职业身份。她们或是个体手工业者，或是蜡染工人，或是蜡染企业主。长期的从业经历和频繁的社会交往，让她们逐渐适应了新的职业身份，并开启了全新的蜡染生涯。

（一）贸易交互：大众化蜡染手工业者的职业意识形成

个体手工业者的职业身份在大众文化与族群生活语境下被赋予了不同的职业规范。从社会的角度而言，蜡染艺人作为个体手工业者需要做的是按照市场的需求制作并销售产品，以此谋生。但是大众文化与族群生活却赋予这一社会角色差异化的文化内涵。在族群生活中，作为手工业者的蜡染艺人需要按照本族群的传统制作蜡染，才能满足市场的需求。而在大众文化中，作为手工业者的蜡染艺人则要根据大众消费者的文化需求和审美偏好来制作蜡染，方可满足市场需求，达到盈利的目的。这也意味着，蜡染艺人若想从事大众化蜡染商品的个体手工业，需要重新去适应新的职业规范。

在安顺，大众化蜡染手工业者的数量比较少。她们或曾做过蜡染工人，或曾从事族群蜡染手工业，而后转型为大众化蜡染商品的个体手工业者。杨凤彩就是典型

案例，她在洪福远和王翀的蜡染企业里做了几年工人后，认为给别人做工不是很舒服。她既看不惯制作的图案版式，又看不惯蜡染产品的质量。因此，她决定辞职。她通过参加各级别的工艺大赛和各地的展销会，获得了一定的客源，借此机会开始从事蜡染旅游工艺品的个体经营。

当然，从事大众化蜡染商品的个体手工业也不是一蹴而就的，同样需要长期的市场参与。以韦庆珍为例，她在从事大众化蜡染商品个体经营之前，一直在从事布依族蜡染手工业，同时还在石头寨旅游景区做保洁工作。2013 年，石头寨旅游公司计划在博物馆增设蜡染手工展示区，便找到了韦庆珍。韦庆珍讲述了当初转行的故事：

“（石头寨旅游）公司喊我们来这边（石头寨博物馆）画蜡染给客人看。我自己想，我在这里画（蜡染），看看客人喜不喜欢。我第一次来这，画的就是这种长袖的、带纽扣的衣服。广东的来了两个客人，500 块钱卖给他们了。我看这还是比较赚钱的，从此之后，就开始画衣服（蜡染旅游品）了。后来，我又画了不少裙子和衣服，还从外面的（美术）老师那里搞来颜料，画彩色的画。游客都很喜欢啊。”①

韦庆珍将自己正确做出转行的决定归功于这两位广东客商。他们对蜡染服装的喜爱，让她看到了蜡染旅游工艺品个体经营中蕴藏的商机，从此走上了这条道路。韦庆珍是幸运的，石头寨博物馆是景区的一部分，经常有游客到此游玩，这给她带来了相对稳定的客源。不过，有一批蜡染艺人即使面临相似的机会，也没有成功抓住。石头寨旅游景区曾打造过蜡染一条街的街区景观，巷子里的蜡染艺人也曾试图从事蜡染旅游工艺品的个体经营，不过都没有坚持下去。有的家庭在其中开起了宾馆，有的家庭则开起了雕刻店，也有的家庭不再自己制作蜡染，而是从安顺南华路批发质量低劣的蜡染商品销售。

相较之下，韦庆珍对这份工作投注了更大的热情。2017 年，一位热心的重庆游客赠送给韦庆珍一套画册，建议她按照画册的图案来画，产品可能更受游客欢迎。韦庆珍欣然接受，很长时间内都按照画册图案创作蜡画，并且获得了不错的收益。这进一步激励她继续沿这条路走下去。为了创作一些游客喜欢的图案，她还曾自学描图。她讲：“在大洋小学，他们那些外面来的（老师）教我，把图案放在棉布底下，一步步地描，但是我觉得这么画一会深一会浅的，不好画，我就自己对着图片在布上画了。”② 对于一个年过五十的蜡染艺人而言，重新学习和掌握描图的确非常不易。然正如她所讲：“你不这么画，他们（指游客）就不喜欢，就没有钱赚啦。”③

① 访谈对象：韦庆珍。访谈时间：2016 年 6 月 19 日。访谈地点：安顺市镇宁县石头寨博物馆。

② 同上。

③ 同上。

如若她不学习这些方法，布依族的传统图案与色彩很难获得大众消费者的喜爱。后来，又有广东客商来这里订货，客商给了她一幅荷叶的图片，请她按照图片来制作蜡染旅游工艺品。韦庆珍讲，“我对客商说，我给你做两幅，一幅白的，一幅蓝的，给你看看，你觉得喜欢再来订。但是，你要先给我打钱，要不你拿完画，不给我钱，我去哪里找你啊。客商说，马上给你打钱，你放心。我要价 110 元/幅，他们就把钱打过来了。那客商讲，你不要画太多的图案，这样你画的时间长，成本高，我们都赚不到钱。”① 虽然这笔生意最终并未洽谈成功，但是可以看到，韦庆珍的确表现出了从业的积极性。她在与消费者的互动中，逐渐懂得了蜡染旅游工艺品的个体经营之道，成为石头寨涉足大众化蜡染商品较为成功的个体手工业者。

（二）工厂规训：蜡染工人的职业身份意识形成

蜡染工人是在安顺蜡染大众商品化过程中出现的一个新群体。早期的蜡染工人多来源于小花苗和布依族村寨，她们在掌握本族蜡染技艺的情况下进入了蜡染工厂，接受蜡染工厂的培训，成为蜡染工人。目前的蜡染工人在进厂前则很多没有族群蜡染的学习经历，由蜡染企业组织培训，直接成为蜡染工人。从进厂做工那天开始，蜡染艺人们就开始经历蜡染工人的职业规训历程。

1. 蜡染工人的身世沉浮

安顺最早的蜡染工人出现于 20 世纪 60 年代。当时，安顺蜡染总厂在城区周边的村寨招募了大批蜡染艺人，临时从事画蜡的工作，以完成国外订单。这一阶段，安顺蜡染总厂对工人的管理是相对松散的。1973 年，安顺蜡染总厂筹建完成后，职业化的蜡染工人群体出现了。她们被统一划归到不同的车间，受到严格的工厂化管理。20 世纪 80 年代，各种国营和私营蜡染企业如雨后春笋般出现，对蜡染工人的需求非常迫切。当时，小花苗女性到安顺的各个企业学习蜡染技艺，然后留厂做工是一种很常见的现象。

对于小花苗的女性而言，做蜡染工人是当时非常重要的生计方式，她们也很喜欢这份工作。王英凤就讲：“去画蜡染，离家又近，还能赚钱，还是可以的。”② 至 20 世纪 90 年代，专职的蜡染工人每月可以赚 100 多元。王英凤又讲：“我们寨子一家，先是女的画，后来男的也跟着画，一个月赚 900 多块钱，当时是很赚钱的了。”③ 杨凤彩也讲：“我 17 岁的时候，在我婆婆公司每个月赚 140 多块钱，可以买衣服，还可以吃饭，高兴得不得了。”④ 作为蜡染工人，蜡染艺人们的收入是之前在家做农活

① 访谈对象：韦庆珍。访谈时间：2016 年 6 月 19 日。访谈地点：安顺市镇宁县石头寨博物馆。

② 访谈对象：王英凤。访谈时间：2017 年 4 月 4 日。访谈地点：安顺市西秀区核桃村王英凤家中。

③ 同上。

④ 访谈对象：杨凤彩。访谈时间：2017 年 4 月 8 日。访谈地点：安顺市西秀区核桃村杨凤彩家中。

所无法企及的，这带动了越来越多的人从事这份职业。据洪福远回忆，20 世纪 90 年代末，安顺各种国营和私营的蜡染企业多达 400 余家，大如安顺蜡染总厂有蜡染工人 200 人左右，小如普通企业也有蜡染工人至少 1~2 人。

2000 年前后，安顺蜡染生意萧条，大批企业倒闭，蜡染艺人们也纷纷离开。大部分蜡染艺人对蜡染的前景感到担忧，纷纷放弃了蜡染的工作。她们或者外出务工，或者在安顺打短工，开启了新的生活。不过，仍然有一批蜡染艺人坚持在为数不多的蜡染企业寻找做工的机会。她们时常改换企业，甚至在多个蜡染企业做兼职。调查期间，星月蜡染公司给笔者提供了一份工人的名单，其中常年给该公司做工的蜡染艺人有王英凤、杨银、顾思琴等人。后来，笔者来到月圆蜡染公司，希望公司能够帮忙介绍公司的蜡染工人进行访谈。公司经理同样给笔者介绍了王英凤、杨银二人。她们几天前还在给星月蜡染公司制作蜡染包，现在又在月圆蜡染公司连夜赶制客户定制的蜡染窗帘。又过几日，笔者来到核桃村的蜡染小企业时，又发现她们在那里有说有笑地画着蜡染。可见，这些蜡染工人是在几个企业兼职的。当然，也有一批蜡染艺人是专职制作蜡染的工人。福远蜡染公司目前有 10~20 位画蜡工人，她们基本专职给福远蜡染公司画蜡。

2. 工厂对蜡染工人的规训

20 世纪 60 年代，安顺蜡染大众商品化伊始，蜡染艺人们并没有接受系统的培训，便给蜡染厂做工了。为了能够完成订单，洪福远会尽量做一些保持小花苗蜡染风格的作品，分发给安顺周边的小花苗蜡染艺人制作。洪福远讲起当时如此做的原因："以前做出口的时候，我们就请少数民族来画，但她们的画太细，生产不容易，出口也不合适。我们就学她们的风格，保持的同时慢慢地改造，使用大蜡刀生产，使得生产容易一点。民族的东西太纯粹的话，外国人也看不懂，我们就加了一些他们喜欢的观念和现代的图案设计。订单一来，我们就撒到农村去画，蜡染艺人们也愿意画，（因为）有收入。"① 从洪福远的话中可以发现，这一时期安顺蜡染总厂并未根据产品的需求对工人进行专业培训，也没有要求这些蜡染艺人集中到工厂做工，所以管理相对松散。

不过，随着蜡染总厂的建立，安顺蜡染工人的管理逐渐走向车间化、规范化。

杨岚此前一直生活在核桃村，偶尔给村民做一些蜡染。1987 年，她不顾母亲的反对来到了贵阳的蜡染厂。工厂的生活让她感觉很不同，在接受了短暂的培训之后，杨岚开始了蜡染工人的正式工作。她每天 8：00 准时上班，接受工厂分配的工作任务，在已经制完版的棉布上完成简单的画蜡工作。午休一个半小时后，她与其

① 访谈对象：洪福远。访谈时间：2017 年 4 月 25 日。访谈地点：安顺市西秀区福远蜡染公司。

他工人又开始下午的工作。在计件制的薪酬制度下，杨岚第一个月就赚了40余元钱，这在当时已经是不小的收入了。她仍然记得当时从安顺坐火车到贵阳，火车票也才仅仅0.3元钱。她的收入一半寄回家里贴补家用，另一半作为自己的日常花销，她对这种生活很是满足。从此，杨岚更加喜欢这份工作。她的堂妹杨凤彩与她在同一个工厂里工作，她就讲："每天也不用动脑，按照制好版的线路画蜡就行，工作也松活。"①

当然，这一工厂规训过程对于很多蜡染工人而言也是充满不适的。王桂英于1987年进入了民政蜡染厂工作，她就讲："民政蜡染厂设计图案，我们就负责画，不是细的蜡刀，是很大的那种，线条也很粗。"②习惯了族群蜡染的蜡染艺人在最初接触大众化蜡染商品时对产品充满了不屑。杨千群的经历与之相似，她讲："刚进作坊的时候，看到他们制出来的版，太丑、太难看了，但是也没有办法，不画就没有钱，只能照着画了，后来慢慢地也就习惯了。"③的确，在工厂的管理之下，蜡染艺人们虽然心有不屑，但也逐渐地接受了这份职业的工作特点，习惯于日复一日地画蜡工作。

与杨岚、杨凤彩不同，蔡官镇梅家庄的杨启梅则始终没有进厂工作过。她虽然也是蜡染工人，但是与工厂维持着一种相对松散的关系。

"1990年，蔡官镇成立了一个蜡染厂，到我们这里来招工。我以前就会画蜡染，他们就把我招进去了。我们和那些在厂里画段布的不一样，她们都要按照图案画的。我们这些人可以自己想画什么画什么。因为我们画得好、画得细嘛，工厂就让我们画精品。我们在家里还能照顾孩子，画精品一幅还比她们画段布的多赚几块钱，我就这样一直画了几年。"④

对于杨启梅而言，工厂与她之间的纽带便是计件得来的工资。在此基础上，企业确定了与她的雇佣关系。在调查过程中，蜡染企业主王颖指着几张画废的蜡染对笔者讲："这几张画（得）不好，人家就退回来了。毕竟工资是你开的，按照计件给钱，几张布就几张钱。之前我还是开月薪，后来按计件效率就好了不少，你自己不愿意画，不认真画就没有钱。"⑤使用计件工资的办法，蜡染企业主能够更加有效地控制蜡染工人的制作活动。蜡染工人制作的蜡染如果不符合企业的标准，给她们带来的是收入上的损失。在这种情况下，蜡染工人们若想以这份工作为生，就不得不习惯于听从企业主的要求，在企业主的控制下进行蜡染造物实践。

① 访谈对象：杨凤彩。访谈时间：2017年4月8日。访谈地点：安顺市西秀区核桃村杨凤彩家中。
② 访谈对象：王桂英。访谈时间：2017年4月21日。访谈地点：安顺市开发区蓬赛斯王桂英家中。
③ 访谈对象：杨千群。访谈时间：2017年4月9日。访谈地点：安顺市西秀区核桃村杨千群家中。
④ 访谈对象：杨启梅。访谈时间：2017年4月28日。访谈地点：安顺市西秀区蔡官镇杨启梅家中。
⑤ 访谈对象：王颖。访谈时间：2017年4月19日。访谈地点：安顺市西秀区王庄村王颖家中。

总而言之，由于企业接受的多是批量的订单，企业也不得不通过严格的管理，让蜡染工人们能够听从企业的指挥。而对于这些蜡染艺人而言，她们如果想进厂做蜡染工人，就必须接受这些规训，即使最初很不适应，心中存有不满。经过短暂的规训，蜡染艺人们也就逐渐适应并接受了这份职业。

（三）商海浮沉：蜡染企业主的成长历程

在安顺蜡染艺人中，有少数几位现已成为企业主，经营着具有一定规模的蜡染企业。相对于蜡染工人，她们拥有企业的产品决策权。杨岚、王桂英、王玉婷、王玉英是其中比较成功的（虽然杨可闵、王婉珍、杨凤彩也注册了公司，但是这些公司实际工作的只有她们本人）。仔细观察她们的成长历程会发现，她们在自己办企业之前都有过从工人向企业主转型的经历。

杨岚目前是星月蜡染公司的董事长，儿时并没接受很系统的学校教育，小学五年级便辍学了。15 岁时，她就在村里给其他人家制作蜡染。杨凤彩是她的堂妹，把她推荐到了杨金秀的贵阳皮革厂做蜡染工人。在那里，杨岚学习了各种各样蜡染旅游工艺品的做法。1994 年，杨岚离开贵阳皮革厂，与丈夫开始在贵阳接画蜡的零工做。1998 年，贵阳艺术学院的蜡染公司倒闭了，与杨岚熟识的一位老师找到她，希望她自己办企业，并把公司里的各种工具都借给了她。此时，恰逢丈夫转业回乡，两个人在经过筹备后于 2001 年在核桃村成立了自己的蜡染企业。

王玉英是月圆蜡染公司的董事长，年幼时也没有接受过学校教育，自幼在母亲的指导下学习蜡染技艺。1985 年，杨金秀在安顺挑选画工的时候，王玉英获得了认可，进入了杨金秀的蜡染厂做工。1990 年，王玉英返回安顺，曾短暂地在安顺蜡染总厂做工，三年后又再次接受贵阳一家蜡染厂的邀请，进厂做工。1999 年，王玉英由于蜡染厂生意不景气，选择辞职，聘请工人，在安顺市开发区成立了自己的蜡染企业。

王颖是王庄村人，自幼跟随母亲学习蜡染，曾在集美蜡染厂做了一年蜡染工人。在那里，她以制作蜡染段布和服装为主，学会了平绒、灯芯绒、真丝等很多面料的蜡染技法。后来，厂里的两位老板发生矛盾，工厂因此倒闭。20 世纪 90 年代，洪福远的儿子洪惊涛发现王颖画的桌布质量很好，便把她招到福远蜡染公司做工。王颖在福远蜡染公司做了一年，但是在厂里做工的收入无法满足家中开支。王颖因此又回到家中做小花苗蜡染了。2008 年开始，王颖频繁地参加各种比赛和展会，积累了一些客源后，在 2015 年注册了恒英蜡染公司。

通过三位蜡染企业主的个人经历可见，她们在自己办企业前都曾有过一段做蜡染工人的经历。她们在这些蜡染企业获得了偷师学艺的机会，或多或少地学习了企业主经营蜡染公司的经验。杨千群曾经在 20 世纪 90 年代在核桃村办过一个蜡染企业，她讲述了学习企业经验的经历："原来的时间，我是在安顺蜡染厂做过一段时间。以前就是在家做农活，后来想出去多学点，去蜡染厂学，就学会了，文化衫、壁挂、桌布、段布、包包，各种产品都会画。我就是打算去学会技术，然后回来自己办企业。我自己在心里面打算，你们拿给我的任务，我都要做，什么东西我都要学会。"① 杨千群进厂的最初既为了做工赚钱，又为了积累经验自己办企业。她通过在蜡染厂做工，掌握了壁挂、桌布、段布、手提包、文化衫等大众化蜡染商品的制作流程。为了能够自主染色，她还出资让儿子进厂跟师傅学习了染色技艺。在掌握了整个流程后，杨千群于 1995 年在核桃村招募了 7 位工人，经过简单培训后在家里开起了自己的蜡染企业。

想要成为企业主，蜡染艺人们不仅要掌握企业的产品制作流程，还要掌握市场的生存之道。笔者在与蜡染工人聊天的时候经常会问她们一个问题——你想过自己办企业吗？对于这个问题，她们的答案是很相似的："我们没有本钱，也没有市场。"的确，市场是这些蜡染工人很难跨过去的障碍。蜡染艺人们在最初办企业时不得不克服寻找客源的问题。参加展销会成为她们的"必修课"。在展销会上，她们可以遇到全国各地的客商，如果她们的手艺成功地吸引了客商，客商通常会主动留下联系方式，以备后面洽谈生意。王颖讲述了她早期出去参加展销会的经历："去北京、天津、贵阳参展，都是杨总（杨岚）带我去的。之前杨总问我，你想出去吗？我说去干什么？她说去天津展销。我想试试，就和她去了。开始去的时候，我什么都不知道，我就去逛了一圈，看到别人的名片上写了名字、产品呀，我回来才知道去做名片，后来我就这样认识了一些客户，留下了联系方式。当时建作坊的时候就给他们打电话，问他们要不要货，慢慢地订货的人就多了。"② 参加展销让王颖在不断交流中逐渐学会了与客户打交道的方式，也学会了开拓市场的方法，这为其成功转型为企业主奠定了基础。

当然，转型为企业主的过程并不都是一帆风顺的。由于对新的职业身份不太适应，蜡染艺人们最初开拓市场和管理企业时困难重重。杨岚在 2001 年开办企业后，为了找到客源，经常用背篓背着蜡染产品去安顺和贵阳寻找客商。由于自身受教育程度不足，她的丈夫负责企业的实际运作，企业的工商、财务和评奖等各种文字材料都由丈夫负责，这让杨岚的压力减轻很多。经过两三年的努力，杨岚和丈夫开办的企业才有了稳定的客源，南华路的蜡染店以及贵阳的个别蜡染门店成为其稳定的客户。杨千群也讲述了她最初开办企业，开拓市场的经历："最初要去昆明和大理找客户。我们也不知道昆明和大理在哪里。我们到了昆明，就去问当地人，大理的车

① 访谈对象：杨千群。访谈时间：2017 年 4 月 9 日。访谈地点：安顺市西秀区核桃村杨千群家中。
② 访谈对象：王颖。访谈时间：2017 年 4 月 19 日。访谈地点：安顺市西秀区王庄村王颖家中。

在哪里坐。到了大理后，哪里挂着蜡染，我们就去哪里问他要不要蜡染。如果他们用得着，我们就留下电话号码。到阳朔，到桂林的时候，我们一下火车先在旅社住下，把货放好，坐车先去看，有的话再去拿货来。后来，我们跑来跑去的就有生意了，这些客户就电话联系发货打钱。”① 从杨千群的话中可以体会到，她最初自己开办企业时步履维艰的状态。

有时，这些蜡染艺人甚至因为经验不足而几乎让工厂倒闭，王玉英就有类似的经历。王玉英最初办企业时，恰巧有一位老板来到安顺的南华路找蜡染生意，从南华路那里的商人了解到王玉英家做的蜡染不褪色。后经朋友介绍，这位老板联系到了王玉英，一起合作在西藏卖蜡染。王玉英讲：“我们这边的人去那边做生意，在布达拉宫（附近）开了一个店，那一年我就请了20多个工人，买了十几台机子裁布料。一次，我接了一单藏族的服装，做了一年，生意很好。那时候，两个月或者三个月给那边打一次货，每一次都定做100多套，一套几十块。”② 然而，好景不长，由于一次管理上的失误，西藏订购的100多套蜡染服装都因为染布失误而质量不佳，这一次失误让王玉英赔了本钱，企业也差点倒闭。这位老板也与王玉英断绝了合作。这件事给了她很大的触动，促使她随后对蜡染企业的管理越发严格，企业生产的产品也很少出大的差错了。

杨岚、杨千群、王玉英等人的经历实则是大批蜡染企业主的成长缩影。她们为了更好的发展，大胆迈出了投资开办企业的步伐。在与其他市场主体或成功或失败的频繁互动中，她们逐渐拥有了作为企业主所应具备的能力，掌握了应有的行动模式，实现了从工人、个体手工业者向企业主的职业身份转型。

小　结

正如本章开篇所言，蜡染艺人是以蜡染技艺参与社会生活的人，是多重身份的集合体。对于蜡染艺人而言，蜡染技艺是一种工具，是她们与他人互动的一种方式和手段，服务于各种身份相关的社会文化实践。

回到身份本身会发现，蜡染艺人的身份具有社会与文化双重属性。在社会维度，各种身份指涉的是蜡染艺人与他人的社会关系，一如个体手工业者、工人、企业主，这些身份都锚定了蜡染艺人在社会生活中的位置。在文化维度，大众文化与

① 访谈对象：杨千群。访谈时间：2017年4月9日。访谈地点：安顺市西秀区核桃村杨千群家中。

② 访谈对象：王玉英。访谈时间：2017年4月23日。访谈地点：安顺市西秀区牛角洞王玉英家中。

族群生活语境赋予了各种社会关系具象的文化内涵，使身份所承载的行动规范具体化，一如个体手工业者在两种文化语境中的行动规范差别。社会结构与文化语境的结合，使蜡染艺人具有了一个个特点鲜明、规范明确的身份定位。

而蜡染艺人各种身份的养成都离不开持续的社会互动。身份认同来源于社会，而建构身份认同的路径就是频繁的社会互动。正如本章的案例所呈现的，无论是手工业者，还是工人，或是企业主，蜡染艺人一旦确定了个人的职业选项，便会与相关多元主体开展频繁的社会互动。她们正是在主动地参与社会互动的过程中，逐渐明确了在他人眼中各种职业应有的基本形象，形成了对自己的职业身份的总体性认识，并根据身份所指向的行动规范去进行蜡染的造物实践。

第三章 “江湖”规则：安顺蜡染艺人的身份规训与造物自律性

对安顺蜡染艺人而言，各种身份是她们参与社会生活的行动指引。它们就像是一本“江湖指南”，指导着蜡染艺人在各种身份状态下的蜡染造物实践。这些规范已经在她们的身份养成过程中内化入她们的认知。对此，安顺蜡染艺人并非社会结构和文化传统所驱使的没有灵魂的“工具”，而是一个具有个人筹谋和决策能力的自律的行动主体。她们作为族群成员、亲属朋友、手工业者、工人和企业主时都在主动地对各种身份所指向的规范做出回应。

第一节 严守规范：为自己、亲属和朋友制作蜡染的艺人及其造物特征

在日常生活中，蜡染艺人很少为自己制作蜡染服饰，王桂英是其中的代表。在王桂英家中调查时，她向笔者展示了自己的小花苗蜡染服装。她显得很自豪，因为这件蜡染服装是她亲手为自己制作的。她讲：“这是我自己做的蜡染，每次出去表演、比赛我都要穿这件衣服。毕竟是代表苗族，那就要穿我们家（指苗族）的服装。这就不像那些卖给别人的了。你看我这个鱼都要画得多一些，图案也要复杂一些，线条也要很细。”[①] 王桂英是贵州省工艺美术大师，每年都要频繁地参加各种级别的蜡染表演和比赛活动，比赛基本要求她们穿着本民族的服装，因此她特地为自己精心制作了一套小花苗蜡染服装，这套服装以蜡染工艺为主，衣服上画满了鸟、鱼、石榴花等图案。在制作服装时，她尽量按照小花苗蜡染的规范来做。在遵守规

① 访谈对象：王桂英。访谈时间：2017 年 4 月 21 日。访谈地点：安顺市开发区蓬赛斯王桂英家中。

范基础上，王桂英把图案画得更加精致，线条也更加细密。

对于小花苗和布依族而言，血缘和地缘关系是与族群归属同样重要的社会关系。祖先流传下来的血脉联结和同一生活空间形成的地缘联系为生活中的人们编织起了绵密的社会关系网络，也形成了特定范围亲属和朋友的道德规范与行动守则。很多时候，蜡染艺人都会为即将进门的儿媳妇、亲属和朋友制作蜡染。也正是基于对亲属和朋友的情感与责任，蜡染艺人的造物实践往往很用心，严守小花苗和布依族蜡染的规范。

在布依族的家庭生活中，母亲是很重要的角色。儿子结婚前，她们要为即将过门的儿媳妇准备婚礼用的蜡染盛装，这是布依族彩礼的重要组成部分。在镇宁县布依族民众看来，蜡染盛装的质量越好意味着男方家的生活条件越好。婚礼当天，为儿媳妇准备的蜡染盛装要用绳子串起来，挂到男方家堂屋的墙上，供参加婚礼的亲朋好友观赏。他们常会在蜡染盛装前驻足，查看盛装的数量，检查盛装的做工，不时还会对蜡染盛装进行品评。可以说，蜡染盛装的质量往往成为家庭财富情况的重要表征，直接关系到家庭的面子，因此受到布依族的重视。而准备蜡染盛装的责任就落在了家中母亲的身上。

对于那些不会制作蜡染的母亲而言，她们只能去大抵拱的蜡染市场购买。她们通常会用几周的时间仔细在蜡染市场中挑选。如若没有遇到心仪的蜡染，她们宁可空手而回。2016 年 7 月，笔者就在赶场时看到一对婆媳，婆婆 60 余岁，媳妇 40 余岁。她们正为家中即将举办的婚礼准备蜡染。她们最先来到了蜡染成衣的摊位前，把所有的蜡染成衣都打开并仔细打量，检查服装的染色状况、蜡染袖子以及刺绣花边的做工，最终在众多成衣中挑选了一件上衣。只见她们从衣兜里掏出了一沓 100 元人民币，数出 2 000 元，将这件衣服买了下来。随后，她们又来到了蜡染花布的摊位区域，就像检阅一样，从摊位一边一直挑选到另一边，仔细地查看蜡染花布的画工和染色状况。她们显得很谨慎，直到中午也没有再买一件蜡染。她们是众多布依族蜡染消费者的代表。在大抵拱赶场时，蜡染消费者大多会随身携带一定量的现金（现在已越来越多地使用微信支付），一旦遇到质量好的蜡染，往往会在讲到大致合理价位后快速买下。由此足见她们对新娘蜡染盛装的重视程度。

掌握蜡染技艺的母亲同样非常重视儿媳妇的蜡染盛装准备工作，不过她们的表达方式不同。她们虽然不会刺绣、缝制衣服、捏褶裙等工艺，但是可以自己绘制蜡染。她们大多从事布依族蜡染手工业，了解蜡染手工业者们可能会通过减少工序以达到盈利目的。因此，她们如果对自己的手艺有信心，为了保证自家使用的蜡染盛装质量上乘，更倾向于亲自给儿媳妇制作蜡染。吴德文就是这样一位蜡染艺人，她常年从事布依族蜡染手工业。儿子结婚前，她花费一个月的时间为儿媳妇做了 4 条蜡染裙子。她讲:“给儿媳妇做肯定是自己做啦，自己做认真一些。”[①]的确，蜡染艺人们在给儿媳妇制作蜡染时制作工艺会有所不同。首先是图案方面。蜡染褶裙布片的每一个涡纹圈数一般为11圈和9圈，圈数越多做工越精细。布依族蜡染手工业者一般只做9圈，这样做可以提高工作效率。但是给自己儿媳妇做的时候，她们通常会做11圈，这样更加美观精致。其次是染色方面。很多布依族蜡染手工业者在用染缸染色前，会用化学染料染一次，这样可以快速上色，可节约2~3天的染布时间。但给儿媳妇做蜡染时，她们往往会全部用染缸来染。这样虽然染色时间更长，但是的确在色彩上有更好的效果。

总之，对于布依族的母亲而言，准备儿媳妇的蜡染盛装是她们的家庭责任，这既承载着一位母亲对新人的祝福，也关系到一个家庭的面子。对于掌握蜡染技艺的母亲而言，虽然在大抵拱就可以买到蜡染，但是她们更愿意亲力亲为。因为只有这样，蜡染盛装才能有更好的质量，她们也能更好地尽到了一位母亲的责任。

在家庭之外，亲属是布依族和小花苗民众很重要的社会关系。在扁担山的布依族生活中，家门是他们亲属关系的重要范畴，它指的是由同一个祖先繁衍下来的子孙及其家庭构成的群体。家门内部注重亲属感情，有任何的事情都会互相帮助，甚至有纠纷的时候都会请家门中的长辈进行调解。在伍文正父亲丧事之中，笔者就看到家门中人的行事方式。伍文正父亲过世后，家门中人很快便全过来帮忙了。由于来吊唁的亲戚朋友过多，烟酒供不应求，伍文正的一位家门亲属便把家中的烟和酒拿出来应急。很多家门中的女性也都在后厨里准备丧事的一日三餐。出殡当日，家门中所有的儿媳妇都身着布依族盛装，走在送葬队伍最前方为老人引路上山，帮助他找到通往祖先之地的道路。不只在仪式中，当个别家庭遇到危机时，家门中人也是守在他们身边最可靠的人。这种家门所承载的情感与责任对当地民众而言是共同的。也正因此，如果谁在家门需要帮忙时拒绝出力也难免会受到谴责。

在给自己的家门亲属做蜡染时，这种对亲属的情感与责任促使蜡染艺人非常认真仔细地制作蜡染，严守布依族的蜡染规范。比如，上一章韦庆珍和韦庆涛这对亲姐妹的故事。韦庆涛是远近闻名的布依族蜡染艺人，她制作的蜡染袖子布片在当地是最为精致的，也是价格最高的。但面对韦庆珍，韦庆涛不再计较蜡染的市场价值，更注重的是与韦庆珍之间姐妹的情感与责任。为了能够更好地表达自己的情感，韦庆涛非常用心地为自己的外甥媳妇做了两套蜡染袖子布片。对于她而言，蜡染袖子布片做得越好，越能够表达她对这份亲情的重视；越是严格地按照布依族蜡染的规范制作蜡染，越能够体现她对亲姐姐的情感与责任。

① 访谈对象：吴德文。访谈时间：2016年12月6日。访谈地点：安顺市镇宁县石头寨吴德文家中。

除了亲属关系，生活中建立起来的朋友关系对于蜡染艺人也很重要。每当朋友来请她们制作蜡染时，她们同样也会认真地制作蜡染。这种情况比较多地出现在蜡染的自给自足时期。那时，蜡染艺人们给朋友制作蜡染并未收取任何费用。由于制作蜡染要影响做工，会少赚工分，因此安顺一些地方的民众会用粮食、布等物品作为误工补偿。沙锅寨歪梳苗老人张新芬讲，在计划经济时期，寨子里很多人家都找她来制作蜡染。她只负责画蜡，其他的原料都由需求者准备，也会给她一定的粮食作为酬劳。不过，这种酬劳没有固定标准，是很随意的。正如张新芬所言："都是一个寨子的，你愿意给多少就给多少，无所谓，主要是一个人情嘛。"①虽然涉及物品酬劳，但是她给寨子里的朋友制作蜡染仍主要是基于血缘和地缘关系进行的。核桃村原妇女主任杨千群那时也经常给朋友们做蜡染，她讲："原来的时候，我妈经常都是做我们家的传统的蜡染，经常帮别人画，后来我妈就让我帮村民们做。村民们找我画蜡染，我画好多天他们就帮我做好多天工，工分就我得了。我说，反正我画的东西虽然不啷个（怎么）艺术，但始终是我一片心意，你们不嫌弃就拿来，嫌弃就找其他人。"②在杨千群看来，村落中的朋友关系凝聚着一定的情感。报酬是相对次要的，她与需求者之间的情意才是最重要的。因此，她不会敷衍了事，严格按照小花苗蜡染的规范制作蜡染。

可以说，无论是给自己，还是亲属朋友制作蜡染，蜡染艺人们都在按照本族群的蜡染规范制作，这是蜡染艺人对自己族群认同和亲属朋友间情感与责任的表达。也正因此，严守规范成为蜡染艺人们给自己和亲属朋友制作蜡染时的重要特征。

第二节　守规逐利：作为手工业者的蜡染艺人及其造物特征

作为手工业者，蜡染艺人的造物活动与市场紧密地联系在一起。对于蜡染艺人而言，无论是族群蜡染手工业，还是大众化蜡染手工业，都在给她们设定行动规范的同时，也为她们提供了盈利空间。守规逐利正是对作为手工业者的蜡染艺人的造物特征最合适的评价。

① 访谈对象：张新芬。访谈时间：2017 年 6 月 6 日。访谈地点：安顺市普定县坪上镇沙锅寨张新芬家中。
② 访谈对象：杨千群。访谈时间：2017 年 4 月 9 日。访谈地点：安顺市西秀区核桃村杨千群家中。

一、合乎规范与有限逐利：族群蜡染手工业者的造物特征

（一）合乎规范：族群蜡染手工业者的立足之本

蜡染艺人们进入蜡染市场的目的是盈利，然正如上文所看到的，只有符合布依族或者小花苗的蜡染规范才能确保她们的蜡染能够销售出去。合乎族群的蜡染规范是她们盈利的重要前提。因此，布依族和小花苗蜡染手工业者在蜡染制作的各个环节都较为遵守族群的蜡染规范。

1. 布依族蜡染手工业者的“合规”实践

扁担山地区布依族蜡染手工业者的规范意识是很强的。她们生活中的一些小故事也可以体现出蜡染手工业者对蜡染规范的态度。

（1）找棉布的故事

韦庆珍是扁担山地区小有名气的棉布商人（她既从事大众化蜡染手工业，同时也做棉布的生意）。她既能分辨不同棉布的质量高低，也掌握着质量上乘的棉布的进货渠道。因此，扁担山很多蜡染艺人都找她购买布料。2016 年 7 月，几位凹子寨的蜡染艺人来到韦庆珍家中购买府绸。她们都是做蜡染袖子布片的专业手工业者，由于家中府绸存量不多而急于补充布料。然而，镇宁和安顺售卖的府绸都不够细密，因此她们就去找韦庆珍求援。可惜，韦庆珍家中也没有存货，几个人扫兴地走了。临走前，她们留下了各自的电话号码，让韦庆珍在购进好布后打电话给她们，不要偷偷地卖掉。

从这些手工业者急切的态度可以发现，质量上乘的棉布原料对她们有多么重要。普通棉布制作的蜡染袖子线条粗糙，在布依族传统来看是不合格的、质量低劣的，在大抵拱蜡染市场卖不上好价钱，甚至可能会卖不出去。因此，蜡染艺人宁可选择高价的府绸，也不要廉价的普通棉布，以高质量的原料换得好的价钱与口碑。

（2）买土靛的“聪明人”

镇宁虽然有很多卖土靛的商家，但并不是石头寨蜡染手工业者购买土靛的主要目的地。调查期间，笔者看到一户人家从门外的车上搬下三个大的塑料桶，里面装的都是从贞丰运来的土靛。仔细打听后，笔者大概了解了这户人家购买土靛的价格。贞丰的土靛 6 元/斤，这三桶共花费 600 元左右，此外还花费了 80 元运费。客观而言，石头寨距离镇宁较近，运费更便宜，而且镇宁的土靛每斤还比贞丰便宜 1 元。对于石头寨的蜡染手工业者而言，在镇宁购买土靛既省钱又省力。但是，她们偏偏选择去贞丰购买，费力费时地运回来。原因就在于，贞丰的土靛比镇宁的质量更好，染布上色效果也更好，更能够染出布依族所推崇的“黑红黑红”的颜色。镇宁土靛的成本虽然略低，但可能因为染布效果一般而导致其蜡染作品在市场上的售

价降低几十元钱，这是蜡染手工业者们不愿承受的。因此，她们普遍选择到贞丰去买土靛。由此，也可以看到蜡染手工业者在染色方面对布依族蜡染规范的遵循，这也是她们对染色工作筹谋的聪明之处。

（3）针的妙用

针在大多数人的认知中多是用来缝制衣服的，但是在蜡染手工业者那里却成为修正画蜡痕迹的重要工具。调查期间，笔者经常看到蜡染艺人除了使用棉布、圆盘和蜡刀，还随身带着一根针。观察久了会发现，这根针除了拉横线，还有纠错的功能。蜡染手工业者在画涡纹时经常因为蜡汁过多、温度过高而无意地将线条连在一起，这在布依族蜡染消费者看来是不符合布依族传统的，他们会以此为由砍价。为了解决这一问题，蜡染手工业者会用针将错误的线条进行修正，使线条之间的空隙重现，确保线条的规整。可以说，一根针给了她们修正错误，使蜡染作品符合布依族蜡染传统的机会，让她们更顺利地通过蜡染消费者的考验，达成交易，获得满意的收入。

（4）烘烤蜡染的故事

2016 年 12 月，扁担山进入了蜡染销售旺季，这对蜡染手工业者而言既是生意火爆的时节，也是制作条件较为艰苦的时节。冬天的扁担山温度会低至 1 ℃左右，在棉布上画的蜡遇冷会变得很脆，很容易因用力过大而断裂。某天，吴文江把昨天刚刚画好的蜡染褶裙布片抬到院前空地，准备进行化学染色。然而，她发现蜡染布片大部分出现了细微的线条断裂情况。伍德华的妻子从旁边走过，问她发生了什么。吴文江说，天气太冷了，蜡都断了。吴文江一边和她对话，一边把装有化学染料的小锅移开，把画蜡的布放在火的上方，不断地烤这些线条断掉的蜡染布片。她讲，加热可以让蜡融化，然后把已经染断了的蜡重新连接上。她铺开蜡染，在火上面摇来摇去，经过高温烘烤，蜡在棉布上融化并缓缓流动起来，经过她的修补，总算得以补齐线条。随后，她才安心地染布。以布依族蜡染规范为标准，线条断裂是一种画蜡失误的表现。蜡染产品如果不做修正就染色，便违背了布依族蜡染的规范，这会导致蜡染产品的价格大打折扣。吴文江烘烤蜡染的做法实则就是在遵守规范，这让她的蜡染收益在一定程度上得到了保障。

由上可见，无论是棉布、土靛的选择，还是图案、线条的绘制，在布依族的制作规范中都有明确的规定，这也是消费者品评蜡染手工产品的标准。蜡染手工业者为了赚钱对此不敢疏忽。

2. 小花苗蜡染手工业者的“合规”实践

对于小花苗蜡染手工业者而言，小花苗蜡染规范同样是她们必须遵守的，也是她们盈利的前提。通过小花苗蜡染手工业者的一些工作细节，同样可以看到她们对小花苗蜡染规范的谨慎态度。

（1）亏本的生意

小花苗蜡染手工业者主要分布在安顺城区和城郊。虽然她们对蜡染原料的需求很容易被满足，但同样面临着辨识材料的问题。安顺小商品市场的棉布种类多样，蜡染艺人稍不注意就会买到质量相对低劣的棉布。杨寒梅最初从业的时候并不懂得如何挑选棉布，有一次就在南华路的小商品市场买到了这种棉布。她在画蜡时发现棉布上的线条比较粗糙。她并没有将就着做下去，而是找了熟悉棉布的人再次购买布料，重新画蜡。她认为，只有这样，她的产品才能够得到小花苗蜡染消费者的认可，才能够在小花苗蜡染市场立足。

（2）换染坊的故事

小花苗蜡染虽然不强求用土靛染色，但是对色彩仍然比较重视，染至深蓝至黑才算是好的蜡染。杨喜英家住宋旗镇白果村和尚庄，就距离而言，安顺北门附近的染坊是比较近的，只需要 30 多分钟的车程。因此，她经常在北门附近的染坊染布。但是后来她发现这家染坊的染工动作幅度很大，画好的蜡染线条容易断裂，染出来的蜡染经常有轻微破损。同时，这家染坊无法保证染布质量，蜡染掉色的程度不一。这促使杨喜英到更远的沙子坝的染坊染布。虽然到沙子坝的染坊需要 1 小时的车程，但是她心甘情愿。毕竟，这样染出来的蜡染作品在市场上更受欢迎，价钱也卖得更高一些。

（3）煤油的使用

笔者在王婉珍家做客的时候，她一边画小花苗的蜡染服装，一边和笔者聊天。当聊到文庙蜡染市场搬迁的事情时，她很激动，对笔者讲着自己的经历和未来搬到黑石头可能遇到的难题。或许由于谈话分心，她在蘸蜂蜡的时候多取了一些，一滴蜂蜡滴到了棉布上，留下了一块蜡迹。她马上从旁边的瓶子里蘸取了一点煤油，在蜡迹处反复擦拭，直至将蜡迹清除掉。她讲，滴上蜡的部分如果不清理，那么就会影响整个蜡染的图案和线条，这很难逃过小花苗蜡染消费者的眼睛。如果就这样拿去卖，产品很难卖上好价钱，甚至会卖不出去。因此，煤油是她画蜡时必备的工具，它就像布依族蜡染艺人的针一样，可以对画蜡的失误进行修改。

通过小花苗蜡染手工业者制作蜡染的一些细节，可以看到她们是如何严格遵守小花苗蜡染规范的。对于她们而言，遵守规范的主要目的或许并不是为了满足传统的要求，而是要通过消费者的检验，能够将蜡染卖出更高的价钱。

（二）有限逐利：族群蜡染手工业者的制作策略

在遵守规范的前提下，蜡染手工业者们为了盈利也形成了一些制作策略。正如吴德文所言:“我们在这里画蜡染，还不是要搞些钱，要不怎么生活。”[1] 在遵守传统的前提下实现收益最大化才是她们的核心目标。经过长期的实践，族群蜡染手工业者们已经形成了一些共享的制作策略。

首先，利用族群蜡染的规则空间，策略性地选择图案，减少工作量，实现薄利多销。布依族蜡染的规范虽然比较严格，但仍然给蜡染手工业者提供了选择的空间。她们可以在规范许可的范围内减少图案的工作量，以求量上取胜。以涡纹为例，布依族蜡染褶裙上的涡纹可以画 9 圈和 11 圈，很多蜡染手工业者便会选择画 9 圈的涡纹。画 11 圈的涡纹，一方面线条要求非常细致，另一方面要消耗更多时间，这对那些画蜡速度比较慢的手工业者的影响是很严重的，很可能导致她们周六赶场的时候无法产出足够的产品，收益自然也大打折扣。画 9 圈的涡纹则不同，9 圈涡纹的蜡染产品虽然在市场上的价格稍微低一些，但是在做工时可以适当地把线条画粗一点儿，画蜡的效率会提高不少。这样做可以保证蜡染手工业者每周都可以制作出两条蜡染褶裙布片，确保她们每周赶场都有足够的产品销售。因此，石头寨大部分的族群蜡染手工业者都做 9 圈涡纹的蜡染褶裙布片。这是她们在规范允许的范围内对蜡染图案做出的适当调整，其目的就是在既定周期中制作更多的蜡染产品，以使自己的收益最大化。小花苗蜡染手工业者为了赚钱也采取了简化图案的策略。小花苗的图案没有严格的构图限制，因此小花苗蜡染手工业者也会通过绘制较为简单的图案节约绘制蜡染的时间和劳动力成本。她们通常以这种薄利多销的形式为自己带来盈利。

其次，延长工作时间，增加每周工作产出，提高产品销售量。对于很多蜡染艺人而言，从事族群蜡染手工业是增加家庭收入的重要方式。正如杨喜英所讲，“画蜡快不起来，画快了质量就不行。有时候画得不好，就算降价人家都不买。只能是加班磨时间。”[2] 在规范难以突破的情况下，很多蜡染手工业者选择延长工作时间，在晚上继续工作，有些手工业者甚至会工作到深夜。马思涛就是这样一位手工业者。她是石头寨有名的蜡染快手。石头寨大部分的族群蜡染手工业者一周就只能制作出两条蜡染褶裙的布片，但是她却能够产出三条。她有两个孩子，都在镇宁住校读书。平日里，家中只有她和丈夫二人生活。每天早饭后，她就会在家中后院制作蜡染，饮食也不规律，饿了就吃一点，其他时间都在制作蜡染。到了晚上，她依然会在电视剧的陪伴下继续工作，经常要工作到 23 点左右。正是这样，她得以坚持每周制作出三条蜡染褶裙的布片，增加了蜡染的收入。

再次，改造生产工具，改变制作工序，提高工作效率。虽然布依族蜡染规范较

① 访谈对象：吴德文。访谈时间：2016 年 12 月 6 日。访谈地点：安顺市镇宁县石头寨吴德文家中。
② 访谈对象：杨喜英。访谈时间：2017 年 4 月 22 日。访谈地点：安顺市西秀区和尚庄杨喜英家中。

为严格，但是蜡染手工业者依然在长期的实践中找到了改进的空间。这种改进空间主要体现在生产工具的改进和制作工序的变化上。在扁担山地区，使用化学染色已经是一个大家都知道的“秘密”了。大多数的族群蜡染手工业者已经放弃了纯土靛的染色方法。在染土靛之前用煮沸的化学染料染一次，然后再用传统染缸自然染色，已经是通行做法。这样，原本需要染一周的蜡染只需要 2~3 天就能染好。这极大地提高了工作效率，也是扁担山地区族群蜡染手工业者能够每周产出 2~3 条蜡染褶裙布片的原因。

可以发现，无论是选择原料，还是设计图案，蜡染手工业者都非常谨慎。从谨慎中可以体会到她们对蜡染市场规则的遵守，同时也感受到她们谋利的欲望。她们在接受规范约束的基础上形成了一些共享的策略以达到盈利的目的。正是在守规与逐利的双重限定下，蜡染手工业者们形成了较为规律的作息安排。

（三）族群蜡染手工业者的作息规律

由于小花苗和布依族的蜡染市场每周只开放一次，族群蜡染手工业者们为了能够在每场交易中都获得一些收益，从而适应了开市周期，形成了群体性的作息安排。下面是笔者 2016 年记录的布依族蜡染手工业者一天的工作情况（图 3-1：石头寨的蜡染艺人正在家门口画蜡）。这在一定程度上能够反映出她们的日常工作和生活实态。

图 3-1　石头寨的蜡染艺人正在家门口画蜡

到了冬季，石头寨村民普遍起得比较晚，蜡染手工业者们也不例外。上午 9 点，她们才洗漱完毕出来活动。笔者来到石头寨的蜡染一条街，两位蜡染艺人正在路中间徘徊，端着饭碗吃饭。

10：00 吴德文从楼上走下来，戴上了手套，将已经在染缸中浸泡一夜的蜡染提上来，舒展开，铺在染缸旁的木板上。按照要求，这些蜡染要反复浸泡在染缸中多次，循环往复三天。冬天天气冷，染缸染色效果一般，还要多加一天。只有这样，蜡染方可染成“黑红黑红”的颜色。不过，吴德文并没有按照传统做法操作。村中老人习惯每晚都要在染缸里放上一碗土靛，以保证染色效果。但是，吴德文嫌麻烦，在染色的第一天就在染缸放了一大瓢土靛，在染色期间就不再每天加土靛了。她说，这样做并没有影响染色效果，反倒是因为土靛量大，染出来的蜡染色彩更好，非常好卖。

10：10 大家都吃完早饭，放在门前的火盆也达到要求的温度，可以用来制作蜡染了。吴文江左手拿着凳子，右手拿着蜡染来到了她们往常制作蜡染的屋子，开始了一天制作蜡染的工作。用她的话说，“开始上班了”。今天来这里制作蜡染的人比往常少，只有三位。其他人或者家中有事情，或者去安庄坡赶场，都没有来。

10：20 吴德文把家里的事情忙完后，也来到了屋子里，开始了一天画蜡的工作。吴文江在另一边用针绘好蜡染布的基础框架，开始用蜡刀拉横线了。

11：00 吴德文起身回家将晾晒了一个小时的蜡染放回染缸。这时，家中的男主人左手拎着刀，右手拎着一只公鸡走到门前。中午，家里要炖鸡吃，蜡染手工业者们要改善生活了。

11：24 经过一个小时的工作，蜡染手工业者们的画蜡工作成果显著。吴文江今天画的是蜡染褶裙前面的半块蜡染布，她已经画好了 2 个涡纹。而吴德文速度更快，此时已经画了 6 个涡纹。她们的速度在石头寨是比较快的，连卫晓梅的母亲都感叹，她们画的速度太快了，一天能画两对半的裙子布片。

11：39 吴文江已经画好了所有的涡纹，开始点散点纹。同时，吴德文又起身回家把放在染缸的布拿出来，进行晾晒，这一次布片在染缸中染了约 40 分钟。

11：45 一上午都没有制作蜡染的房屋女主人走出来了。她在忙家中的农活，直到 11：30 才从外面回来。她在家中稍作休息后，拿着两条已经染好的裙子走出家门，到公共厕所旁的大锅前烧水，准备脱蜡。此时，大锅还未烧开，房屋女主人抬着裙子走向河边，进行最后一次漂洗。

12：00 蜡染手工业者们聚在屋子里享用了一顿公鸡大餐。不过，享受美味的时间很短暂。吃完饭后，她们就马上各忙各的了。吴文江家中有事情，收了手头做的蜡染，忙自家的事情去了。吴德文则去了普叉村办事，回来后家中来了装修工人，在家里卸地砖、墙砖，她在家周围忙来忙去。

15：33 吴德文总算空闲下来，又回到屋子里制作蜡染。经过一上午的忙碌，她已经画好了一张蜡染布片。她重新拿了一块布，开始拉横线。此时，圆门洞那边一个年轻的妇女走过来，她也是一个蜡染的初学者。她走进屋里，仔细打量了卫晓梅的作品，又摸了摸。卫晓梅让她也来一起画，她俩也能够一起比比。不过这个年轻的妇女不太想制作蜡染，只是坐在一旁，和她们聊了一会天。孩子放学回来后，她就带着孩子回家了。

15：59 笔者在屋子里坐累了，出去走走。此时，另一位蜡染街的手工业者又在同一口锅前脱蜡。这些蜡染艺人属于同一个家门，共用这一口锅脱蜡。此时，房屋女主人缓缓地从屋子里走到门口，开始制作蜡染。中午脱完蜡后，房屋女主人休息了一下，直到此时才又开始新一批蜡染的制作。

18：04 吴德文再次回到家中，抬起晾晒好的蜡染去河边做新一轮的漂洗。石头寨的蜡染手工业者就是这样日复一日地进行蜡染制作工作。伴着落日余晖，笔者踏上回程的路。路过邻居老奶奶家时，她还在自家门前画着蜡染。

20：00 吃完晚饭，笔者又回到了这间屋子进行观察。此时，蜡染手工业者已经回到了各自家中，一天的蜡染工作已经结束。吴德文家中灯火通明，她正在门前收拾工人工作留下的垃圾。而其他的蜡染手工业者也已经放下了手中的蜡染工作，享受晚上的休闲时光。

这就是石头寨蜡染手工业者一天的工作状态，在散漫中又不失规律。可以看到，她们各自家中琐事繁杂，但是事情忙完后，她们其他的时间几乎都围绕着蜡染进行安排。她们虽然在家里有说有笑，但是到了晾晒蜡染的时候绝不含糊，生活实则是乱中有序的状态。

事实上，不只是一天如此，她们每天都有既定的工作任务，也是非常有秩序的。对布依族蜡染手工业者而言，每周最关键的一天是周六。为了能够在周六赶场时卖出蜡染，她们每天都有相对稳定的计划。以蜡染褶裙布片的制作为例，周二是给蜡染褶裙点散点纹的日子。一条裙子由四张半蜡染布构成，其中四整张蜡染布都需要点散点纹，一周两条裙子就有八张蜡染布要点散点纹，这要耗费她们一天的时间。周三、周四是给蜡染染色的两天。这两天里，蜡染手工业者每天要反复染色和晾晒蜡染布多次，到了晚上还要去白水河边漂洗蜡染布。同时，她们还要为下一周的蜡染做准备，开始新的画蜡工作，制作新的蜡染。到了周五，她们一般还要用半天时间染色。星期五的中午，村子里的蜡染手工业者们就在家里或附近用大锅烧水脱蜡，然后在河边漂洗，把蜡的残渣洗掉，保证蜡染干净。周五下午，就能看到在各家门口晾晒的成品蜡染了。周六早上，蜡染手工业者们或搭乘乡村巴士，或乘坐私家车，或骑摩托车，或步行前往大抵拱销售蜡染。周六下午，她们又开始新的手工循环，继续为下一周销售蜡染做准备。这就是布依族蜡染手工业者一周的生活。大抵拱交易蜡染的日子决定了她们每周和每天的日常安排。蜡染手工业者们以此为轴心，把自己的蜡染工作安排得井井有条。这种生活安排是蜡染手工业者特有的，这样做也是为了尽可能保证其每周能够有稳定的收入。

小花苗每周的工作周期与布依族蜡染艺人的工作周期存在一定差异。由于是去染布作坊使用快靛染色，她们仅需要半天的时间就能完成染布的工作。因此，她们把大部分时间用于画蜡。为了赶上每周日上午的蜡染市场贸易，她们周一至周四都会在家中画蜡，周五去染布和脱蜡，周六打制蜡染服装和蜡染背扇。这样，她们周日就能够去蜡染市场销售蜡染了。对小花苗蜡染手工业者而言，她们的蜡染制作以周日的蜡染交易为中心展开，工作安排也都比较固定。

以上都是没有任何生活琐事影响下的工作周期。事实上，蜡染手工业者的生活受各种琐事影响，这种作息规律往往会被打破。在调查期间，这些蜡染手工业者时而会在村子附近打零工，例如给景区除草。不过，除草并没有耽误她们制作蜡染，在除草的间歇，她们偶尔也会手捧棉布，辛勤地画蜡。这或许就是布依族蜡染手工业者的日常，在农活和零工间隙，都会看到她们制作蜡染的身影。2016 年 12 月某天，正是安庄坡赶场的日子，石头寨的很多村民都在这一天去安庄坡买菜，因而当天村子里面的人很少。笔者经过石头寨蜡染一条街时发现平日里常去赶场的吴文江却在家里制作蜡染。原来，她前一天去神龙洞参加亲戚的婚礼，耽搁了一天的工期，蜡染还没有制作完。如果无法把工期补上，那么她将无法及时完成染色、脱蜡、漂洗的程序，周六也就没有成品蜡染销售了。从这些例子中不难发现，族群蜡染手工业者的工作周期是相对稳定的，对于急需赚钱的蜡染手工业者而言，即使有琐事耽误，只要可能，便要想尽办法把工期补回来。

通过上文的描述可以发现，人们将蜡染传统与货币贸易挂钩，形成了布依族和小花苗的蜡染市场的运作规则。这套规则以布依族和小花苗的蜡染规范与审美观念为依据，针对的就是布依族和小花苗的蜡染消费者和蜡染手工业者。这套运行规则通过眼光刁钻的蜡染消费者们向蜡染手工业者们施压。她们若想继续从事族群蜡染手工业就不得不按照消费者要求的标准行事，稍有不慎都会蒙受损失。不过，正如族群蜡染手工业者们所呈现的，她们为了从中盈利，在不违背族群蜡染规范的基础上，在工作周期、图案使用和制作工序上寻找到各种各样的获利策略。可以说，守规逐利成为族群蜡染手工业者们造物活动的基本特征。

二、大众化蜡染手工业者的造物特征

实际上，守规逐利并不仅是族群蜡染手工业者的专属特征，在大众文化领域的蜡染手工业者同样体现出这样的造物特征。不过，她们在具体遵循的规则和逐利方式上与族群蜡染手工业者有明显的区别。在大众文化领域，作为手工业者的蜡染艺人制作的是面向大众的蜡染工艺品。对于她们而言，大众对于蜡染商品的文化需求与审美偏好是评判她们产品好坏的主要标准。只有迎合了大众的文化需求，她们才可能在大众文化领域立足并盈利。

那么，在大众文化领域，作为手工业者的蜡染艺人有何造物特点呢？对此，韦庆珍近年来的造物实践便能够对此进行生动的说明。韦庆珍自从事大众化蜡染手工业以来，持续变换着蜡染商品的制作方向，而其调整方向的依据便是与她打交道的游客们。上文已经提到，韦庆珍最初从事大众化蜡染手工业源于广东消费者的鼓励。也正是受到他们的启发，韦启珍最初主要制作的是各式各样的蜡染服饰。她认为这样的产品或许更受游客欢迎，因此每天都在家中制作蜡染、打制衣服到深夜。调查期间，笔者某日来到博物馆，韦庆珍正在给一件衣服点散点。韦庆珍解释道："这个创意是那些游客的。前两天，有一个游客看到我正在点衣服，就说这个他喜欢。这个点点都是我自己想出来的，还比较容易做。像这件衣服，我先画蜡，然后染一次蓝色。晾干后，我再继续点蜡，再去染一次，之后再点一次。这样，这件衣服就出现了白色、蓝色、黑色的点点。"① 点散点本是布依族蜡染很平常的工序，然而游客的点评激发了韦庆珍创作的灵感，她将布依族点散点的技法转移到大众化蜡染商品的设计上，研制出了渐变色彩的蜡染服装。这既是之前启发的延续，也为她后面的创作带来了指引。随后，韦庆珍在设计服装时，又多次使用了点散点的方式，衣服也颇受游客们的喜欢，销路很好。

除了图案设计，韦庆珍还从游客那里获得了很多其他的创作灵感。就布依族传统而言，冰纹是蜡染在染制过程中失误导致的。韦庆珍就讲："我们布依族不喜欢冰纹，有断的我们都不喜欢要。我有时候就经常画断，就赚不到钱了。"② 不过，自从经营这间工作室后，韦庆珍发现游客特别喜欢冰纹。之前，一个清镇的年轻人来到她的工作室，专门购买冰纹的产品。此后，韦庆珍做蜡染产品时就经常在染的时候揉搓一下，故意做出冰纹的效果。可以说，在与游客的交流过程中，韦庆珍不断受到启发，每一次偶然性的启发都给她的造物实践提供了新的方向。

2016 年 11 月，韦庆珍改变了她的主营业务，开始制作龙主题的蜡版画。韦庆珍讲："这个龙我刚刚画了差不多一个月，已经卖了三幅了。这是那个经理拿给我画的，他从哪里拿来我就不知道了。他拍照后打印给我，给我讲，'你画的这些不好卖，你看看画这个龙好卖不好卖'。那天，一个游客来看，我刚刚画到龙尾巴这里，他问我还有没有这样的（产品），要全部购买。"③ 韦庆珍发现龙主题蜡版画很有市场。她在算了一笔成本账后，更加坚定了画龙主题蜡版画的决心。她讲："我两天能

① 访谈对象：韦庆珍。访谈时间：2016 年 6 月 23 日。访谈地点：安顺市镇宁县石头寨博物馆。
② 同上。
③ 同上。

够画完一幅，比画衣服要省力了，哈哈。一套衣服要用一丈布，70~80 元。这个一尺布就能做 2~3 件，要省很多钱。你看，我画裙子需要 3 天才能完成一件，还要染色，很费力的。这个同样卖 200 多元，肯定这个好一点，而且这个卖的（销路）也好一点。”[①] 从此之后，韦庆珍就很少制作蜡染服装，转为制作龙主题蜡版画了。

不过，韦庆珍并未止步于此。她的堂妹在镇宁看到同样的蜡版画卖价达到 1500 元，回来后把这个消息告诉了韦庆珍。这让韦庆珍很震惊，她仔细比较了她的产品与那一幅作品的差别，发现那一幅除了主体图案，图案周边也画满了点缀的花边。韦庆珍讲：“这个（边）要画满了肯定好看，肯定好卖。这个是容易画的，我都能做。这个不复杂，我先画一幅边边，看客人喜欢不喜欢，哈哈。”[②] 对韦庆珍而言，这又是新一轮创新的开始。

2023 年，笔者回访石头寨，发现韦庆珍的生意又发生了新的变化。这几年间，黄果树和石头寨附近开设了多家星级酒店。这些酒店发掘了布依族蜡染的地方文化特色，在酒店里定期面向游客开展蜡染体验活动。而韦庆珍便被邀请去做体验活动的老师。虽然每场体验活动的收入比较有限，仅有 90 元/次，但是却让韦庆珍发现了蜡染体验活动的潜在商机。她之前虽然也开展过蜡染体验活动，但是规模有限。酒店的经历让她坚定了扩大体验规模的想法。因此，韦庆珍新租了街边的铺面，开始有规模地接待体验人群了。

可以看到，韦庆珍在持续调整自己的手工业发展方向。从最初的蜡染服装，到蜡版画，再到蜡染体验活动，韦庆珍的蜡染制作策略在不断调整。而调整的依据，就是消费者对蜡染商品的需求偏好。对她而言，满足消费者的需求偏好，就是她们制作蜡染的最核心规则。守规就意味着迎合市场需求，也就意味着获得了在大众文化生存发展的能力。而在与游客的交流过程中，她会迸发出很多创作灵感，这种灵感推动了她的创作活动，而新产品好的反响则强化了她对新产品的创作信心，影响了她接下来的蜡染造物实践。可以说，在韦庆珍那里，蜡染技艺成为她制作迎合消费者偏好的蜡染商品的工具，她的蜡染造物实践非常富于变化，而且这些变化往往具有延续性和启发性。

那么，大众化蜡染手工业者的利润何来？韦庆珍的经历说明，利润同样来源于对消费者需求的满足。蜡染服装是韦庆珍最早涉足的商品，不过她始终都在调整着蜡染服装的制作策略。最初，韦庆珍对蜡染服装的设计是较为粗放的，她选择传统的用于制作布依族蜡染褶裙的棉布，质地相对粗糙。用这种棉布制作出来的服饰虽然也有一定的市场，但是较为有限。一段时间后，店铺墙面上挂满了自己制作的服

① 访谈对象：韦庆珍。访谈时间：2016 年 11 月 24 日。访谈地点：安顺市镇宁县石头寨博物馆。

② 同上。

饰，但购买者寥寥。韦庆珍也对此感到苦恼。后来，她逐渐明白产品不受欢迎的原因。大众消费者对于布料的要求是很高的，较为粗糙的棉布并不符合大众消费者的需求。因此，韦庆珍开始替换布料，使用一些质地更加细密且柔软的棉布来制作服饰。渐渐地，韦庆珍的蜡染服装销量变好。而在此基础上，韦庆珍也逐渐形成了盈利的策略，即减少画蜡的工作量。韦庆珍绘制的蜡染服装有一个共同的特点，即图案较少。蜡染服装大多在领口、袖口或胸口绘有简单的涡纹、花草等图案。一方面降低了制作服装的劳力与时间成本，另一方面也降低了蜡染服装的售价，更利于为大众消费者接受，这也成为韦庆珍盈利的重要手段。韦庆珍的经历说明，守规逐利同样是大众化蜡染手工业者的造物特征，但与族群蜡染手工业者不同的是，她们遵守的规则不同，盈利的方式也存在细微差异。

第三节　遵命行事：作为工人的蜡染艺人及其造物特征

在安顺，蜡染工人有另一个名称，叫“画工师傅”，即负责画蜡的师傅。在大众化蜡染商品的制作中，蜡染企业主具有蜡染制作的决定权，而蜡染工人只是接受企业主的指令，将他们设计好的图案画在棉布上而已。因此，遵命行事是对蜡染工人造物特征的恰当评价。

一、没有商品设计权限的工人

在安顺，蜡染商品的设计权限属于客户、设计师或者企业主，蜡染工人基本没有设计产品的权限。这种劳动分工在安顺蜡染总厂时期就已经形成。20 世纪 70 年代，安顺蜡染总厂便由洪福远等一批艺术类大专院校毕业生组成设计小组，负责大众化蜡染商品的设计。蜡染工人主要在画蜡车间工作，只需负责把设计小组制好版的棉布按照图案画蜡即可。当然，这样做主要是为了适应标准化生产的要求。将企业主、设计师或者客户设计的图案，通过制版技术，印制到每一张棉布上，可以最大化保证工人制作的产品符合订单标准，满足客户的需求。

不过，在这一过程中，蜡染工人完全沦为画蜡的“工具人”。杨可闵曾经讲起当初从福远蜡染公司辞职的原因：“每天都重复地按照别人画的线条画蜡，没有意思，而且也觉得他们设计得不好看，时间长了，就觉得不想给别人做了。”① 无独有

① 访谈对象：杨可闵。访谈时间：2017 年 4 月 23 日。访谈地点：安顺市普定县魏旗镇沙戈村杨可闵家中。

偶，杨喜英当初离开工厂也是厌倦了工厂里重复而又没有任何创作余地的工作状态。对于很多有个性的蜡染艺人而言，牺牲自己的个性和创造力，去做重复的画蜡工作是非常令人厌烦的。

但是，在多数蜡染工人看来，没有蜡染商品的设计权限是一件很平常的事情，只要有足够的工作让她们做，这些都是可以接受的。2017 年 3 月，笔者在与核桃村蜡染工人王英凤聊天时，问她为什么不自己开办工厂或者从事个体手工业时，她讲："做生产商都要有熟客，没有熟客开不起来（公司）的。我就是喜欢制作蜡染，像我这个年纪，每天还要去代课（她是民办教师），只要每天晚上下课能画一会蜡染，能赚点零用钱就很好了。"① 字里行间，我们看到王英凤对于自己处境的无奈。在没有足够资本和客源的情况下，她无法成为企业主或者个体手工业者。但是由于对蜡染的喜爱和业余时间的零钱收入，她对画蜡这份工作仍然感到满意，已经习惯了在企业主的控制下画蜡赚钱。

二、画蜡

在安顺，蜡染工人在蜡染企业的分工体系中主要就是从事画蜡的工作。伍进芬 14 岁时被聘用到北京一家蜡染厂工作，她曾回忆起在蜡染厂的工作：

"到了北京，我们就到了丰台区的厂子。那个厂子做的东西撇得很（差得很），他们那时候就用化学（颜料）染了，做的东西不行。我在那里还是做画蜡的工作，同样也是按米计算工钱，都是别人给的图案，我们垫到布底下画就好了，快得很。最快的时候，我能一天画 20 米。他们设计好就给我们画蜡的（工人）分发过来。我把画放到布底下，然后在上面就能印出来图案，我们用蜡刀沿着线条画出来就好了。那时是按米算，画一米给一块钱。我们那时候还小，才 14 岁，只管画蜡，不管那些产品卖到哪的。"②

杨千群在安顺蜡染总厂工作的时候也从事画段布的工作，在她的记忆中经常一上午都不停地在大幅的段布上画蜡。从伍进芬和杨千群的回忆中可以看到，20 世纪 90 年代，蜡染厂给伍进芬这样的蜡染工人分配的主要工作就是画蜡，工资也是以画蜡的米数来计算的。调查期间，笔者曾在蜡染企业墙壁上看到工人记录的自己画蜡的件数。一位工人 2 月份画大中小号蜡染作品共计 145 张，3 月份画了 110 张。每种蜡染作品的画蜡价格不一，最便宜的 2 元/张，最贵的 10 元/张。这位工人在 2 月份和 3 月份共计赚了 1 410 元。这位工人由于孩子刚刚 3 岁，只有在空闲的时候才来这里画蜡，因而收入并不是很高。在企业主看来，她们只是完成画蜡这一程序的

① 访谈对象：王英凤。访谈时间：2017 年 4 月 4 日。访谈地点：安顺市西秀区核桃村王英凤家中。
② 访谈对象：伍进芬。访谈时间：2016 年 7 月 2 日。访谈地点：安顺市镇宁县凹子寨伍进芬家中。

"工具人"，有大量的产品等待着她们。她们只要有时间就可以过来画。其他诸如染布、脱蜡一类的工作不是这些蜡染工人要做的事情。

目前，安顺已经不存在如安顺蜡染总厂这样规模的蜡染企业了，在安顺工商局注册的蜡染企业也屈指可数。这些蜡染企业对工人的管理方式多种多样，例如星月蜡染公司就坚持把制好版式的棉布分发给蜡染工人，让工人在家中完成画蜡工作，福远蜡染公司则要求工人在公司集中进行画蜡工作。笔者在2017年4月对核桃村一家蜡染企业进行了一上午的观察，她们的日常工作状态如下。

该蜡染企业是核桃村仅有的三家蜡染企业之一，企业主是外地人。企业日常有7位工人从事画蜡工作，都是核桃村的蜡染艺人。每一位工人的桌子上都有1盆回收蜡、1把刷子、1把大蜡刀、1把铲子和1小瓶煤油，这是她们的标准工具配置。每天早上8点左右，她们就会来到这里开始一天的画蜡工作。

9：00笔者来到这里时已经有5位蜡染工人在画蜡了。王英凤这天在学校代课，没有来企业做工。另一位蜡染工人家中临时有事也没有来工作。这5位蜡染工人从事的工作稍有不同。杨银在画2幅中等尺寸的挂画，另2位工人在画大幅尺寸的桌布，还有1位工人在画小幅的挂画，剩余的那位工人在给1幅福字刷蜡。

9：30杨银正在画1幅以人物为主的挂画，这幅挂画上已经由企业主制好了版，企业主在给杨银分配任务时告诉了杨银哪些部分需要封蜡，杨银便按照他的指示进行画蜡。

9：41企业主来到屋子里，从这些蜡染工人的脚下把已经画好蜡的布卷起来，只见原来已经画好蜡的布出现了不规则的断裂，这是出现冰纹的必有操作。

9：45杨银已经画完2幅人物画。其中1幅画由于画蜡过多，超出了企业主制版的线。杨银赶紧用煤油擦拭，把多余的蜡擦掉。

9：59杨银又画完1幅人物画，刷蜡的蜡染工人也已经刷了4幅作品。此时，企业主从屋里走进来，找到那位正在画小幅蜡染的工人。原来，企业主在后处理过程中发现这位工人之前画的部分有一处疏漏，因此找她把疏漏的地方用蜡补全。这位蜡染工人把每一幅画的同一部分做了封蜡的处理，又交给了企业主。

10：18刷蜡的蜡染工人正在进行1幅新蜡画的刷蜡工作。这位蜡染工人把回收蜡烧到了很高的温度，只见她把刷子蘸到白蜡里停顿了一下，然后拿出来在布上刷了起来，高温的蜡在布上滋滋作响，直接染穿了布，原来布上的图案在刷蜡之后就变得没有之前那么鲜艳了，这也是企业主对这幅作品的要求。这位工人在刷好这幅画后，把工作台用铲子清理了一下，把铲下来的蜡又放回白蜡盆中加热。

10：31杨银已经完成了6幅人物画，画小幅画的蜡染工人在旁边打起了电话，不过打电话并没有影响她的工作。她左手拿着手机开心地聊着天，右手拿着蜡刀不停地按照企业主留下的线条画蜡。此时，刷蜡的蜡染工人接了一个电话后，收拾了工作台，出去办事了。

11：05 企业主又收集了蜡染工人脚下画好蜡的布。画大幅蜡染的蜡染工人已经画完了 3 幅桌布，根据工价，她 2 小时赚到了 30 元钱。在画完第三幅后，这位工人接了一个电话，随后也急匆匆地出去办事了。至此，仅剩下杨银和另外 2 位工人还在画蜡。

11：30 杨银完成了第 8 幅人物画的画蜡工作。根据工价，杨银在近两个半小时的时间里一共赚了 40 元钱。

12：02 小学放学了，杨银和另外 2 位蜡染工人纷纷停下手中的工作，回到家中给子女做午饭。她们计划一个半小时后再回来继续画蜡。

这是一个由企业主和 7 名蜡染工人构成的普通的小企业。通过一个上午的观察记录可以看到，企业主对蜡染商品的各个环节都具有绝对的决策权。在原料上，企业主以每次脱蜡后留存的回收蜡为画蜡原料，达到节约成本的目的。在任务安排上，每一名蜡染工人的工作任务都由企业主来决定。无论是杨银画人物画，还是那位工人的刷蜡工作，都是在企业主吩咐后才进行的。当企业主发现画蜡存在问题后，那位工人也要按照企业主的指示进行修改。可以说，企业主掌控着蜡染商品制作的所有流程，而蜡染工人就像是一台机器一样重复地进行着画蜡与封蜡工作。根据那位边打电话聊天边制作蜡染的工人可以发现，她在画蜡的过程中基本不需要思考构图、设计等问题，画蜡对她而言就像是照本宣科，没有任何的技术难度，这也是她可以分神打电话的原因。

总之，遵命行事成为蜡染工人造物活动的标签。在企业主的控制下，蜡染工人成为画蜡机器，没有蜡染商品的设计权限，要在企业主的管理下接受并完成画蜡的具体任务。对于蜡染工人而言，蜡染造物实践失去了个人的创造性，成了一种简单重复的流水作业。

第四节　运筹帷幄：作为企业主的蜡染艺人及其造物特征

作为企业主，蜡染艺人无需再进行具体而繁杂的蜡染造物实践，但需要将自己的蜡染技艺融入公司管理之中，以此掌控企业的发展全局。运筹帷幄是对作为企业主的蜡染艺人的造物特征的准确评价。

一、制版与批量生产

蜡染企业很少从事小规模大众化蜡染商品的生产，多依靠人力上的优势进行批量生产。以星月蜡染公司为例，南华路的经销商经常从此公司订几百到上千个蜡染包。在调查期间，公司正在赶制贵阳龙洞堡机场预订的几百个蜡染手提包。这种批量式的订单需要企业主把握全局，组织蜡染工人有质量地完成订单。制版就是实现产品批量化、规范化生产的重要技术。那些掌握蜡染技艺的企业主，很多都会自主设计图案后进行制版。杨千群曾经提起她开蜡染企业时制版的经历："我们那时候，每个人画的都不一样。既要保证质量，又不能太过格，那就只能印上去，让她们照着画。我先拿油纸用针刺（扎）出图案，那个涂料能留在布上面，后面可以洗掉。那个壁挂也是要印（在）棉布上，让她们画。"① 在星月蜡染公司和恒英蜡染公司的工作车间，笔者看到的红色油纸，都是杨岚和王颖生产蜡染手提包时使用的制版工具。蜡染工人接收的棉布便是已经印制好图案的棉布，工人只需沿着做好的版式画蜡即可，这在很大程度上保证了批量蜡染商品的质量。

二、产品决策与设计

当前，安顺政府各部门支持并鼓励大众化蜡染商品的开发。安顺蜡染企业的企业主拥有了更大的生产和设计空间。作为蜡染企业的掌舵人，这些掌握蜡染技艺的企业主还拥有蜡染产品决策权。目前，她们大多没有请专业的调查公司做市场调查，都是根据市场销量反馈的信息来确定产品生产策略。星月蜡染公司总经理杨岚就讲："安顺的调查公司并不发达，我们决定生产什么商品就看这一阶段什么货走得快。像毕节、贵阳、南华路这些我们的合作客户每次订的货都是比较稳定的，这能说明产品销路情况。"② 大众消费者是安顺蜡染企业的供应对象，消费者的信息反馈自然成为企业主的决策依据。不同的企业主由于市场反馈信息不同，做出的决策也有差异。杨岚的星月蜡染公司一直以蜡染手提包为主营业务。杨岚解释说："一定要做群类产品，大家都喜欢。做高端产品利润高，但是养不活企业。你搞一幅刺绣作品，大型的起码要一年时间，它的价值是多少，你定性不了，懂行的人才能懂，才能卖出去，卖不了几十万以上的价格。"③ 在杨岚看来，批量化比精品化更重要，因而她坚持批量生产手提蜡染包。与杨岚的产品经营方向不同，王玉英的月圆蜡染公司选择了另一条道路。王玉英一直坚持做蜡染服装，兼营蜡染窗帘、蜡染画等产

① 访谈对象：杨千群。访谈时间：2017 年 4 月 9 日。访谈地点：安顺市西秀区核桃村杨千群家中。

② 访谈对象：杨生富。访谈时间：2017 年 4 月 9 日。访谈地点：安顺市西秀区星月蜡染公司。

③ 访谈对象：杨岚。访谈时间：2017 年 4 月 5 日。访谈地点：安顺市西秀区核桃村杨岚家中。

品。她认为应该做一些精品，这样才能够让企业在竞争中生存下去。

除了需要决定生产哪些产品，掌握蜡染技艺的企业主们大多也在进行商品设计，这同样是工作中非常重要的一环。设计产品的方式有多种，其中一种方式是由客户提供图案，设定产品指标。王玉英在2008年参与云南昆明的文博会时曾经接到过这样的订单。她讲："我在云南，他们请我弄了几套'云南十八怪'，蜡染和蜡版画都有，参照一套明信片的图画就可以做。蜡版画给了订金后，我才放心给他。另外，那个地方也定了几套十二生肖。你照着图案画还不一样，要设计好还是困难的，得考虑尺寸怎么放大，不像做自己的蜡染，随手就可以自己做。"① 的确，客户提供图案的订单不同于自行设计，既要保证图案不变形，又要与蜡染产品很好地结合。不过，这些企业主们基本能够完成这样的设计工作。

作为企业主，蜡染艺人们大都在寻求大众化蜡染商品的创新。20世纪90年代安顺蜡染因过度复制而衰败的经验教训历历在目，有想法的企业主们不再安于复制他人作品，而是坚持开发新产品。王颖就讲："要创新，我什么都想做。蜡染口罩目前市场还很少，这种产品必须用植物染，对身体没有什么副作用。这些都是我出去（参观、比赛）发现的。我出去就是去看市场，我没文化但是我去看。"② 如王颖一类的企业主始终在感受市场的变化，努力发现市场的空白区域。蜡染口罩这些新的想法虽然还未落实，但是对王颖而言这至少是一个启发点，这或多或少对其产品的设计产生影响。对她而言，多走多看是非常重要的，她正是在与外界的交流中获得了创作的灵感。在调查即将结束时，杨岚请来了原六盘水蜡染厂长一起研发多彩蜡染披肩，这一灵感就来源于杨岚在平坝参观杨正华蜡染工坊时看到的蜡染围巾。下面是杨岚和原六盘水蜡染厂长的对话。

杨岚：就是整块布全部封蜡，体现蜡染味道的是冰纹，五颜六色的冰纹，最大的特色是什么天气它都不褪色。

老厂长：这个是在白冰纹的基础上做出来的。

杨岚：现在很多人不买的，想买的（人）买一次蜡染，第二次都不会再买了。蜡染掉色太严重了。

老厂长：这个不会掉。用保险粉脱色，消毒液也可以，但是容易把布弄烂。染色的话，做五彩的还是好。印尼那边做的冰纹粗的粗，细的细，参差不齐。我们不能这么做。我肯定是先要做几个样子出来，你们好（决）定做不做，做哪样。我们以前就出了红色、绿色、蓝色好几种蜡染围巾。就是场地有限，像你这里场地有，就搞得成。我的想法是搞蓝色系列、绿色系列、红色系列、素色系列，之前洪福远

① 访谈对象：王玉英。访谈时间：2017年4月23日。访谈地点：安顺市西秀区牛角洞王玉英家中。

② 访谈对象：王颖。访谈时间：2017年4月19日。访谈地点：安顺市西秀区王庄村王颖家中。

也叫我做过一次，我用保险粉刷一下，冰纹就出来了。冰纹不能太乱，要大气一点儿。

杨岚的创作灵感来源于杨正华的蜡染围巾，不过杨岚希望在制作过程上做一些改进，因而找来了原六盘水蜡染厂长。他是染色专家，对各种化工原料的使用都非常熟悉。在随后的研发过程中，笔者看到杨岚对蜡染披肩做出了一些改进。首先，在制作工序上，为了突出冰纹的效果，他们在把布染色后便全部进行封蜡，接着进行揉搓，使蜡裂开，然后他们使用保险粉，在染布上刷一遍，增加冰纹的效果，整个流程与小花苗传统蜡染的制作方式完全不同。其次，在原料使用上，他们的染色全部使用化学染料，并使用了保险粉等一系列化学试剂，这在一定程度上改善了蜡染的染色效果。经过三天的试验后，他们的第一批蜡染围巾完成，产品的效果与之前的蜡染手提包完全不同。这是企业主创新产品的一个缩影，她们会在已有的蜡染技艺知识的基础上，对市场做出判断，并结合新的发现对大众化蜡染商品进行创新尝试。

三、荣誉与实力：企业主的经营之道

除了日常的公司生产管理，企业主最重要的工作还包括参加各种各样的展销会与比赛。她们希望通过在这些活动中展示蜡染技艺，获得不同等级的荣誉，以成为发展壮大公司的重要资源。安顺各个蜡染公司都会在店面的某一个角落专门摆放奖杯和获奖证书，证书被平铺展开，奖杯在灯光下熠熠发光，与各位重要人物的合照也贴在墙上，这些都是她们平日向客商介绍公司实力的重要证明（图 3-2：蜡染公司的荣誉展区）。为了积攒更多的荣誉，作为企业主的蜡染艺人们会积极地参加省区市各个级别的竞赛和展会活动，通过竞赛中的蜡染展示获得更多称号，赢得更多的资本。

图 3-2　蜡染公司的荣誉展区

2006年，贵州省开始举办“两赛一会”，具体包括旅游工艺品设计大赛、能工巧匠选拔大赛和旅游工艺品展销大会。随后，安顺市也响应省里的工作，举办安顺市“两赛一会”。除了“两赛一会”，贵州省和安顺市还有各种不同类型的技能比赛，如贵州省民族民间工艺美术大赛、安顺市举办的各种旅游工艺品设计大赛等。目前，作为企业主的蜡染艺人大多积极地参与进这些竞赛之中。杨岚、王颖、王桂英、王玉英无一例外地获得过多彩贵州旅游奖、工艺美术大师等奖项和称号。这些比赛通常都会由政府通报给安顺市几个重要的蜡染公司，由公司推荐蜡染艺人参加比赛。如果自己具有不错的蜡染技艺，而且有合适的时间，那么这些作为企业主的蜡染艺人们也经常会参加比赛。2016年4月7日，笔者参与了安顺市2016年“安顺工匠”技能大赛，并对此次技能大赛进行了记录。

根据大赛的通告：“这次大赛由安顺市总工会、安顺市工业和信息化委员会联合开展，面向的对象包括安顺市的民间手工技艺传承人、手工品生产企业职工、个体工商户、工匠和传统工艺爱好者，活动包括蜡染蜡画、雕刻（含木雕、石雕、玉雕、竹雕、牛角雕）、挑花刺绣及民族服饰、综合（银器、民族木娃、布娃、剪纸、藤编、竹编等具有当地特色的旅游产品）四大类别。”①

当天上午，赛事正式开始。评委们来到车间厂房门口，商定评审的标准。这次评委主要有三方面专家构成：安顺市工信委的几位领导、前文广局局长帅学剑、民间工艺大师王翀等。在定好评审规则后，评委们开始在车间的不同场地徘徊，给每一位参赛选手打分。

蜡染蜡画场地位于正中心，一共有36位蜡染艺人参赛，其中苗族26位，布依族8位，剩余2位是汉族的民间艺术家。苗族的26位参赛选手主要来自婷婷蜡染艺术工坊、王翀蜡染艺术馆、福远蜡染公司和星月蜡染公司。王玉婷、杨岚虽然是企业主但也参加了这次比赛。此外，与笔者非常熟悉的布依族蜡染艺人伍进芬、伍德华都来到了赛场，曾经在2003年随帅学剑去台湾表演的伍文芬在外出打工多年后也重拾蜡刀，参加了此次比赛。她们均身着小花苗和布依族的族群服饰分列在场地的两边，埋头画蜡，等待评委们莅临评分。

遗憾的是，作为蜡画的关键部分，构图并没有在比赛中进行展示。比赛开始时，每一个蜡染艺人手中都已经有了一份半成品，整体的蜡画构图都已经完成。与此同时，在每一位蜡染艺人面前都放着她们各自制作的蜡版画和蜡画作品。她们转动着手中的蜡刀，给蜡画的细节部分填充线条。评委们则驻足于各个选手桌前，观察她们的画工和作品水平。在比赛中，观赛的不只是评委和笔者，还有从安顺周边

① 2017年“安顺工匠”技能大赛活动组委会办公室：《2017年“安顺工匠”技能大赛活动的通知》，《安顺日报》2017年3月21日。

驱车赶来的客商。他们在蜡染艺人的桌子前驻足，在看到自己认可的蜡画作品后，他们就给蜡染艺人递上一张名片，希望建立联系。有的客商甚至不在意蜡染艺人的蜡染质量，像散发广告一样，给每一位蜡染艺人都递上了名片。在评委评分离开后，蜡染艺人们全都放下了手中的蜡刀，三三两两地拍起照来。

2017 年 4 月，苗岭屯堡举办了西秀区蜡染艺人手工技能大赛，这场比赛与前一场有很多相似之处。上次参赛的蜡染艺人除了布依族的几位蜡染艺人没有来参赛，多数都参加了这次比赛。这一次，参赛的选手比拼的内容更加全面，从构图到细节都得到了展示。

对于作为企业主的蜡染艺人而言，自己参赛主要有两个目的，一是拿到奖项，这样在公司的荣誉录上又多了一笔，在与客商谈生意时又多了一份筹码；二是与更多的客商取得联系，这有可能为公司拓宽销路，正如上文王颖参加展会所取得的收获一样。这些都让作为企业主的蜡染艺人对比赛和展会保持着较高的热情。

综上所述，作为企业主的蜡染艺人在造物实践中呈现出与蜡染手工业者、蜡染工人鲜明的差异。对于她们而言，做出合理的市场决策，有效把控批量产品的生产质量，与市场形成有效的衔接是极为关键的。她们的蜡染造物实践也都是服务于这样的身份设定。因此，运筹帷幄成为她们造物活动的基本特征。

小　结

作为手艺江湖的行者，江湖规则是蜡染艺人需要遵守的基本规范。江湖规则实则就是社会生活对蜡染艺人各种身份的设定。正如本章案例所示，作为族群成员，蜡染艺人会尽心地按照本族群的蜡染规范制作蜡染，以彰显自己的族群认同。作为他人的亲属朋友，蜡染艺人的造物活动目的在于情感与责任的表达，因而严守规范成为其造物活动的基本特征。作为手工业者，蜡染艺人的造物活动目的在于盈利，但是盈利的前提是遵守族群生活与大众文化为她们设定的规范，因此守规逐利成为其造物活动的基本特征。作为工人，蜡染艺人的造物活动目的在于赚取工资，因此遵命行事成为其造物活动的基本特征。作为企业主，蜡染艺人的造物活动服务于公司管理的大局，因此运筹帷幄成为其造物活动的基本特征。

面对这些身份的规训，蜡染艺人的造物活动并不是机械地依规行事。她们虽然大多都在遵循各种身份所指向的规范，但是其中又充满了她们对个人生活和能力的筹谋与评估，彰显出一种富于自律性的主体行为能力。

第四章　行走“江湖”：安顺蜡染艺人的身份管理与造物能动性

“江湖规则”纵然严苛，但并不能完全限制蜡染艺人的行动。江湖中行走的蜡染艺人面对生活际遇的变化，会对自己的身份进行有效的管理。这让她们在与多元主体的交互过程中寻找到暂时的和谐，既为自己找到了合适的角色位置，又能维系江湖规则的有序运转。而在各种身份状态下的造物活动中，蜡染艺人也将自己的筹谋、决策与创造力充分地体现出来，给蜡染造物实践烙上个人的印记，使手艺江湖迸发出更加亮丽的人性光辉。

第一节　从个体生命历程看安顺蜡染艺人的身份管理

身份管理是个体在社会生活情境中根据形势变化对所持身份认同进行的自我管理。在调查中，蜡染艺人的身份管理令笔者印象深刻。虽然社会生活为她们设定了各种身份的行动指向，但是她们却并未完全受到规范的约束。作为具有多元生活诉求的个体，她们根据社会期待和个人诉求，对自己的身份进行多样化的管理，呈现出异质化的蜡染生涯轨迹。

一、蜡染生涯的多元镜像

（一）布依族蜡染艺人的生涯镜像

1. 石头寨“老辈子”的蜡染生涯

在扁担山，70 岁以上的女性已经很少有人在继续制作蜡染了。她们这一辈先后经历了计划经济、改革开放等不同的时代阶段，她们的蜡染生涯也因此表现出与当前仍在从艺的蜡染艺人不一样的轨迹。

韦文欣今年71岁，家住石头寨，由于眼睛不好，3年前就已经放下蜡刀，不再制作蜡染了。她讲："我十四五岁就学画蜡染了。那时候卖不到好多钱的，一块（蜡染）袖子只能卖3块钱。妈妈也会做，一辈教一辈地画嘛。我在旁边画，她就在旁边教。"[①] 在韦文欣学习蜡染时，机制棉布还没有被广泛使用，她讲："我长大时候还没有这种棉布，我大概15、16岁时才有这种棉布。那时候都是土布，很难做的。土布都是有点泛黄的，为了让布变白，要用牛屎来搅水汤汤，用这个把棉布泡两三天，再洗七八天才白。"[②] 后来，韦文欣嫁给了石头寨的一户人家。当时正值计划经济时期，人民公社的农业生产很忙碌。她讲："那时候全都抢工分去了，没几个画蜡染的。我们自己的蜡染都是自己做的，我们去田坝上买布来做穿的，什么裙子、袖子都会画。做完工了就回家画蜡染。"[③] 家庭联产承包责任制推行时，韦文欣家中只有5口人分到了土地，每个人分得5分田，家里一共有2.5亩（1亩=666.67平方米）田和少量的地。然而，3个孩子要读书，每个人一个学期的学费就要3块钱，相当于100斤大米的价钱。因此，韦文欣从那时起就开始制作蜡染到大抵拱销售。她讲："蜡染那时是赚得到钱的，一套袖子就能够卖10多块钱，就够家里孩子的学费了。"[④] 就这样，她一直坚持着这份工作。直到20世纪80年代，她由于视力受损严重，才改为制作蜡染褶裙布片，一直坚持到2013年才最终放下蜡刀。

对韦文欣而言，在学习蜡染时，蜡染用的布甚至都是自家织的土布，从中可以看到老一辈蜡染艺人与现如今蜡染艺人经历的不同。家中窘困的经济状况与计划经济时期做工分的生产方式让她疲于奔命，即使制作蜡染也是为了家中使用，根本没有时间去大抵拱销售蜡染。家庭联产承包责任制推行后，虽然粮食已经够家里食用，但是子女上学的费用迫使她寻找赚钱的门路。她也因此选择了蜡染，从此走上了以蜡染谋生的道路。在这期间，她虽然经历了视力受损等身体问题，但是依然通过改为制作蜡染褶裙布片坚持了下来。终其蜡染生涯，她仅给家人和大抵拱的消费者制作过蜡染。

吴登洪比韦文欣还要年长3岁。与韦文欣不同，吴登洪现在仍然在制作和销售蜡染红裙布片。吴登洪年轻的时候，看到村寨里的姑娘都在学蜡染，就和她们一起学习了蜡染技艺。20世纪60年代，姑娘们时间比较多，吴登洪和其他朋友对制作蜡染很感兴趣，经常四五个人围坐在一起制作蜡染。她的丈夫是军人，1963年退

① 访谈对象：韦文欣。访谈时间：2016年7月4日。访谈地点：安顺市镇宁县石头寨韦文欣家中。

② 同上。

③ 同上。

④ 同上。

伍，分配到西南石油公司，调去赤水工作。几年后，她的丈夫又调到山东继续做石油工人，直到2000年才退休回家。丈夫每年只有一个月的回家假期，家中所有的农活和家务都落到她一个人的肩上。家庭联产承包责任制推行时，她家里只有一个儿子分到了田土，后来又买了一点儿田，由她和婆婆一起劳作。她既要种田，又要在家照顾孩子，没有时间制作蜡染，一直到子女成年才清闲下来。2000年前后，吴登洪又重新拾起蜡刀，从事布依族蜡染手工业，用她的话讲："赚一些小菜钱。"[①]由于年龄较大，她视力不是很好，又因放下蜡刀多年而技艺生疏，只能制作线条较为粗糙的蜡染红裙布片。她讲："我没有画过（蜡染）袖子，袖子是值钱啊，现在一套袖子便宜也要卖500块，还容易染色，拿个衣架挂在缸头就好。我年轻的时候还画过（蜡染袖子），但就是画不好，那个东西画得不好就没人买的。"[②]对她而言，家里条件已相对宽裕，因而她的蜡染造物实践也相对随意。笔者偶尔会见到她坐在家门口，一边听着白水河的溪水声，一边制作着蜡染。在大抵拱赶场时，笔者偶尔也会看到她坐在一些老人中间，晒着阳光，和其他人有说有笑等待着消费者的光顾。

吴登洪和韦文欣一类的老妇人的人生经历与现在的蜡染艺人是非常不同的。她们经历了计划经济时期繁忙的劳作，也经历了改革开放后为家计和子女奔波的生活。在此情况下，韦文欣以蜡染谋得了家庭日常开支的收入来源，而吴登洪则暂时放弃过蜡染手艺，待子女成年后才重新拾起蜡刀。可以说，她们所经历的时代影响了她们的人生轨迹，而蜡染就像一条暗线在人生的不同阶段若隐若现。

2. 石头寨中年女性的蜡染生涯

目前，40至60岁年龄段的蜡染艺人是制作蜡染的主力军。她们中的大部分人结婚时就已处于家庭联产承包责任制时期，已有大量的时间从事族群蜡染手工业。对于一些人而言，族群蜡染手工业甚至是她们毕生的事业，当然也有一些人在经历了生计的变迁后，才开始从事本族群的蜡染手工业。

韦庆涛是布依族蜡染袖子布片制作水平顶尖的艺人，在扁担山地区家喻户晓。读小学的时候，她就看到姐姐每天都在制作蜡染，而且依靠蜡染赚了不少钱。这不仅贴补了家用，还为其积攒了一定的零用钱。她的母亲就对她讲："你看你姐都能赚钱了，你也学画蜡染吧"。韦庆涛就这样开启了自己的蜡染生涯。后来，韦庆涛辍学回家，除了打猪草，其余时间都在制作蜡染。结婚后，韦庆涛从偏坡村嫁到了河对岸的石头寨，继续从事布依族蜡染手工业。正如上文介绍的，由于家中两个儿子都在读书，丈夫又一直在石头寨景区做水电工，收入也不多。她为了多赚钱就更加卖力地制作和销售布依族蜡染。最初，她制作的是蜡染红裙布片。孩子读小学六年

① 访谈对象：吴登洪。访谈时间：2016年12月6日。访谈地点：安顺市镇宁县石头寨吴登洪家中。
② 同上。

级时，她需要去镇宁照顾孩子起居，而蜡染红裙布片的布幅太大，携带不方便，因而她改为制作蜡染袖子布片。由于画工好，她制作的蜡染袖子布片在大抵拱蜡染市场是价格最贵的，一套可以达到 850 元，每个月依靠制作蜡染袖子布片可以净赚 2 000~3 000 元。凭借着蜡染的收入，她让两个孩子都顺利完成了学业。

值得注意的是，她在长期的从业过程中还改进了蜡染的图案。她在 10 余年前创新了布依族蜡染袖子布片的图案。她讲："老人们以前画的就是这样的，圆圈之间有空，我就觉得不太好看。我后来自己造了这个图案，她们都觉得好看，都去拍完照拿去画，现在在大抵拱都用这个图案了。那个小涡纹以前都不是这样的，我后来在这个涡纹上添了个尾巴，看起来就好看了。"[①] 现在，大抵拱集市销售的蜡染袖子布片的图案都是从她这里推广开来的（图 4-1：韦庆涛改良后的蜡染袖子图案）。

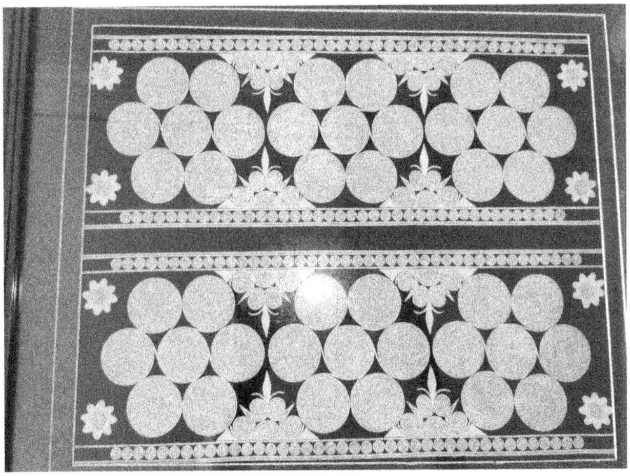

图 4-1 韦庆涛改良后的蜡染袖子图案

她的蜡染生涯曾在 2014 年发生过一段插曲。当时，韦庆涛收到石头寨博物馆邀请，与她的姐姐（韦庆珍）一起制作蜡染旅游工艺品，但她画了几个月后还是选择了放弃。她讲："北京的、上海的（游客）都有不少来看的，也有一些人购买过。那些客人问东问西的，我就没时间画蜡染了。在家时，人家都和我订货啊，在大抵拱我的蜡染也好卖啊。但这个（指大众化蜡染商品）需要客人喜欢，没有客人喜欢就卖不出去了。说实话，在博物馆，我赚的钱还少一点。而且，画旅游品还比画（蜡染）袖子难。这个（指大众化蜡染商品）我就只能对着手机用铅笔先描下来。描不好还要擦了重新画，难画得很。像这个蜡画，我一天都画不完的，需要画两三

① 访谈对象：韦庆涛。访谈时间：2016 年 7 月 5 日。访谈地点：安顺市镇宁县石头寨韦庆涛家中。

天。”[1]对韦庆涛而言，在博物馆与客人打交道让她非常不习惯，她认为这打乱了她制作蜡染的计划。与此同时，作为旅游工艺品的蜡画让她难以习惯，在布依族蜡染中赫赫有名的她面对旅游工艺品有些无能为力。更重要的是，在她看来，她从事布依族蜡染手工业的收入并不比在工作室做旅游工艺品少。虽然韦庆珍和博物馆的经理都支持她继续制作蜡染旅游工艺品，认为这个工作既省力又赚钱，但布依族蜡染带给她的相对较高的收入让她认为布依族蜡染手工业才是更适合她的职业。因此，韦庆涛决定回到家继续做布依族蜡染，放弃了从事大众化蜡染商品手工业的机会。如今，韦庆涛已经从事布依族蜡染手工业 40 余年，由于长期盯着棉布且蜡染袖子图案过于精细，她的视力已大不如前，但是仍然在坚持着。2014 年，她的儿子们均已毕业，并且都有了相对稳定的工作。她也终于可以有些许的放松，在石头寨景区做起了保洁的工作。不过，她在工作间隙仍然点着火盆继续制作着布依族蜡染袖子布片。

韦庆涛从学习蜡染至今一直在与布依族蜡染打着交道，对布依族蜡染有着特殊的感情。这份职业让她家度过了艰苦的时期，而她的即兴创作也改进了布依族的蜡染图案，并成为布依族蜡染图案的新传统。布依族蜡染与她彼此相依，谱写了她的蜡染生涯。

与韦庆涛相似，杨文鑫也是毕生以布依族蜡染手工业为生的蜡染艺人。她今年 60 余岁，娘家在偏坡村，儿时就跟随妈妈学习蜡染。那时，她每天除了放牛、割草就是制作蜡染。10 岁时，她就在大抵拱蜡染市场卖出了第一批蜡染褶裙布片，赚了 12 元钱。她依稀记得当时猪肉才 0.5 元/斤，可见卖出一条裙子对她自己和她的家庭而言是多么重要。从此，她就一直从事布依族蜡染手工业。2010 年以来，烧烤生意火爆，杨文鑫也在烧烤长廊做起了烧烤的生意，不过依然没有丢弃布依族蜡染手工业。摆摊时，她偶尔会拿上棉布，在等待客人光顾的时候继续制作蜡染。

王旭涛家住石头寨，今年 60 余岁，平日里就在家中制作蜡染，到大抵拱销售。11 岁时，她就在奶奶和两个姐姐的熏陶下学习蜡染。那时，她的奶奶和两个姐姐经常在家中制作蜡染，放学之后她就拾起一块布和她们一起学习。学成之后，她便开始了自己的布依族蜡染手工业生涯。正如上文所提到的，当时她一个星期可以卖 30~40 元的蜡染，而在行政单位上班的人工资也才 25 元/月，这让她认定制作蜡染是一份赚钱的工作。2010 年后，她认为旅游景区生意不错，做起了零售旅游用品的生意，淡季则继续制作蜡染。不过，好景不长，2015 年以后旅游景区的生意日渐萧条，她又重新全身心地投入布依族蜡染的制作和销售中。

① 访谈对象：韦庆涛。访谈时间：2016 年 7 月 5 日。访谈地点：安顺市镇宁县石头寨韦庆涛家中。

相较之下，一些女性则是很晚才从事族群蜡染手工业的。这些女性在经历家庭生活的变迁之后选择以此为业。吴德文今年50余岁，娘家在夜郎洞。嫁到石头寨前，吴德文并没有学习过蜡染技艺。结婚后，她看到身边亲戚朋友都在制作蜡染，出于兴趣也学习了蜡染。她与丈夫育有两个儿子，其中一个已经成婚，另一个则在安顺读高中，家庭开支很大。年轻时，她与丈夫到昆明做废品回收的生意，先后做了七年。2010年，听闻石头寨旅游生意较为红火，烧烤生意更是火爆，她与丈夫便回到了石头寨，开始做烧烤生意。然而，好景不长，2015年开始旅游生意逐渐萧条。这时，家中公公也因为脑血栓，生活无法自理，她和丈夫无奈留在了家中。她思来想去还是认为在家中制作蜡染赚的钱多一些，因而拾起了蜡刀，做起了布依族蜡染手工业。

与吴德文相似，杜德珍今年50余岁，嫁来石头寨时，家里经济状况不佳，只有两亩田土。她认为仅仅依靠蜡染是没有办法让两个孩子继续读书的，因而一直在外务工。现在，儿子在浙江的一家印刷厂工作，女儿则在深圳的旅行社上班。丈夫去世后，就只有她一人在家中生活。由于石头寨旅游开发，她家的土地也大部分被征掉了。这种情况下，她开始跟随蜡染艺人们学习蜡染。她讲："现在是老了，就回家学蜡染来搞点儿钱花了。"[①] 现在，她大部分的时间都在制作蜡染，每周六随着亲戚朋友们一起去大抵拱销售。由于近两年才学习蜡染，她的蜡染技艺水平也较为一般。不过，她很知足，只要自己的蜡染能销售出去就很开心。

这些女性在经历了家庭情况的变迁之后，纷纷选择了以布依族蜡染为业。由于并未自幼学习蜡染技艺，她们的蜡染技艺水平有限，制作蜡染袖子布片对她们而言是很难的事情。为了尽可能多地赚钱，她们纷纷选择制作方法相对粗糙的蜡染褶裙和红裙布片，以此维持自己的生计。

（二）小花苗蜡染艺人的生涯镜像

与石头寨这些常年从事布依族蜡染手工业的艺人不同，小花苗蜡染艺人有更加复杂的蜡染生涯。杨喜英就是这样一位蜡染艺人，她曾向笔者讲述她的蜡染生涯：

"我今年62岁，十七八岁的时候就开始画（蜡染）了。我家画这个是祖传的，我母亲、我，还有姐姐、侄女（王桂英）都做（蜡染），都是画衣服、背扇。我家兄弟姐妹多，有六个，我是家中的老三。我没有钱去上学，还得照顾弟弟妹妹，就只能在家画蜡，忙的时候就做农活。我看到姐姐们画，就自己拿蜡刀跟着学。以前不允许卖的时候都有不少人来请我们画蜡染。做工分的时候画一天蜡染，换一天工分。他们自己拿蜡、棉布过来，然后我帮他们做些背扇、小衣服、被套。我画好

① 访谈对象：杜德珍。访谈时间：2016年6月30日。访谈地点：安顺市镇宁县石头寨杜德珍家中。

后，他们自己拿回去染。还没有摆摊（指从事小花苗蜡染手工业）之前，有人请我们去安顺的工厂画了一段时间的蜡染，我当时叫上了王桂英和我一起去做。当时，一个月工资七八百块。然后，我又去贵阳（艺术专科学校）做蜡染，我也就带上了王桂英一起画。在那里，我们按时上下班，一个月 700~800 块。后来，那里又开始计件算钱，我们赚得就更多了，一个月 2 000（元），这是最高的一回。我们两个人比人家一个厂的十几个工人赚得还多。后来，我年纪大了，就想回家来自己做（指从事小花苗蜡染手工业）了。你想，进厂你是给别人赚钱，不如自己摆摊。到现在，我已经摆 27 年了。"①

杨喜英经历了从蜡染工人向小花苗蜡染手工业者的职业转变。事实上，在没有进厂做工前，她也在从事小花苗蜡染手工业，只不过那时候是用工分交换而已。对她而言，她最喜爱的还是小花苗蜡染手工业。她讲："我还是喜欢画自己的民族服装，看去顺眼，又干净。"② 出于对小花苗蜡染手工业的喜爱，也出于对工厂工作制度的不习惯，她选择了重新拾起小花苗蜡染手工业。她讲："不做这个（指小花苗蜡染手工业）很难。你要过日子，农村人就靠搞这个。"③ 可见，她对小花苗蜡染手工业是很重视的，这是她目前家庭收入的重要来源。

二、安顺蜡染艺人的身份管理方式：基于蜡染生涯的分析

通过上文可以看到，安顺蜡染艺人的蜡染生涯是多元而富于变化的。她们都有着各自的生涯轨迹，彼此存在或大或小的轨迹差异。同时，很多艺人的蜡染生涯也跌宕起伏，经历过一次或多次的身份变化。结合前面章节的案例，可以看到，她们的蜡染生涯反映出安顺蜡染艺人身份管理的三种主要方式。

（一）安顺蜡染艺人的身份建构

身份建构是安顺蜡染艺人身份管理的第一项重要内容。亲属、工人、手工业者、企业主等身份意识的形成并不是社会生活单方面的强制性的身份建构过程，蜡染艺人对这些身份的接受与认同同样重要。通过上文的案例不难发现，无论是布依族蜡染艺人，还是小花苗蜡染艺人，都是基于个人的兴趣、生活诉求而主动地去接受新的职业。身份认同是她们主动参与社会互动，接受社会赋予的相应身份的过程与结果。而正如第二章的案例所示，有的布依族蜡染艺人无法接受大抵拱蜡染市场挑剔的消费者审视，这实则是蜡染艺人个体抗拒身份认同的表现，而这直接导致了她们手工业者身份建构的失败。由此可见，蜡染艺人与社会生活的双向互动，才成

① 访谈对象：杨喜英。访谈时间：2016 年 4 月 22 日。访谈地点：安顺市西秀区和尚庄杨喜英家中。

② 同上。

③ 同上。

功地让蜡染艺人形成对各种身份的认同。可以说，身份建构是蜡染艺人身份管理的重要组成部分，也是其他身份管理方式得以发生的前提。

（二）安顺蜡染艺人的身份转型

身份转型是安顺蜡染艺人身份管理的第二项内容。上文案例中，很多蜡染艺人在其蜡染生涯中都经历过身份转型的阶段，即从某种身份向另一种身份转变。面对新的职业选择时，蜡染艺人的身份转型往往要经历内心的挣扎。核桃村十几年前曾有二十余名蜡染工人，但到目前只剩下不到十人。这些放弃画蜡工作的人多数选择了就近务工，从事搬沙、挑土等体力活，也有部分选择外出务工。顾思琴曾讲，村里有一户人家，三口人都在客车东站附近搬沙，每人 150 元/天，一家三口就是 450 元/天，她在字里行间透露着羡慕之意。不过，有些人则在鼓励着她们继续做蜡染工人。星月蜡染公司的杨生富就这样讲：

“有时候，我就说她们不会想。远走不如近爬坡。说实在的，你在外面打工一个月就算赚 4 000 块钱。在外面住房水电要花钱，孩子你也管不了，学习成绩好坏你也管不了，孩子跟别人做坏事你管不了，老人病痛你管不了。我宁可在安顺一个月赚 2 000 块钱，剩下的时间管家，管孩子。背沙的工资一天一结，130 块钱。他们拿完钱就去玩，几个小时钱就花完了。像搬沙这种工作也不是每天都有活，而且每天做你绝对承受不了。”①

一面是重体力劳动高额的回报，另一面是工作与家庭兼顾。各工作的优势与劣势摆在蜡染艺人面前。她们都会在揣度之后，做出自己的决定。顾思琴便有自己的想法。她讲：“在这画画（指做蜡染工人）还是没有在外面背沙赚得多，但我赚的钱还没有买药的钱多（指在外面搬沙会损耗身体，最终看病的钱花费更多）。”② 最终，她还是坚持做蜡染工人，给星月蜡染公司画蜡。不过，其他很多蜡染艺人都经历过身份转型。这种身份转型包含了蜡染艺人对个人职业期望与诉求的综合权衡。杨喜英曾经历从蜡染工人到蜡染手工业者的转变，她讲：“（进厂的话）走哪里都不能走，空时间多了别人还要讲（批评）你，自己做的话自由，想休息就可以休息，想忙想加班就可以多忙一下。”③ 与杨喜英相似，曾经在蜡染总厂工作的杨彩英回忆起当时的情况，她讲：“我就是受不了在工厂被管，我们车间主任不让我一边带娃娃，一边画蜡。每天都要讲（批评）我，后来我受不了就辞职回家了。”④ 对于杨喜英、杨彩英而言，做蜡染工人要受到他人的约束，让她们感觉不自由，最终选择了离开。

① 访谈对象：杨生富。访谈时间：2017 年 4 月 2 日。访谈地点：安顺市西秀区星月蜡染公司。

② 访谈对象：顾思琴。访谈时间：2017 年 4 月 6 日。访谈地点：安顺市西秀区核桃村顾思琴家中。

③ 访谈对象：杨喜英。访谈时间：2017 年 4 月 22 日。访谈地点：安顺市西秀区和尚庄杨喜英家中。

④ 访谈对象：杨彩英。访谈时间：2017 年 4 月 29 日。访谈地点：安顺市文庙。

不只是蜡染手工业者，那些作为企业主的蜡染艺人同样也有很多经历了身份转型。20世纪90年代，安顺蜡染处于萧条时期，大量企业倒闭。这些作为企业主的蜡染艺人不得不思考自己的退路。她们中的一些人选择关闭企业，到其他蜡染企业做蜡染工人，继续以蜡染技艺谋生。杨彩英就是这样一位，她早年在安顺蜡染企业做过蜡染工人，2000年前后曾经办过一个规模较小的蜡染企业，但由于市场销路不好，一年后就倒闭了。随后，她前往广州，在某蜡染公司做蜡染工人。从工人到企业主再到工人，很多蜡染艺人就像杨彩英一样经历着蜡染人生的"过山车"。她们不知道未来还将面临怎样的际遇，但是总会给自己找到一个相对合适的位置。

（三）安顺蜡染艺人的身份转换

身份转换是安顺蜡染艺人身份管理的第三项内容。在安顺蜡染艺人中，有一批人只有一种与蜡染制作相关的身份，如杨文鑫；还有一批人拥有与蜡染制作相关的两种及其以上身份，如韦庆涛。在第二章和第三章中，我们都看到了韦庆涛的身影，她与其他很多蜡染艺人最大的不同就是，她面临着同时处理多种相关身份的问题。正如上文所看到的，她是布依族蜡染手工业领域的佼佼者，其制作的蜡染袖子布片质量上乘，售价昂贵。而面对亲姐姐韦庆珍时，她便把手工业者的身份抛诸脑后，将自己作为韦庆珍的亲妹妹，为自己的外甥媳妇精心准备了婚礼的蜡染盛装。在这里，笔者看到了身份转换对于蜡染艺人的重要性。面对不同的对象，蜡染艺人随时都准备进行身份转换，以符合特定环境下人们对她的身份期待。韦庆涛便做得很好，获得了姐姐和周边亲属的一致赞扬。

与韦庆涛相似，杨可闵也在生活中通过进行身份转换，保证自己生意的顺利运营。2017年，杨可闵在经营大众化蜡染商品手工业的同时，也在制作并销售小花苗蜡染。同为手工业者的职业，但在小花苗族群生活和大众文化中却有着从业规范的细微差别，这也让杨可闵很无奈。她讲："给他们（指小花苗民众）制作蜡染的时候，他们才不管你是不是工艺美术大师，你就是个画蜡染的，画得不合我们家（指小花苗）的规格（规范），他们还要讲。"[①] 小花苗民众和大众消费者对她有着截然不同的职业要求，这迫使杨可闵进行身份转换。因此，在从事小花苗蜡染手工业时，她就会较为严格地按照小花苗的蜡染规范行事。在制作蜡版画时，她则会更加自由地开展蜡染艺术创作，满足大众对蜡染的艺术审美需求。这让她左右逢源，获得了不少客户资源和产品订单。

① 访谈对象：杨可闵。访谈时间：2017年4月23日。访谈地点：安顺市普定县魏旗镇沙戈村杨可闵家中。

第二节　权衡与策略：族群生活中蜡染艺人的造物能动性

本质而言，蜡染艺人都是既有生活诉求，又善于权衡的生活主体。在族群生活的相关身份状态下，她们不仅会根据社会生活环境和个人生活诉求的变化而不断调整自己的身份认同，也会据此制定富于个性的蜡染制作策略。有些时候，蜡染艺人富于个性的造物策略甚至具有改变蜡染集体传统的可能。

一、族群生活中蜡染制作策略的个体差异

在族群生活中，无论是小花苗蜡染艺人，还是布依族蜡染艺人，制作蜡染最主要的目的就是赚钱。这些手工业者既要遵循市场规则，又要伺机谋利，蜡染技艺则成为她们达成目的的工具。虽然族群蜡染的规范已嵌入手工业者的从业守则之中，为她们设定了行动的基本方向。但是，这些手工业者仍然能够根据市场行情、技艺水平和身体状况，制定出符合自身条件的蜡染制作策略，这也导致彼此之间的造物活动出现细微差异。

在族群生活中，各族群的蜡染传统限定了蜡染手工业者的造物范畴。布依族蜡染主要包括蜡染袖子、蜡染褶裙和蜡染红裙，同时还包含少量的头帕等。小花苗蜡染则包括蜡染服装、蜡染背扇和蜡染被窝。但是，选择制作哪种蜡染，完全由蜡染手工业者们自主决定，她们拥有较大的决策空间。布依族蜡染艺人吴德文曾聊起选择制作蜡染褶裙布片而不是蜡染袖子布片的原因：

"她们大部分都是画裙子，画袖子的话要画（的）时间长，而且心要细，要不就画不好。有时候，她们也说：'你画这么好，你去做袖子啊。'我说：'我不行，我心不细。我粗心得很啊，没那个（耐）心。这个（指蜡染褶裙布片）画不好也只是一点点，那个（指蜡染袖子布片）你做不好，就卖不出去。'以前，我也试过画袖子，画得也好啊，但是一点儿也不能失误啊。拿到集市去，人家（要是）说这里不好，那里不好啊，就不好办了。"①

吴德文从自己的技艺水平、产品难度、产品收益等方面综合评价了制作蜡染袖子布片与蜡染褶裙和红裙布片的差异。她虽然也认为制作蜡染袖子布片更加赚钱，但是奈何这项工作要求制作者非常细心，她难以做到。因而，她为了降低风险选择长期制作蜡染褶裙和红裙布片。与吴德文不同，罗德琴从制作蜡染褶裙布片转为制

① 访谈对象：吴德文。访谈时间：2016 年 12 月 7 日。访谈地点：安顺市镇宁县石头寨吴德文家中。

作蜡染袖子布片。她曾经详细地比较了这两种类型产品的差异：

“搞裙子很划不来的，就算卖250~260（元）都划不来的。一周画一条得200多（元），但成本也高。这个布8块/米，4米才能凑一条裙子，要30多块钱的布料。土靛一条裙子肯定要染4~5斤，做不到（那么多），一条也要染，一斤土靛6~7块钱，合20~30多块钱。还有蜡，点散点的蜡就不得了，点一条裙子要用蜡两斤多一点。不过，蜡还相对省一点儿，脱完蜡还可以继续用。算下成本，一条裙子本钱就要70~80块钱。手工不算，算的话成本100多块。袖子好些，用布少，省工。布还好染，一天就能染好，那个裙子起码都要染三四天。”①

罗德琴从生产成本、制作工序等方面比较了制作蜡染袖子布片的优势，也因此选择制作这种产品。对于蜡染艺人而言，蜡染技艺水平越高，技能越丰富，应对各种各样情况时也就越发自如。韦庆涛就提供了一个很好的例子。她最开始制作蜡染的时候学的是蜡染红裙的绘制方法。后来，她需要到镇宁县城陪读，距离石头寨比较远，而蜡染红裙所需的布很多，幅宽又很大，不方便携带。因此，为了方便，她选择改做蜡染袖子布片。从韦庆涛的案例中不难发现，韦庆涛面对生活中出现的新情况，做出了改变制作策略的决定。正是因为她掌握着蜡染袖子的绘制方法，才让这一切成为可能。

对于这些蜡染手工业者而言，这份工作一直是家庭收入的重要来源。可以看到，面对身体情况、家庭需求和市场行情，韦庆涛、罗德琴在坚持蜡染袖子布片的制作，而吴德文虽然也知道这很赚钱，但是因个人原因无法坚持，只能选择蜡染褶裙和红裙布片作为主营产品。对她们而言，这些选择都是为了能够赚到可观的收入。为了达到目标，她们均制定了个性化的制作策略，导致了她们之间的造物活动差异。

二、族群生活中蜡染艺人职业态度的个体差异

事实上，蜡染艺人之间不只是蜡染制作策略存在差异，她们对待族群蜡染手工业的职业态度也存在明显区别。

（一）敢于创新：积极分子的即兴创造

有些蜡染艺人非常敢于创新，她们希望通过制作蜡染尽可能多地获取利润。为此，她们的蜡染造物实践富于变化，一刹那的灵感都会被她们捕捉并转换到蜡染造物实践中，以省时省力，实现收益最大化。以布依族的染色程序为例，2000年以前，布依族的蜡染都是使用土靛染色的，这种染色方法需要自然染色，一块棉布一

① 访谈对象：罗德琴。访谈时间：2016年6月30日。访谈地点：安顺市镇宁县石头寨罗德琴家中。

般需要染 4~5 天的时间才能达到色度要求。后来，不知是哪位艺人从安顺买来了化学染料，并应用在了布依族蜡染的染色上。使用化学染料，几乎让蜡染的染色时间减半。她们画好蜡后，简单晾晒一下，用锅把化学染料加热煮沸，将这些染料泼在画好蜡的棉布上，棉布瞬间就会变蓝。随后，她们再把染好的棉布放入土靛染缸染 2~3 天，就可以达到原来土靛染缸染色一周的效果。这种化学染色方法不仅提高了工作效率，还大幅降低了土靛使用量，节省了成本。虽然笔者未找到最早使用化学染料染色的布依族蜡染艺人，但是可以相信，她最初使用化学染料的目的就是降低成本，提高工作效率。这种即兴的蜡染造物实践非但没有被布依族民众拒绝，反而因为产出的蜡染价钱低而受到欢迎。这也让大批蜡染艺人纷纷效仿，最终成为布依族蜡染的新传统。

除了染色方法和图案，这些积极的蜡染手工业者们在工具上也进行了创新。2016 年 11 月，笔者在石头寨蜡染一条街上见到了吴德文，她的手中拿着一件特殊的蜡染工具，是用来给蜡染褶裙点散点纹的模具。平日里，笔者看到蜡染艺人手中的工具都是单孔构造，每次点散点纹时都是蘸一次蜡，点一次，一般要工作一天才能点完两条蜡染褶裙的散点纹。这个工具却完全不同，它将四个孔绑到一起，每蘸一次蜡可以点 4 个点，工作效率提高了 4 倍，2~3 个小时便能够完成工作。这个工具并不是专业蜡刀师傅创造的，而是由她丈夫在家里自己做的。临走的时候，她还告诉笔者不要告诉村子里的其他人。从吴德文对生产工具的改造可以看到，如她一类的族群蜡染手工业者积极的职业态度。她们很多时候都在思考如何能够节约劳力和时间成本，并在材料工具、蜡染图案、染色技术等方面做出了一些即兴的创造，以求获取更多的利润。

（二）墨守成规：中庸者的随波逐流

与这些敢于创新的蜡染手工业者相比，另一些手工业者则习惯于墨守成规。她们虽然也想赚取收益，但是绝不先做或者绝不做超出常规的事情。她们只求自己制作出合乎规范的蜡染商品，并且能够卖出去获取一些收益，因而也就日复一日地重复着传统的蜡染造物实践。杨喜英便是一个习惯于墨守成规的人。她讲："蜡染的颜色要染得黑、不褪色，线条也要讲究，棉布也要好的，那些花画得不好（他们）也要挑，滴蜡也不行。碰到不喜欢的（产品），他们价钱都不还。"[①] 面对小花苗消费者的挑剔眼光，她在制作蜡染时特别注意她的产品是否合乎规范。在小花苗蜡染市场上，如果用小花苗消费者的眼光去品评她们的蜡染商品会发现，其中有一些蜡染服装和背扇做工很粗糙。尤其是蜡染背扇，由于背扇的线条是有弧度的，很多手工业

① 访谈对象：杨喜英。访谈时间：2017 年 4 月 22 日。访谈地点：安顺市西秀区和尚庄杨喜英家中。

者为了追求速度，经常把线条拉偏，甚至几条平行的线条都会相交。这对于懂行的小花苗消费者而言是质量低劣的表现，只有一些人贪图小便宜才会购买。杨喜英担心画的质量不好没有人买，因此比较注重质量，一般情况下一周只能做四件背扇。

但是，这些墨守成规的蜡染艺人在那些敢于创新的手工业者创新并取得成功后，也往往起到推波助澜的作用。韦庆涛曾创新了蜡染图案，受到布依族民众的认可和喜爱。随后，扁担山制作蜡染袖子布片的手工业者们纷纷登门拜访，向韦庆涛学习新图案的绘制经验。客观而言，如果没有这些效仿的人，韦庆涛创新的蜡染图案也就不会成为布依族蜡染的新传统了。再以化学染料染色为例，最开始从事化学染料染色的手工业者只是开创者。在其受到消费者的青睐之后，这些墨守成规的手工业者也纷纷效仿，这才真正使化学染料染色成为布依族蜡染规范的新传统。可以说，无论是化学染色，或是蜡染新图案，最初都只是由一些敢于创新的手工业者率先使用。在得到消费者广泛认可后，通过这些深谙中庸之道的手工业者学习和传播，最终才成为布依族和小花苗蜡染技艺的新传统。

第三节　知识与造物：大众文化中蜡染艺人的造物能动性

在大众文化领域，蜡染艺人将蜡染工艺品、蜡染服饰送入了千家万户，美化了大众的日常生活，满足了大众的日常审美需要。虽然就职业而言，蜡染艺人在大众文化领域主要有工人、企业主、手工业者三种职业选择，每一种职业都有其总体的造物特征，但是蜡染艺人在各自的造物活动上也往往存在个性差别。除蜡染工人外，作为手工业者和企业主的蜡染艺人运用自己所掌握的知识开展了丰富的蜡染商品设计与造物实践，在此期间也会因为各自知识背景的不同而出现产品设计与制作上的个体差异。

一、蜡染艺人的人生经历与知识背景差异

蜡染艺人的人生经历各不相同，她们所具备的知识背景也因此有所不同。杨岚、王玉英的经历已经在前文介绍过，她们都自幼在母亲的指导下学习蜡染技艺，随后进入杨金秀的蜡染厂做工，在经过长期磨炼后自己开办了蜡染企业。对于她们而言，从蜡染工人向蜡染企业主的职业转变构成了她们蜡染生涯的主要轨迹，她们在这期间学习和掌握的都是小花苗的蜡染技艺。目前，二人主营的蜡染商品也都体现出鲜明的小花苗蜡染特色。杨岚的星月蜡染公司以蜡染包为主营业务，主要使用

的是小花苗的传统图案。王玉英的产品主要包括蜡版画、蜡染壁挂、蜡染桌布、蜡染窗帘，使用的图案也以小花苗的传统图案为主。

在受访的蜡染艺人之中，杨彩英的蜡染生涯较为复杂，所获取的知识也更为多元。杨彩英是小花苗蜡染艺人，她回忆了自己的蜡染生涯：

“我十五六岁的时候就画这个蜡染，1983 年进民族蜡染厂，画一些壁挂、段布和大花布，平时基本是 30~40 元/月。那时候，我们都用大蜡刀画，画得比较粗糙。我们懂这个，老板经常带我们去北京、深圳表演。厂里面是计件，5 毛钱画 1 米布，1 匹布有 21 米，一共能赚 10.5 元钱。可是，那个主任总是和我过不去，后来我就回到家。在家有人来请就画蜡染，没人来就做农活或者卖菜。后来，来家里买的人多，就一直坚持做这个（小花苗蜡染手工业）。我家做的就是服装和背扇，深蓝色的是我们民族比较喜欢的，卖得比较多。后来做时间长了，有时有些老板也来文庙看，有一些老板就喜欢我画的蜡染，给我留了名片，说以后有货可以卖给他们。2001 年左右，我想有这些老板支持生意，就自己办了一个小企业。那时候家里钱也不多，就是我老公送货，我在家里做。像包包这些走量的（产品），我也没请人在这里画，都是我做好了版，让她们来家（里）领了棉布去画，然后我老公就发货到桂林、柳州、广州那边。后来，（生意）不景气，我的企业也关了。我去广东待了几年，有时候待半年，有时候待 3 个月，那边香港的老板有货就来请我去画。货少的时候我和另外一个姨妈自己去，货多我就带着儿媳妇去。后来，我还是回来了，毕竟不是长久的事情。回来后我就一直做这个（小花苗蜡染手工业）了。”①

从杨彩英的蜡染经历可以看到，她年少时就学会了小花苗蜡染，随后就进入蜡染厂做工，但是不堪忍受工厂主任的严苛管理，选择回家继续从事小花苗蜡染手工业，随后又因为获得了可观的客源而转行办起了小型蜡染企业，成为企业主。企业倒闭后，她又去广州做蜡染工人，几年后又回到安顺继续从事小花苗蜡染手工业（图 4-2：杨彩英在花鸟市场销售蜡染）。可以说，杨彩英的蜡染生涯起起伏伏，蜡染造物实践随着职业的转变发生了多次变化，对小花苗蜡染和大众化蜡染商品都有触及，在此过程中也积累了多元的蜡染制作知识。与杨彩英相似，王桂英的经历也同样复杂，掌握的知识也较为多元，她回忆起自己的蜡染经历：

① 访谈对象：杨彩英。访谈时间：2017 年 4 月 29 日。访谈地点：安顺市文庙。

图 4-2 杨彩英在花鸟市场销售蜡染

“我是 1970 年出生的，学蜡染的时候才刚上学，也就七八岁吧。我妈妈是张坪人，周围的人都知道她，主要画我们民族的被面、背扇、服装，很多人都来请她画。我一边读书一边画，主要是学苗族传统的蜡染技艺。当时我主要是画衣服自己穿。学画学到十五六岁的时候，我才能自己设计图案。初中毕业以后，我就到了民政蜡染厂。我姨妈和杨金秀一届的，也会画蜡染，当时民政蜡染厂请她去，所以我们才去了民政蜡染厂。民政蜡染厂里有人设计图案，我们只负责画。那里用的不是我们家（指苗族）细的蜡刀，是很大的那种。18 岁时，我去了贵阳艺术专科学校，就在花果园那里，那里面有个蜡染研究所。我姨妈先去，回来说要招我们年纪小的去，我们就去了，待了五六年才回来的。那些大学老师、学生设计的东西，需要我们用蜡画出来，都是大幅大幅的画，都是用化工原料去染。我做到 1993 年因为结婚就回到了安顺。1995 年生完小孩以后，带到上幼儿园（后）就一直到洪福远家画，做了将近 20 年。我属于技术最高的，一般给我画风景画、蜡版画，稍微细致一点的都给我。在他家很自由，因为是计件嘛，最低 8 个小时的工作时间，一个月 3 000~4 000 块工资。业余的时候我自己画蜡版画，也放在他家卖，合计能（赚）7 000~8 000 元/月。（20）13 年，我决定自己出来单干，在工商局注册了一个企业，不过平时都是我们几个一起在我家里做。我们什么都能做，我们也会做我们家（小花苗）的蜡染，蜡版画也是我们几个做得最好，生意是不愁的，就是累。”①

杨可闵与王桂英的经历相似，她也经历了从小学习小花苗蜡染技艺，后来长期做蜡染工人，随后独立从事蜡染手工业的过程。对于她而言，自幼学习小花苗蜡染

① 访谈对象：王桂英。访谈时间：2017 年 4 月 21 日。访谈地点：安顺市开发区蓬赛斯王桂英家中。

和在蜡染厂做工的经历，让她积累了多元的蜡染知识和制作技术，让她得以在大众文化和族群生活之间协调，随心所欲地制作蜡染。

与杨彩英不同，王玉婷从未做过蜡染工人，她走出了属于自己的蜡染道路。王玉婷生于安顺西秀区蔡官镇梅家庄，是安顺大众化蜡染商品领域的后起之秀。与其他小花苗蜡染艺人不同，她于 2005 年就读于安顺学院艺术学院，接受了系统的美术专业训练。大学期间，王玉婷跟随梅家庄的老人学习了小花苗蜡染技艺，自此开启了她的蜡染生涯。当时，王玉婷就参加了贵州省、安顺市和西秀区等各个层次的手工技艺比赛，获得了"开磷杯"多彩贵州旅游工艺品两赛一会能工巧匠选拔大赛"西秀十大名匠"称号、多彩贵州"广基杯"旅游工艺品能工巧匠选拔大赛"黔中名匠"三等奖、多彩贵州旅游工艺品设计大赛西秀赛区一等奖等多个奖项。毕业后，王玉婷在安顺九小任美术老师。2012 年，她又再次回到大学深造，考取贵州民族大学美术学硕士研究生，继续接受美术专业训练。硕士毕业后，她回到安顺开办了婷婷蜡染艺术工坊。最初，她也只是个体经营，后来随着客源的增多，她扩大了自己的蜡染生产规模，开办了蜡染艺术发展有限公司。王玉婷的蜡染生涯是在专业美术学习基础上展开的。她通过将小花苗蜡染与美术学理论方法结合，创作出形式非常多样的作品，既有小花苗风格的图案，也有经过艺术加工、融入美学创意的图案，创造了不少蜡染商品并获得了很多奖项，这成为她开办企业的资本。

从以上几位蜡染艺人的人生经历可以看到，蜡染艺人的人生经历是富于个性的，与之相应的，她们的知识构成存在鲜明的个体差异。王玉婷兼具美术学知识和小花苗蜡染技艺。杨岚、王玉英、王桂英与杨彩英也都有涉足大众化蜡染商品制作的经历，不过与王玉婷不同的是，她们大多是以蜡染工人的身份参与大众化蜡染商品制作，缺乏专业艺术知识的支持。这种知识背景的差异造成了她们在大众化蜡染商品制作中的个体差异。

二、大众化蜡染商品制作风格的个体差异

在大众商品化早期，安顺的大众化蜡染商品就已经表现出族群蜡染与艺术蜡染两种制作风格。20 世纪 60 年代，安顺蜡染总厂为了能够迅速完成订单，其产品就是在小花苗蜡染的基础上运用设计学知识完成的。可以说，最早的产品便是民族风格与设计艺术的结合。在随后的发展中，大众化蜡染商品逐渐形成了民族风与艺术风两种风格。洪福远作为当时安顺蜡染总厂的总设计师，既设计了一些安顺少数民族风格的产品，又设计了一些油画、国画风格的产品。这种民族风与艺术风的风格分野为如今安顺大众化蜡染商品的风格分类奠定了基调。目前，王翀、徐波、洪惊涛等人主要运用国画、油画等艺术形式设计艺术化的蜡染商品，而以杨岚、王玉英

等人为代表的小花苗蜡染艺人则主要制作具有小花苗特色的民族蜡染商品。王玉婷则兼具美术学理论方法和小花苗蜡染技艺，她的产品风格趋于多样化。

当前，蜡染艺人也并非都可以灵活驾驭民族风和艺术风的蜡染商品制作。以杨岚为例，她从小在核桃村长大，并未接受过系统的学校艺术教育，所掌握的蜡染技艺一方面源于母亲的传授，也即小花苗的蜡染技艺，另一方面源于进入杨金秀的蜡染厂后接受的大众化蜡染培训，也以小花苗传统图案为主。至今，杨岚也未曾接受过专业的艺术教育。因此，杨岚设计产品时主要以小花苗的传统图案为主。

伍进芬与杨岚有很多相似之处，她儿时接受了韦庆涛的指导，掌握了纯熟的布依族蜡染技艺，蜡染红裙、蜡染褶裙、蜡染袖子的布片绘制都信手拈来。14 岁到北京的蜡染厂工作后，她又进一步掌握了大众化蜡染商品的制作技艺，但作为蜡染工人，缺少自主设计创新能力。与杨岚一样，她并没有接受系统的艺术专业训练。因而，她制作的蜡染商品也主要以布依族传统的蜡染图案为主。她讲："我一方面要想我们民族的图案怎么设计，（另一方面）还要想一下客人们生活里都需要什么，平时用得多的才行。"① 总之，对伍进芬而言，她产品设计的灵感仍然主要来源于布依族传统图案，其产品诸如抱枕、钱包、床单等都表现出鲜明的布依族民族风格，她很少运用美术或设计艺术的专业技巧。

杨凤彩的案例也能够体现出民族风格与艺术风格的差别。杨凤彩曾经与洪福远一起合作，创作了一幅作品。她现在都可以清楚地分清作品中哪些是她画的，哪些是洪福远画的。

"洪福远是老艺术生，他的几何图是自己的，但是他不懂民间的，这是两个派。我画的是苗龙，但是他画的就不是苗龙，他的是几何图形。安顺也没有人能设计出来他的几何图。像这幅苗龙，洪老师就会在里面画上鱼鳞，但是我们就会画上我们民间的东西了。"②

苗龙是小花苗蜡染独有的绘画风格，这是杨凤彩所擅长的。而几何图形代表着艺术化的设计手法，是洪福远所擅长的。苗龙与几何图形的差别正是民族风与艺术风差异的集中体现。杨凤彩由于没有接受专业艺术教育，对于几何图形的内在原理和构图技巧并不理解，这也导致她只能以小花苗传统蜡染技艺作为主要的制作手段。

与伍进芬和杨凤彩不同，王玉婷既接受了系统的美术学教育，又掌握了小花苗蜡染技艺，目前已经能够综合运用小花苗传统图案和美术学专业知识进行产品设计了。对她而言，小花苗蜡染图案与美术学理论方法是都是非常重要的。尤其是美术

① 访谈对象：伍进芬。访谈时间：2016 年 12 月 3 日。访谈地点：安顺市镇宁县凹子寨伍进芬家中。

② 访谈对象：杨凤彩。访谈时间：2017 年 4 月 8 日。访谈地点：安顺市西秀区核桃村杨凤彩家中。

学方法，已经成为她设计大众化蜡染商品的重要手段。2017 年 7 月，王颖创作了一幅“生意兴隆”的蜡染挂画，王玉婷认为，几个大字非常霸气，不过有点头重脚轻，下面花边可以再加一点儿纹样，不要花，以线条排列为主，增加整张构图的厚重感。这在一定程度上凸显出王玉婷的美术专业知识背景。她将美术学理论与方法作为评判大众化蜡染商品的重要出发点，并将其作为设计大众化蜡染商品的重要手段。王玉婷在构图上尤其注重美术学意义上的美感。她曾经创作过一幅蜡染图案，这幅图案的主体是苗族风格的凤凰。她在凤尾部分使用树叶有规则地排列组合，体现凤尾的立体美感。这种手法都是小花苗蜡染没有的。

此外，还有一些蜡染艺人，她们的产品风格没有办法以民族风或艺术风来定义，如韦庆珍和王颖。正如上文看到的，韦庆珍产品设计的灵感来源于游客，游客向她提出的建议都可能成为她下一步创作的来源，而产品的图案也多来源于她日常生活捕捉到的各种图像。无论是在电视节目，还是在石头寨生活中观察到的图像，都可能成为她产品图案的灵感来源。她既没有完全根据布依族的传统图案进行创作，也没有运用美术学理论与方法，生活经验就是她创作的依据，而且随着生活经验的积累，她的产品设计类型也越来越丰富。王颖同样如此，虽然她创作的产品大部分都源于小花苗风格的花鸟鱼虫图案，但是有时候她设计的产品也超出了小花苗的图案范畴。她制作的蜡染包所使用的部分图案就是十二生肖的图案，图案经过她自己的思考而得以创新表达。可以说，生活经验同样是她创作产品的灵感来源，她的创作手法也同样不拘一格。

第四节　双面人生：游走于族群生活和大众文化的蜡染艺人及其能动性

通过蜡染艺人的生命历程可以看到，如韦庆珍、杨喜英、杨凤彩等蜡染艺人都有本族群蜡染和大众化蜡染商品制作的经历。对于她们而言，族群蜡染技艺和大众化蜡染商品制作技艺都是她们赖以谋生的工具，游走于族群生活和大众文化是对她们的蜡染生涯最为恰当的评价。而她们也在长期的蜡染造物实践中发挥着能动性，促进了两个文化世界的对话。

一、两种蜡染文化交织的蜡染生涯

蜡染艺人的生命历程因为对两种蜡染文化的参与而更加丰富多彩。2017年，由杨可闵、杨凤彩、王桂英、王婉珍四位蜡染艺人共同组成了蒙多彩蜡染公司。她们都是游走于族群生活和大众文化之间的蜡染艺人。她们既制作小花苗传统蜡染服饰和背扇，也制作深受大众消费者喜爱的蜡版画和蜡画。杨可闵生于蔡官镇梅家庄，她这样回忆她的蜡染经历：

“以前在农村，我们读不（进）去书，不喜欢读，八九岁就去杨金秀家玩，跟着在一旁慢慢学（蜡染），主要是画我们民族的服装、背扇，我会画了以后就是自己画自己家用的（蜡染）。后来杨金秀去贵阳办企业，我就和她去贵阳，我那个时候才16岁。最开始画的时候，我一个月的工资70~80元，高的时候100多元/月。1992年，我回来结婚，杨老师家搬去北京，我就在安顺蜡染总厂继续画了一年。我去的时候就是精品车间，画包装安酒的帕子，后来厂里知道我们画蜡版画，就叫我去展厅画。有小孩之后我就不做了，后来我还在王翀、洪老师这几家画过，最后去徐波家画了好几年。洪老师家是最好的，画他家自己设计的桌布、推刀比较多，结合我们这边苗族的图案和黔东南苗族的图案。不过，在他家的时间不长。大概2002年的时候，我在徐波那里做，徐波那里做的推刀也多，画精品的也多。后来，我觉得跟着别人干也没什么意思，家里离厂比较远，一做就是一天。为了回家照顾孩子，我就自己出来做了。”①

杨可闵的蜡染经历是非常丰富的，自幼学习小花苗蜡染技艺，随后在杨金秀、洪福远、徐波等人的公司中做蜡染工人多年，之后又从事大众化蜡染手工业。可以说，围绕蜡染，杨可闵的职业发生过多次转变。2006年开始，她与她的姐妹们一方面在制作小花苗的蜡染服装、背扇，另一方面又在为贵阳和安顺的客户绘制蜡版画等价值不菲的大众化蜡染商品。

杨凤彩是杨金秀的二儿媳妇，与杨可闵不同，她最开始学习的便是大众化蜡染商品的制作技艺。17岁时，杨凤彩在一次偶然的机会中来到了杨金秀在贵阳开办的蜡染厂。杨金秀非常喜欢她，让她来蜡染厂工作。正是这样的机缘巧合，她开始了蜡染生涯。杨金秀对她和杨可闵宠爱有加，经常手把手地教她们制作蜡染。也正是这个原因，杨凤彩具有非常好的蜡染功底。在蜡染厂工作期间，杨凤彩主要从事的还是大众化蜡染商品，如段布、手提包、桌布等产品的画蜡工作。后来，杨凤彩与杨金秀的二儿子成婚，并跟随杨金秀到北京发展。2004年，杨凤彩一家搬回了安

① 访谈对象：杨可闵。访谈时间：2017年4月23日。访谈地点：安顺市普定县魏旗镇沙戈村杨可闵家中。

顺。回到安顺后，杨凤彩继续从事蜡版画的制作。多年跟随杨金秀学习的经历让她的小花苗蜡染技艺炉火纯青。她虽然在使用蜡刀的水准上不如杨可闵，但是在蜡版画的构图与设计上具有优势。现在，她日常主要制作的蜡染商品就是蜡版画，不过也同时制作小花苗蜡染服装。

这两位蜡染艺人具有一个共同点，她们可以自由地在大众化蜡染商品和族群蜡染之间切换。她们都拥有非常好的蜡刀功底，对于蜡温的把握很精准。她们分析了小花苗蜡染技法存在的问题后发现，小花苗蜡染手工业者都是用蜡刀拉线条的，这样做效率较高，但是线条很容易不规整。因此，她们选择追求质量，降低速度，使用推刀的方法绘制蜡染。这使她们的小花苗蜡染技艺得到了小花苗民众的认可。她们的声誉在小花苗民众中口耳相传，经常会有小花苗民众向她们定制小花苗蜡染服装。不过，正如杨可闵所言，在小花苗民众眼里，她也就只是一个蜡染画得比较好的艺人而已，仍然要按小花苗蜡染的规范制作。但是，在给贵阳和安顺的一些客户做蜡版画的时候，她们的造物实践就表现出明显的不同。首先，在原料使用上，她们选用的布与制作小花苗蜡染的布完全不同。由于蜡版画更加注重线条的精细度，只有更加细密的府绸才能够保证线条的精细度。2017 年 4 月，安顺市能工巧匠大赛期间，杨凤彩由于之前制作蜡版画，将留存的府绸全部使用了，无奈选择了较为粗糙的棉布。赛后，她对此表示遗憾。她讲：“这个棉布不行，我们把好布都用完了，只能用这个布应急了。这也还是我们几个（能手）画成这样，其他人用这个根本画不成这个样。”[①] 字里行间，杨凤彩表达了对棉布质量的不满，也说明了蜡版画和小花苗传统蜡染在原料上的差异。其次，在制作工序上，蜡版画与小花苗蜡染也有一定的区别。蜡版画注重构图，图案错综复杂，看上去既像鱼，又像鸟，整体上又像石榴花，构图上的奇妙是蜡版画享有美誉的重要原因。虽然小花苗蜡染也有这样的神韵，但是其图案的复杂性是难以与之媲美的。由于下刀之后蜡版画框架就难以修改，只有提前设计好图样才能够尽量减少失误。因此，她们在画蜡之前都要用铅笔先绘制出基本的图案，再按照图样在府绸上画蜡。这与小花苗蜡染有重要的区别，她们在做小花苗蜡染的时候从来不用提前描图，可以根据自己的想象信手拈来。此外，她们创作的蜡版画无须进行染色，画完蜡后就是成品。为了让作品更加精致，她们在制作完蜡版画成品后大多都会装裱起来。最后，在制作细节上，她们根据蜡版画的色彩要求，对蜡温有着复杂的控制方法。在她们的控制下，蜡在不同的温度下会呈现出不同的色度，让蜡版画呈现出不同色调，富有层次感。这与小花苗蜡染对蜡温相对单一的要求有明显不同。

① 访谈对象：杨凤彩。访谈时间：2017 年 4 月 7 日。访谈地点：安顺市能工巧匠大赛现场。

可以看到，她们制作小花苗蜡染时和制作蜡版画时在原料使用、制作工序和制作细节上都存在明显的区别。对于她们而言，制作蜡染的目的就是赚钱养家，但小花苗蜡染手工业与大众化蜡染手工业是存在微妙差异的两个职业。两个职业的背后是两种不同的行为规范，她们也以此为依据开展了差异化的蜡染造物实践。

二、以蜡染艺人为媒：两种文化世界的蜡染交流

在安顺大众化蜡染商品的发展中，不能忽视布依族和小花苗蜡染的影响力。大众商品化伊始，布依族和小花苗蜡染文化就已经参与其中，而重要的媒介便是这些蜡染艺人。她们为了家庭的生计，加入了大众化蜡染商品制作的队伍，把本族群的蜡染技艺应用到蜡染商品的制作中，使安顺相当一部分的大众化蜡染商品都烙印上小花苗和布依族蜡染的印记。

目前，布依族的涡纹、狗牙纹、散点纹等都已经运用到大众化蜡染商品之中。这些商品主要是伍进芬在持续探索。伍进芬在1995年结婚之后便一直在凹子寨家中从事布依族蜡染手工业。2013年，一次经历改变了她的职业生涯。当时，北京顺福楼老板来到了伍进芬家中，请她到饭店里主持一个手工艺体验项目。当年5月，伍进芬便和老板去了北京，在那里给孩子们展示布依族的织布和蜡染工艺。令她没想到的是，这引起了媒体的注意，中央电视台曾到店里来采访她。通过这件事，她发现北京大部分民众已经不熟悉织布和织布机了。这让她既感到手艺面临失传的危机，也感觉到商机的出现。当年8月，她就回到了凹子寨，在家中两台老织布机的基础上，新制造了5台织布机，开始在布依族旅游工艺品方面进行探索。在此期间，她也着手对大众化蜡染商品进行探索。每次大抵拱赶场的时候，她都会去蜡染市场与蜡染艺人交流。她讲："我是想在布依族老手艺里寻找点儿灵感。"[①] 她每次都在很多摊位前驻足，偶尔还带着日本、荷兰的设计师在蜡染市场参观。对她而言，她心仪的大众化蜡染商品就是要有布依族蜡染文化色彩的。事实上，伍进芬也设计出了一系列具有布依族风格的蜡染商品。她曾经制作过一对蜡染抱枕，抱枕的外层棉布都是她绘制的，绘制的内容就是布依族蜡染的传统涡纹图案。她将涡纹放大多倍，绘制在了棉布上。同时，她根据大众消费者的审美特点，将布依族崇尚的黑红色调整为浅蓝色，并将其作为抱枕的主体颜色。这对产品受到了一位加拿大商人的青睐，他花费1 700元买走了其中一个。某天，笔者去伍进芬家做客时，看到她正在染几条布依族的蜡染褶裙布片。仔细看才发现，这是一件大众化蜡染商品，她将布依族褶裙的蜡染图案颠倒过来使用，并没有将蜡染布捏成褶裙，而是在裙子底部

---

① 访谈对象：伍进芬。访谈时间：2016年7月2日。访谈地点：安顺市镇宁县凹子寨伍进芬家中。

做了流苏式的设计。她讲:“这是一位女老板从她那里定做的，她就根据女老板的想法进行了这样的设计。”[①]2017 年 4 月，伍进芬研发了一套全新的蜡染床单，床单的主体部分全部是由布依族的万字纹图案排列而成。另有一件床单满满地绘制了布依族传统的涡纹图案，背景色也是由白至蓝的渐变色。她为了完成这幅作品耗费了四个半月的时间。功夫不负有心人，她后来为这件产品申请了产品设计专利证书，并将其定价 1 万元。可以发现，伍进芬的蜡染商品设计灵感主要来自布依族蜡染的图案。她或者拼接，或者截取，或者转换图案的视角，将布依族的蜡染图案成功运用到了大众化蜡染商品的设计之中。此外，她还针对大众消费者的喜好，对产品的实用性、色彩等方面都做了创新，实现布依族蜡染图案与蜡染商品更加有效地结合。

相比于布依族蜡染，小花苗蜡染技艺在大众化蜡染商品中的使用更为频繁。20 世纪 60 年代开始，小花苗蜡染的图案就已经是大众化蜡染商品的基础图案。至今，小花苗蜡染的风格依然在安顺大众化蜡染商品中占据重要地位。

以蜡染手提包为例，杨岚在制版时设计的图案主要是蝴蝶、石榴花、鱼等小花苗蜡染传统图案。除了蜡染手提包，还有很多商品都与小花苗蜡染存在着紧密的联系。据杨岚和杨凤彩介绍，蜡版画的创造者是杨金秀，她在 20 世纪 80 年代经过安顺市政府和蜡染总厂的推荐，去加拿大参展。那时，杨金秀在现场制作时，外国人问她制作蜡染的流程。杨金秀就对这位客人讲:“画完蜡之后，要进行染色、脱蜡和漂洗。”这位客人说:“你这样做太可惜了，不要染。”杨金秀受此启发，研发了无需染色的蜡版画。究其实质，蜡版画就是没有进行染色的小花苗蜡染半成品。经过这位客人和杨金秀的对话交流而诞生的这个半成品后来成了蜚声海外的蜡染精品，进入了发展的快车道。就制作技艺而言，蜡版画运用的是小花苗蜡染技艺，但是在构图上更加精致。似鱼非鱼，似鸟非鸟的更为复杂的构图设计让它区别于小花苗传统蜡染（图 4-3：王桂英的蜡版画作品）。但不可否认，蜡版画脱胎于小花苗的蜡染，是族群蜡染对大众化蜡染商品产生影响的典型案例。

与此同时，大众化蜡染商品制作技艺也通过蜡染艺人的跨界实践成功地影响了布依族和小花苗的蜡染传统。小花苗现在的多彩蜡染便受到了大众化蜡染商品制作技艺的影响。传统的小花苗蜡染以蓝底白蜡为主要色彩构成，不过也有少量的蜡染是彩色的。杨喜英曾对笔者讲:“以前我们开始画的时候都是自己用，没有现在用得好，没有彩色的。有那种土方法染的彩色（蜡染），但很少，要请人来做，去山上找树的叶子、开的花煮来做颜色。”[②] 以前，获取彩色颜料是一件很困难的事情，这也导致小花苗的彩色蜡染较为稀少，且色彩不是非常鲜艳。核桃村妇联主任杨兴琼

① 访谈对象：伍进芬。访谈时间：2016 年 12 月 3 日。访谈地点：安顺市镇宁县凹子寨伍进芬家中。

② 访谈对象：杨喜英。访谈时间：2017 年 4 月 22 日。访谈地点：安顺市西秀区和尚庄杨喜英家中。

家还保留着一件彩色蜡染裙，这是她母亲出嫁时穿的新娘装。裙子周边点缀有红色和黄色的蜡染图案，不过颜色都稍显暗淡。

然而，近年来，小花苗的彩色蜡染盛行（图 4-4：花鸟市场销售的小花苗彩色蜡染）。笔者在黑石头花鸟市场的蜡染市场看到，很多摊位都在销售彩色蜡染背扇或者服装，而且在色彩上比之前的彩色蜡染更加鲜艳。经过调查发现，现在小花苗的彩色蜡染正源于大众化蜡染商品制作技艺。20 世纪 70 年代，安顺出现的国画风格的蜡染商品大多需要使用多种颜料。后来，杨可闵在洪福远家做工时学会了颜色的调配和使用方法。在离开蜡染厂从事小花苗蜡染手工业之后，她将化学颜料运用到了小花苗蜡染的制作之中。她在用蜡刀画完线条之后，将调配好的颜料涂抹于特定区域，然后对涂完颜料的地方进行封蜡，随后进行染色、脱蜡。在脱蜡之后，各种彩色颜料得以保留。与杨可闵相似，杨彩英等小花苗蜡染手工业者，也在做蜡染工人期间掌握了颜料的调配和使用方法，并在转行做小花苗蜡染手工业者后将其运用到小花苗蜡染的制作之中。这对小花苗蜡染而言，是一个不小的创新，它改进了小花苗彩色蜡染的色度，使之更加鲜艳夺目。这种彩色蜡染经过十余年的传播，已经为大多数的小花苗蜡染艺人习得，成为小花苗蜡染的新传统。

图 4-3　王桂英的蜡版画作品

图 4-4　花鸟市场销售的小花苗彩色蜡染

综上所述，以蜡染艺人为媒介，各族群的蜡染技艺与大众化蜡染商品制作技艺正进行着越来越多的互动与交流。在此过程中，两种蜡染都悄悄地发生着工艺文化的变迁。

小　结

本章呈现了一个个鲜活的蜡染艺人形象。在族群生活中，布依族和小花苗女性因为受到所处时代背景、家庭生活、个人技艺、区位条件等因素的影响，而与蜡染结下了不解之缘。每一位女性的蜡染生涯都是独特的，她们根据自己的生活诉求、技艺能力规划自己的职业生涯，对自己的身份认同进行有效的管理。与此同时，她们因为受到个人的技艺水平、身体情况、家庭需求等因素的影响，对同样的职业持有不同的态度，在同样的职业状态下采取了不同的蜡染制作策略，表现出鲜明的个体差异。也正是在敢于创新的蜡染艺人的引领下，相对中庸的蜡染艺人通过大规模效仿，引发了族群蜡染传统的变迁。

在大众文化中，蜡染艺人以蜡染技艺为手段，同样书写了属于自己的蜡染生涯。她们或者一直在给企业做蜡染工，或者在蜡染生涯中经历了多次的职业转变。正如文中所呈现的，除了蜡染工人要接受企业主的管理而造物实践较为单一，作为企业主和手工业者的蜡染艺人都开展了较为个性化的蜡染造物实践。她们因为自身所持蜡染知识和技艺能力的不同，在蜡染的设计与造物实践中同样表现出了鲜明的个体差异。

这种个体差异揭示了蜡染艺人在造物活动中的能动性。这种能动性激发了蜡染艺人在特定身份状态下对个人行动与选择的主动筹谋，带来了个体生命历程的不确定性。同时，它也使程式化的蜡染造物模式在实践中表现出强烈的个性色彩，散发出夺目的光辉，甚至推动了蜡染技艺的整体变迁。

第五章　安顺蜡染艺人的造物逻辑：一个解释框架

本章将在前文叙述的基础上，充分整合霍兰德的身份与行动理论、斯威德勒的文化工具箱理论，详细解读安顺蜡染艺人的身份认同及其内在机理，进而从蜡染艺人的身份管理、造物实践和集体转化三个层面归纳阐释安顺蜡染艺人的造物逻辑，以形构安顺蜡染艺人造物逻辑的解释框架。

第一节　解释安顺蜡染艺人造物逻辑的理论基础及其整合

霍兰德的身份与行动理论对安顺蜡染艺人的造物活动问题具有一定的解释效力。无论是蜡染艺人的身份管理，还是蜡染艺人的造物实践，霍兰德都在总体上提供了较为合理的解释框架。不过，霍兰德在行动的文化工具选择、个体行动的集体转化机制方面并未做进一步阐释。因而，笔者引入斯威德勒的文化工具箱理论对霍兰德的身份与行动理论进行补充完善。在此基础上，笔者融入集体行动理念，从而从总体上形构安顺蜡染艺人造物逻辑的解释框架。

一、霍兰德的身份与行动理论对安顺蜡染造物逻辑的解释效力

霍兰德的身份与行动理论为解释安顺蜡染艺人的造物逻辑提供了基本的理论框架，正如前文的分析所反映的，霍兰德的身份与行动理论在身份建构、身份协商、行动的稳定性机制和启发性机制等方面具有解释效力。

首先，在身份建构层面，霍兰德综合运用维果茨基和巴赫金的理论遗产，建构了一个内外结合、结构性与能动性互融的身份建构机制。维果茨基的中介理论、内

化理论在霍兰德那里成为理解身份建构过程的基础，它们的理论路径类似于伯格和卢克曼在《现实的社会建构：知识社会学论纲》中提出的知识的内在化与外在化的机制，将个体的身份建构过程与外在的社会活动建立起了有效的连接，让个体的身份建构变得可知可感。巴赫金的杂语性分析则在霍兰德那里转化为身份的内在会话，直指个人在身份建构过程中的主体性。霍兰德在身份建构方面对维果茨基与巴赫金理论的创造性使用，既建立起社会生活对个体身份认知的结构性限制，又在此前提下赋予了个体在身份建构中的主体性。

这在安顺蜡染艺人身份建构的分析中体现得较为明显。布依族蜡染艺人的身份建构依赖于她们与其他多元主体（村落民众、蜡染艺人、蜡染消费者等）的社会互动。在社会互动过程中，他人的社会态度、自己的行动经验都以特定文化体系为符号中介来表达，进而内化为抽象的心理经验，成为她们对自我身份的认知，这体现了身份建构内外结合的过程。与此同时，在韦庆涛转行做大众化蜡染手工业者的故事以及核桃村女性在背沙与蜡染中做职业选择的故事中，可以看到，蜡染艺人们的身份建构过程同样充满着霍兰德所言的不同的社会声音。韦庆涛面对不同的声音做出了自己的身份抉择，即放弃身份转型。核桃村的女性们也在不同的声音中做出了各自的身份抉择。这些故事说明，身份的内在对话在蜡染艺人们的身份建构过程中是经常出现的，内在对话的过程与结果反映出了手工艺人在身份建构中的主体性。可见，霍兰德的身份与行动理论在身份建构方面具有一定的解释效力。

其次，在身份协商层面，霍兰德的身份与行动理论同样能够提供有力的理论支持。霍兰德借助巴赫金的对话理论，提出了身份的自我编排的概念，即个体会根据情境中的互动对象对自己的身份做出一定的谋划和选择，这本质上就是一个身份协商的过程。身份协商的目的就是让个体能够在特定的情境中做出合理的身份编排，以使他们应对眼前的问题。对于大多数人而言，他们身份协商的结果都能够体现社会群体的基本态度，这维持了社会秩序的正常运转。这在安顺蜡染艺人的发展中也得到了很好的体现。对于蜡染艺人而言，她们的身份是多元而碎片化的。她们有时在特定情境中处于两种甚至多种身份并存的情况，这时身份协商就显得尤为重要。杨可闵面对不同的消费者，不得不进行身份的转换，否则就难以满足消费者需求，从而导致生意惨淡。杨彩英从小花苗蜡染手工业者到大众化蜡染商品企业主，再到蜡染工人，最后又回到小花苗蜡染手工业者的职业身份，这一段持续的身份转型过程也是她进行身份协商的重要体现。因此，霍兰德的身份与行动理论同样在身份协商问题上具有一定的解释效力。

再次，在行动层面，霍兰德的身份与行动的对应关系与启发式发展的理念也能够反映出个体的实际行动情况。霍兰德对身份这一概念建构为一种内外融通的概念，即身份由外化经验的内在抽象化形成，同时身份又作为行动规范对人们的行动产生指引。这为蜡染艺人造物行动的模式性提供了理论阐释的出发点。与此同时，霍兰德借用维果茨基的启发式发展的概念，提出身份与行动启发式发展的理念，认为一种即兴行为可能会成为未来同样行动的指南，对未来的行为具有启发性。这一点同样在安顺蜡染艺人那里得到了呈现。例如，韦庆珍对自己产品风格的持续变换，便是她在某一时刻出现的即兴行为，这些行为在获得了社会群体认可后，又对她之后的蜡染造物活动提供了指南。可以说，行动的启发式发展体现了蜡染艺人在蜡染造物实践方面的主体性，这种主体性既基于文化传统和社会结构，又往往超越了既定结构与框架的限制，带来了行动变迁的可能。可见，霍兰德的身份与行动理论在蜡染艺人造物活动的模式性和启发性方面具有一定的解释效力。

二、对霍兰德的身份与行动理论的延伸与发展

如果说霍兰德的身份与行动理论为本研究提供了基本理论解释框架，那么文化工具箱理念与集体转化理念的引入，则让本研究对蜡染艺人造物逻辑的阐释进一步成熟和完善。

首先，文化工具箱理念的引入限定了个体行动的选择范畴。正如安顺蜡染艺人所呈现的，在布依族的族群生活中，布依族蜡染艺人所掌握的蜡染技艺是她们借以谋生的手段。然而，不同蜡染艺人掌握的蜡染技艺有多有少。她们如果没有掌握蜡染褶裙的绘制方法，那么在作为布依族蜡染手工业者时，就无法进行蜡染褶裙布片的造物实践，其行动的启发式发展也就无法涉足蜡染褶裙。又如王玉婷与杨岚在大众化蜡染商品风格上的差异。对于大众化蜡染商品而言，美术学理论方法和各族群的蜡染技艺都是重要知识基础。由于王玉婷具有美术专业基础，因而她可以借助美术专业理论与方法进行蜡染商品的设计和制作，也能够在此基础上不断地对自己的产品设计进行启发式发展。相较之下，杨岚则仅接受了小花苗蜡染技艺的训练，因而她的造物实践几乎都是以小花苗蜡染风格呈现的，只要她仍未接受美术训练，她的工具箱中便始终没有美术专业技能，就无法运用其进行蜡染商品设计。可以发现，一个人所掌握的文化工具箱的内容多少，决定了个体行动和启发式发展的范畴。在客观因素的限制下，蜡染艺人采取的行动也因此出现个体差异。可以说，这是个体行动层面主体性的一种呈现。当然霍兰德的重点并不在此，但是当霍兰德的身份与行动理论与斯威德勒的文化工具箱结合起来，笔者能对个体的行动逻辑做出更为细致的解释，这对于安顺蜡染艺人的造物活动将更具有解释效力，手工艺人的主体性问题也将因此获得更加详细而深入的解读。

其次，笔者又将蜡染艺人的身份分为积极者与中庸者，关注不同身份的安顺蜡

染艺人之间的社会互动，进而阐释蜡染即兴行为的集体转化机制，建立从个体出发的手工艺变迁阐释路径。蜡染艺人中的积极者和中庸者在安顺蜡染文化变迁中均发挥着重要的作用，对待身份的态度比较积极的蜡染艺人更容易产生即兴创造，掀起蜡染文化的波澜；对待身份的态度比较中庸的蜡染艺人更容易保持蜡染稳定的制作方式，也更容易在身份积极者产生为公众认可的即兴行为后效仿其行为，从而将个人的即兴行为转化为集体性的蜡染造物模式，实现整体性的文化变迁。可以说，在霍兰德的身份与行动理论的启发下，将个体身份与行动的差异进行分类，进而观察个体之间的互动，以此分析他们对整体文化变迁产生的影响，是对霍兰德的理论框架在传统工艺研究领域解释力的推进。

总而言之，霍兰德为本研究理解蜡染艺人的造物逻辑提供了基本理论框架。笔者通过引入文化工具箱理念和集体转化理念，一方面提供了个体行动及其启发式发展的范畴，另一方面建立了个体即兴行为的集体转化机制，对霍兰德的理论思想进行了尝试性地延伸和发展，从而形构了当前安顺蜡染造物逻辑的解释框架。

第二节　安顺蜡染艺人的身份内涵与构成要素

一、何为安顺蜡染艺人的身份

通过前文的描述可以看到，蜡染艺人是在不同的情境中通过蜡染制作活动参与社会生活的人。在族群生活中，可以看到蜡染艺人给自己、亲属和朋友们制作蜡染，也可以看到她们以制作和销售本族群蜡染为生。在大众文化中，可以看到蜡染艺人或者作为蜡染工人进行重复的画蜡工作，或者从事着相对自由的蜡染手工业，或者开办了蜡染企业。对她们而言，她们制作蜡染时有不同的看待自我的方式，这就是蜡染艺人的身份。那么，应该如何理解这些身份呢？

（一）个人经历与泛化的他人

蜡染艺人的各种身份并不是与生俱来的，而是蜡染艺人在参与社会生活的过程中逐渐建构起来的，是她们对个人经历的反思和归纳。以布依族蜡染艺人的家门意识为例，家门是布依族民众对亲属关系的界定依据，布依族文化围绕家门确定了相关的亲属伦理与道德规范。从日常的亲属互帮互助到仪式中的家门集体行动，家门的亲属伦理与道德规范体现在生活的很多方面。蜡染艺人会去帮家门中的其他家庭操持红白喜事，也会在家门中的其他家庭出现困难时伸出援手。正是在参与社区生活的各种事件的过程中，蜡染艺人逐渐明确了自己作为家门成员的自我意识。再以作为企业主的蜡染艺人为例，她们在办企业之前大多在其他企业主手下做工，因而她们或多或少了解企业主们是如何经营公司的。在自己办企业之后，如杨岚开拓市场的过程和王玉英所经历的退货事件都让她们接受了市场的洗礼，也让她们逐渐形成了作为企业主的自我意识。再如从事布依族蜡染手工业的艺人，她们在从事这份职业之前或在外务工，或在家务农。随着生活环境的变化，她们才开始运用蜡染技艺谋生。她们在与邻里和亲属的互动中掌握了制作和销售蜡染的策略，又大胆地参与到大抵拱的蜡染市场，与挑剔的布依族蜡染消费者们讨价还价。在经历这个过程之后，她们才形成了对这种职业身份的自我认知。正如吉登斯所言，自我认同是个人依据其个人经历所形成的作为反思性理解的自我①。个体的身份认同都是基于个人经历的反思性阐释而形成的。个人对社会生活的参与是蜡染艺人形成自我意识的根本性前提，对个人经历的总体性的理解也构成了蜡染艺人各种身份的主要内涵。

虽然个人经历琐碎、个性又具象，但是蜡染艺人对个人经历的理解最终会从具象化走向抽象化，从个体性走向集体性。蜡染艺人的个人经历都发生于社会生活的范畴之内，处于各种各样的社会关系之中。在安顺蜡染大众商品化的历程中，一批蜡染艺人走出村落生活，进入了企业谋生。她们与蜡染公司的企业主、大众消费者建立起新的社会关系。可以说，蜡染艺人的个人经历也是她们与社会持续建立联系的过程。她们在这一过程中所形成的自我意识本质上是社会性的。虽然每一位蜡染艺人在大众文化领域的经历存在个体差异，但是她们对自己所属群体的认知却是共同的。米德曾经用“泛化的他人”来指代个体在互动过程中所面对的“作为社会共同的社会态度”②。事实上，蜡染艺人各种身份建立的过程就是接受这种社会共同的社会态度的过程。回到安顺蜡染的故事之中，布依族蜡染手工业者本身就是一个群体，在长期的社会互动过程中，布依族民众已经形成了对这一群体共同的社会认知，即这些蜡染艺人以制作和销售布依族蜡染为生。她们必须遵守布依族蜡染的规范，同时也要以此获取收益。蜡染工人这一群体同样如此，在长期的社会互动过程中，企业主、消费者等参与者已经形成了对这一群体共同的社会认知，即要听从于企业主的要求从事企业的各种工作。可以说，蜡染艺人各种身份建构的过程就是根据她们的个人经历理解并接受自己所属群体的总体性社会态度的过程，这是她们各种身份的核心内容。需要指出的是，这种社会态度是抽象的，只停留在行动原则、

① [英]安东尼·吉登斯:《现代性与自我认同》，赵旭东、方文、王铭铭，译，北京，生活·读书·新知三联书店，1998年，第58页。

② [美]乔治·赫伯特·米德:《心灵、自我和社会》，霍桂桓，译，南京，译林出版社，2012年，第169-182页。

社会规范的层面。

（二）文化中介与社会位置

既然身份是对个人经历的反思性理解，那么“理解”在身份的建构过程中就显得非常关键了。此时，文化作为“理解”的工具价值便显现出来。回到安顺蜡染的故事之中，亲属关系是各个族群的生活中普遍存在的社会关系形式，它因为各族群文化对亲属关系界定的不同而存在差异。布依族蜡染艺人对家门的理解是根植于布依族的族群文化的。离开了布依族文化，亲属关系就在布依族民众的生活中失去了特定意义，蜡染艺人也就无法理解家门的意义是什么，也就无法形成自己作为他人亲属的认知。大众化蜡染手工业者的自我意识同样离不开大众文化的中介作用。蜡染手工业者作为一个自负盈亏的个体经营者，在大众文化中被赋予了特殊的意义，她们制作的产品要符合大众的消费偏好和审美诉求，这是大众文化对蜡染手工业者的形象建构。一旦离开了大众文化，对蜡染手工业者形象的理解也就无法进行。因此，正如吉登斯所言，主我是个语言转换器，它从术语的网络中获得意义，而借助这个网络，主体性的话语系统得以形成，运用主我意义以及其他相关的主题性术语的能力，是自我觉知实现的条件，但并不会限定自我觉知意义①。个体是通过所习得的术语网络形成自我意识的。霍兰德曾使用维果茨基的中介理论，对符号中介与身份建构的关系进行过系统论述。她认为，身份是人们在参与社会生活的过程中各种外在活动经验内化的产物，各种外在活动经验内化后的心理经验是其主要构成部分，个体通过符号中介理解各种外在经验，将各种外在经验逐渐内化，这些外在经验的内化抽象形式构成了身份的主要内容②。因此，符号中介是沟通外在行动经验与内在心理图式的纽带。笔者认为，符号中介也并不是单一的符号意义对应关系，而是一套具有整体性的符号意义体系，换而言之，符号中介就是文化。蜡染艺人的社会位置只有通过文化体系才能获得相应的意义，方可为蜡染艺人所理解，从而形成她们多种多样的身份认同。

二、蜡染艺人身份认同的社会与文化维度

（一）族群文化与大众文化的分野

通过上文的叙述不难发现，无论族群身份，还是亲属朋友，或是职业身份，都是蜡染艺人制作蜡染时所处的社会位置的具体体现。当置于文化中时，这些社会位置就被赋予了意义，成为为蜡染艺人所理解的身份。正是因为文化上的差异，蜡染

① [英]安东尼·吉登斯：《现代性与自我认同》，赵旭东、方文、王铭铭，译，北京，生活·读书·新知三联书店，1998年，第58页。

② Holland D C：Identity and agency in cultural worlds，Harvard，Harvard University Press，1998，p35-37.

艺人在不同情境中的同一种社会位置得以区分开来。通过前文的描述可以发现，蜡染艺人制作蜡染时存在族群文化和大众文化的分野。

1. 族群文化

各族群的文化是催生安顺蜡染的土壤，它在当地民众长期的生活过程中形成并发展。各族群的文化犹如格尔茨所言的“文化的意义之网”，赋予各种事物以意义，使客观事物为民众所理解。正如上文所观察到的，布依族文化包含祖先崇拜、生命礼仪、亲属关系、岁时节庆等各个方面，它们彼此联系凝结为一个文化整体。蜡染就黏合在这个文化整体中，与各种文化要素相关联，成为表征族群认同的重要符号，在历史发展中形成了稳定又有序变迁的传统。需要指出的是，小花苗与歪梳苗的文化并不是彼此独立的。虽然两个族群在蜡染技艺上存在着明显差异，但是两个族群共享着祖先的起源传说、跳花节、饮食习惯等文化要素。在两个族群的民众看来，小花苗与歪梳苗之间除了服饰上存在差别，其他方面差异并不是非常明显。因此，笔者认为与其说两者是两种文化，不如说是同一文化中的不同分支，在部分文化要素上存在差异。当然，这其中便包括蜡染。

2. 大众文化

大众文化则是与各族群文化截然不同的文化体系。金元浦曾对大众文化的定义进行梳理，列举出的大众文化的概念就包括了 12 种之多。无论是阿多诺、霍克海默的法兰克福学派的文化工业视角，还是雷蒙·威廉斯的文化唯物主义研究，或是霍尔、菲斯克等人引领的大众文化研究，都曾对大众文化进行定义。金元浦在总结了这些定义之后提出，大众文化是一个特定范畴，它主要是指兴起于当代都市的，与当代大工业密切相关的，以全球化的现代传媒（特别是电子传媒）为介质大批量生产和消费的，采取时尚化运作方式的当代文化①。据此，大众文化具有以下特点。首先，大众文化是消弭了地方文化的差异，为更广泛的大众所共享的一种文化形态。其次，大众文化是工业化、城市化、商业化相伴而生的文化现象，具有很强烈的商业色彩，或者说以商品消费为重要特征。再次，大众文化表现为大众普遍享有的生活方式和审美情趣。它通过现代传媒实现跨地域的文化生产和传播，形成了大众共享的生活方式和审美观念。广告、流行音乐、电视等都是大众文化的重要形式。事实上，除此之外，诸如旅游、手工艺品时尚、流行服饰等都是大众所共享的生活方式，也属于大众文化的范畴。在大众文化中，笔者看到蜡染艺人参与设计的蜡染服饰受到众多消费者的欢迎，也看到她们制作的旅游工艺品为各地的旅游者争相抢购，还看到她们制作的蜡染桌布铺到了一对广东夫妇的餐桌上。可以说，安顺

① 金元浦:《重新审视大众文化》,《当代作家评论》2001 年第 1 期，第 84 页。

蜡染已经深度参与到大众文化之中，融入大众的生活。

在大众文化之中，蜡染是作为一种大众文化商品而存在的。它已经超出了原来区域社会生活的范畴，成为面向国内外广大消费者的重要商品。这种生存空间的扩展带来的是更加异质性的消费群体。例如法国的消费者就曾在安顺蜡染总厂订货时对蜡染商品提出了一些改进的建议。类似的文化交互使安顺的大众化蜡染商品具有多元群体的适应性。安顺大众化蜡染商品的使用价值已经脱离了族群的日常和仪式需求，转向了对大众的审美体验和异域风情想象的满足。可以说，作为大众文化商品，蜡染已经被纳入了全球化、大众化的轨道，随之而来的是大众审美体验和异域风情想象对安顺蜡染的重新塑造。以图案为例，韦庆珍就这样讲："客人比较喜欢（蜡染）服装，一定要画蝴蝶这些图案。画那个涡纹还难画，还不好卖。"[①] 对于大众消费者而言，布依族民众甚是喜欢的涡纹并没有很大的吸引力，反而具象化的蝴蝶、花、鸟更受欢迎。在色彩方面，这种审美观念的差别更加明显。布依族崇尚蜡染的"黑红黑红"的色度状态，小花苗虽然不强求黑色，但是也喜爱深蓝色。但在调查中发现，大众消费者总体上并不喜欢这种色度效果。韦庆珍在石头寨博物馆挂着的两件深蓝色女式宽松长裤，居然三个月都没有卖出去。有的游客甚至直接提建议，请韦庆珍再做衣服时做成浅蓝色。王颖之前一直在做小花苗蜡染，最近几年开始做大众化蜡染商品。2017 年，她也主动研发了以浅蓝色色调为主的床单。从这种制作转向不难发现，大众消费者在色彩方面与族群蜡染存在着明显的差别。

正是大众蜡染审美观念的独特性，影响了大众对蜡染商品的评价，也深刻地影响了大众化蜡染商品的分类体系和知识体系。正如上文所看到的，大众化蜡染商品已经覆盖了民众日常生活的各个层面，与族群文化中的产品分类形成强烈对比。蜡染艺人研发出丝绸围巾、披肩、桌旗、桌布、被单、靠枕、蜡版画等一系列大众化蜡染商品。这些商品一方面注重生活实用性，另一方面又注重突出民族和艺术特色，同时在原料知识、工具知识和技术知识等方面形成了与族群蜡染截然不同的知识体系。这既给蜡染造物实践提供了新的知识结构，也为其提供了新的使用方式。

总而言之，大众文化是一个与族群文化既存在联系又存在本质区别的文化。两种文化对蜡染赋予了不同的使用价值、审美标准和知识体系，为蜡染艺人理解相关身份并以之开展造物实践提供了意义方面的支持。

（二）蜡染艺人社会位置的变迁

蜡染艺人在不同的历史阶段和社会情境中具有不同的社会位置。在历史上，血缘和地缘关系是蜡染艺人制作蜡染时面对的主要的社会关系。20 世纪 80 年代以后，

① 访谈对象：韦庆珍。访谈时间：2016 年 6 月 19 日。访谈地点：安顺市镇宁县石头寨韦庆珍家中。

布依族和小花苗蜡染手工业的规模都进一步扩大，蜡染的市场贸易让蜡染艺人的社会关系从血缘和地缘关系向业缘关系的方向发展。这种职业化趋势随着蜡染的大众商品化进一步扩展。蜡染艺人走出村庄，接受企业的雇佣，参与大众化蜡染商品的制作，成为蜡染工人。随后，也有一批蜡染艺人从工人群体中分离出来，开始从事相对自由的蜡染手工业，也有少数蜡染艺人在积攒经验后自己开办了企业，成为企业主。可以说，蜡染艺人实现了职业地位的多元化发展。

（三）身份作为文化世界与社会位置的结合体

事实上，蜡染艺人身份的文化层面与社会层面不可分离。一方面，蜡染艺人制作蜡染的规范仅仅是一种文化模式，它最终还是要在社会生活中被实践；另一方面，蜡染艺人所处的社会位置并不是放之四海皆同，它们需要在特定的文化中获得具体的意义，只有这样才能为蜡染艺人理解。因此，蜡染艺人的身份是文化性与社会性的统一。在此基础上，能够洞察出当下蜡染艺人身份认同的两个特点。

首先，蜡染艺人在同一文化中所处的各种社会位置具有不同意义，形成了多种身份意识。以布依族为例，给儿媳妇准备蜡染是布依族文化对母亲这一身份赋予的责任，蜡染艺人一般会接受这种身份，并承担起这种责任。蜡染艺人此时往往亲力亲为，在制作中一般会尽量地遵循规范把蜡染制作好。家门是布依族的亲属关系范畴，在布依族文化中规定家门成员要互相帮助，履行亲属间的伦理与责任。因此，帮亲属制作蜡染同样也要尽力而为。当从事族群蜡染手工业时，蜡染艺人在布依族民众眼中就是以制作和销售布依族蜡染谋生的人，她们的造物实践要遵循布依族蜡染规范，才能依此赚钱。可见，不同的社会位置在同一文化中所获得的意义不同。

其次，蜡染艺人同样的社会位置在不同的文化中具有不同的意义。以个体手工业者为例，在小花苗文化中，小花苗蜡染手工业者的造物实践需要遵循小花苗的蜡染规范，在此基础上才可以制定策略以谋取利润。但在大众文化中，蜡染手工业者所要遵循的社会规范则不同。她们要满足大众消费群体的消费偏好。正如杨可闵所言："给他们（指小花苗民众）制作蜡染的时候，她们才不管你是不是工艺美术大师，你就是个制作蜡染的，画得不合我们家（指小花苗）的规格（规范），他们还要讲。画蜡版画（旅游品）就好办了，你画出来，人家都会觉得这东西艺术，好卖得很。"[①] 在小花苗民众和大众消费者眼中，蜡染手工业者的总体形象是不同的。这种总体形象的差异让蜡染艺人形成了对自己身份的不同认知。总而言之，蜡染艺人身份的文化层面与社会层面是一体两面的关系，两者共同形构了蜡染艺人各种身份的主要内容。

---

① 访谈对象：杨可闵。访谈时间：2017 年 4 月 23 日。访谈地点：安顺市普定县魏旗镇沙戈村杨可闵家中。

第三节　安顺蜡染艺人的身份管理机制

蜡染艺人的各种身份来源于社会生活。通过身份建构，社会文化规范内化入了蜡染艺人意识中。然而，蜡染艺人并不是社会生活的简单投射，她们通过对自己身份的管理对社会生活做出了回应。

一、安顺蜡染艺人的身份建构

通过前文的案例描述可以看到，蜡染艺人的身份虽然都是在参与社会生活的过程中建构起来的，但是建构过程却存在一定差异。亲属和朋友的身份意识是在社会生活过程中潜移默化形成的。对于蜡染艺人而言，村落生活是如此的日常化。她们从孩提时代就在家人的引导下参加村落中的各种活动。在仪式活动中，她们能够看到家门的成员和朋友们到处奔忙。在家庭生活中，母亲如何操持家务，如何处理与其他人的关系，所有的内容都历历在目。一切都发生在日常生活的不经意间。这些都伴随着蜡染艺人的成长并逐渐为她们所理解，并成为她们自我意识的一部分。对于她们而言，这些身份意识并不需要有意地建立，它们早已随着个人经历的积累在蜡染艺人的内心中确立起来了。

相较之下，蜡染艺人的职业身份则是她们有意识地建构起来的。在族群生活中，族群蜡染手工业是她们面对生计方式变迁有意识做出的生计方式选择。为此，她们一方面学习并模仿前辈的制作技艺和策略，另一方面投身于蜡染市场贸易，在与消费者讨价还价的过程中不断地积累经验。可以说，她们本身就希望能够从事这份工作，这种身份建构是有目的性的。在大众文化中，蜡染艺人同样积极地进行自身的职业规划。无论是做蜡染工人，还是从事相对自由的手工业，或是自己开办企业，蜡染艺人都在自己的职业拐点主动地寻求职业的发展。无论是杨岚、杨千群为开拓市场而付出的努力，还是王玉英在昆明世博会上奔波的辛苦，都能说明蜡染艺人在主动地接受职业建构。

可以看到，蜡染艺人在主动地、有意识地参与职业身份的建构过程，具有处理身份的主动性。她们可以选择接受身份建构，也可以选择拒绝身份建构。“接受”一词是基于文化制作与接受研究视角的启发。在大众文化研究中，戈迪纳曾提出一个很有意思的话题，回应的便是法兰克福学派所提出的“文化工业”的概念。在《启蒙辩证法》中，霍克海默与阿诺德提出当今的文化是一种商业性、强迫性的文化，它令民众的生活索然无味，让民众如马尔库塞所言的“单向度的人”一样，受到了这种文化的冲击。但是，戈迪纳在对大众文化制作的研究中指出，“我们不仅要考虑大众文化在赋予意义时的霸权利益，还要考虑到使用者有可能不顾意义制造者的意图，赋予文化客体以自己的意义。”[①]在这里，戈迪纳启迪笔者，即使外界给蜡染艺人赋予了某一种身份，企图让她们成为他们期待中的人，蜡染艺人依然有对身份进行自我处理的能力。

事实上，蜡染艺人的确对自己的身份自主做出了抉择。蜡染艺人的身份建构很少存在于一个纯净的语义空间中。霍兰德在她的理论中曾引入巴赫金的“杂语”理念，并认为“个体在身份建构过程中在个体内心中并存着不同的社会声音，这些社会声音对于个体的身份有不同的看法，而个体则能够自己对这些声音做出回应，从而决定自己的身份。”[②]在核桃村蜡染艺人案例中，这种情况表现得非常明显。核桃村的蜡染艺人面对着不同的社会声音。一种社会声音是通过那些背沙、挑土的村民向蜡染艺人表达出来的，即背沙、挑土是更赚钱的职业。而另一种社会声音则是杨生富和一批仍在做蜡染工人的艺人所表达出来的，她们认为这份职业风不吹雨不淋，而且患病的风险更小。这两种社会声音实际上都通过蜡染艺人的日常体验进入了她们的内心，而她们最终也做出了不同的回应。有的蜡染艺人最终选择了坚持做蜡染工人，而有的蜡染艺人则放弃了蜡染工人的职业，走进了工地。可以发现，蜡染艺人的身份建构处于一个混杂性的时空之中，她们在内心深处对各种社会声音进行权衡，进而对自己的身份做出抉择。此时，可以看到身份建构的过程并不是简单地社会生活对个人进行投影，它因为个人对身份的自主选择而出现了些许波澜。

二、安顺蜡染艺人的身份协商

正如斯图亚特·霍尔所言，把身份认同看作是一种建构，一个永远未完成的过程，总是在建构中[③]。蜡染艺人的身份建构从未间断过。随着社会生活的变革，蜡染艺人面对他人态度的变化，也在修正自我认识，重构自己的身份认同。与此同时，蜡染艺人的身份又是多元的。霍尔曾指出，身份从来不是单一的，而是建构在许多不同的且往往是交叉的、相反的论述、实践和地位上的多元组合[④]。正如上文所示，很多蜡染艺人具有与蜡染制作相关的多种身份，例如布依族蜡染艺人吴德文，她既是母亲，又是族群蜡染手工业者。又如杨可闵、杨凤彩等人，她们既从事小花苗蜡

① [美]约翰·R. 霍尔、[美]玛丽·乔·尼兹:《文化：社会学的视野》，周晓虹、徐彬，译，北京，商务印书馆，2002年，第328-329页。

② Holland D C. Identity and agency in cultural worlds. Harvard：Harvard University Press，1998，p181-204.

③ [英]斯图亚特·霍尔、[英]保罗·杜盖伊:《文化身份问题研究》，庞璃，译，开封，河南大学出版社，2010年，第3页。

④ 同③，第4页。

染手工业，又从事大众化蜡染手工业。这意味着她们需要时刻进行身份的转换。这些都体现着蜡染艺人的身份协商。

（一）安顺蜡染艺人的内在对话

在这里，继续回到莉恩·M. 哈特的论题。她在印度绘画艺人的研究中虽然提出了因情境不同，艺人的身份或许是不同的，这影响了她们的绘画方式。但是，她对于艺人具体的身份协商过程并未多言。对此，霍兰德曾有更深入的解读。她借用巴赫金和维果茨基的理论，提出人们在身份处理时会进行“内在对话”，也即会在自己的内心对自己应该呈现给他人的形象做出编排[①]。在韦庆涛为她姐姐韦庆珍做蜡染的故事中，韦庆涛就进行过内在对话。韦庆涛依靠蜡染养家，正如那句俗语“亲兄弟，明算账”。韦庆涛本可以向韦庆珍收取制作蜡染的费用，毕竟制作一对蜡染袖子布片要花费几天的时间，而且在市场上要卖850块，这些钱对于她的家庭而言是很重要的。但与此同时，韦庆涛是韦庆珍的亲妹妹，帮助姐姐做蜡染是一个亲妹妹应该做的，这既是责任又是情分。最终，她选择了免费为韦庆珍做两对蜡染袖子布片。与韦庆涛不同，有些蜡染艺人在面对亲属朋友和市场关系时做出了不同的选择。正如之前大抵拱的对话所呈现的，那位购买者讲，我们都是亲戚（具体什么亲戚并没有说），就当是帮我一个忙，便宜一点儿行不行。但这位蜡染艺人讲，这个是刚做的染缸，之前卖给一个人380元，如果卖你350元，对不起人家。从这段对话不难看出，这位蜡染艺人在两种关系之间选择了按照市场关系处理。可以说，蜡染艺人的“内在对话”，犹如电影中的内心独白一样，让她们得以在不同的情境中做出抉择。

需要指出的是，大部分的蜡染艺人都会接受某一种身份的规范要求。只有这样，她们的行为才能在社会生活中被认为是“合情合理”的。石头寨伍文正家老人过世时，几乎所有家门中的儿媳妇都身着布依族盛装为老人引路送葬，这是一个当地社会所认可的家门中的儿媳妇应该做的事情。如若不做，她就会被认为是不正常的，她的行为也就会被当地人认为是“越轨”的，由此引发非议是难以避免的。因此，她们中的大部分人都接受了他人给予她们的社会评价和态度，并且在特定的情境中会做出符合社会期待的身份抉择。韦庆涛如若在给自己亲姐姐制作蜡染时依然收取费用，便难免会受到村落民众的指责，因为在村落社会生活中如此近的血缘关系远比这份职业更为重要。不过，前文中所言的大抵拱蜡染销售者则不同，她在亲属身份和族群蜡染手工业的职业身份之间选择了后者，因为一种已经较为疏远的亲属关系在那个情境中是可以为职业收益让步的。

---

① Holland D C：Identity and agency in cultural worlds，Harvard，Harvard University Press，1998，p169-191.

可以说，内在对话显示了蜡染艺人在处理身份方面的能动性。蜡染艺人对自己身份的协商结果一般都契合社会对她的社会态度，这既让她们得以被社会群体认可，又一定程度上维持了社会秩序的正常运转。通过蜡染艺人的行动，笔者总结出两种不同的身份协商结果，其一是身份转换，其二是身份转型。

（二）安顺蜡染艺人的身份转换

随着情境的变化，蜡染艺人会对自己的身份进行相应的转换。对于杨可闵、杨凤彩而言，小花苗蜡染手工业和大众化蜡染手工业都是她们的职业，而且是存在差异的两份职业。在大众消费者看来，她们是省级工艺美术大师，是技艺高超的民间艺术家，她们的产品是具有艺术性的精品。但是，在小花苗民众看来，她们就是制作蜡染比较好的手工业者。省级工艺美术大师的称号和画蜡版画的高超技艺在小花苗民众这里并没有什么特殊价值。如果她们制作的蜡染不符合小花苗的规范，同样要被说三道四。社会群体态度的不同需要她们时刻注意自己的身份，及时地进行身份的转换，而与她们互动的人就是她们进行身份转换的信号。

（三）安顺蜡染艺人的身份转型

与身份转换相对应的是身份转型。身份转型指的是个体从一个身份向另一个身份变化的过程与结果。对于蜡染艺人而言，她们中很多人都发生过职业身份的转变。韦庆珍从布依族蜡染手工业者向大众化蜡染手工业者的职业身份转型，伍进芬从布依族蜡染手工业者向大众化蜡染企业主的职业身份转型，杨岚从杨金秀蜡染厂的蜡染工人向星月蜡染公司总经理的身份转型，都说明身份转型对于蜡染艺人而言是非常常见的情况。

身份的转型意味着蜡染艺人与之前的身份告别，去拥抱一个新的身份。当然，这一过程并不是一帆风顺的，充满着不同社会声音的对抗。在韦庆涛转型成为大众化蜡染手工业者的故事中，韦庆珍转型成功的经验让她认为转型可能是一个不错的选择，韦庆珍也在不断地鼓励她转型做大众化蜡染商品。不过，她过往的布依族蜡染手工业经历又让她感到满足，每个月给她带来的稳定收入，制作流程的熟稔都让她对原来的职业依依不舍。两种不同的社会声音扭结于韦庆涛的身份转型过程中。最终，韦庆涛放弃了向大众化蜡染手工业者的身份转型，这反映了蜡染艺人内心的挣扎，凸显出身份转型过程的复杂性。

简而言之，蜡染艺人的身份协商既凸显了社会结构与文化传统对蜡染艺人结构的限制性，又体现了蜡染艺人对自己身份管理的能动性。结构的限制性与个体的能动性结合于蜡染艺人的身份协商之中。这种身份协商既使自己得以适应日益多元的社会生活，又保证了作为整体的族群生活和大众文化的运转秩序。据此而言，蜡染艺人的身份协商是安顺蜡染有序发展的重要影响因素。

第四节　安顺蜡染艺人的造物实践机制

对于蜡染艺人而言，身份为她们提供了在不同情境下的行事原则、社会规范和行动目的，而蜡染技艺则为她们提供了行动的工具。蜡染艺人在身份控制下的造物策略既具有鲜明的模式性，也具有强烈的个性特征。同时，她们的造物活动还具有即兴性，这种即兴行为可能对她们未来的造物实践具有启发性，甚至会引发蜡染艺人的集体行动，带来蜡染传统的变迁。在此过程中，蜡染艺人的能动性再次显露无遗。具体而言，蜡染艺人的造物实践机制包括三个方面，即稳定性机制、工具性机制和启发性机制。

一、安顺蜡染造物实践的稳定性机制

在本章第一节中，笔者已经分析了蜡染艺人身份的本质属性。正如霍兰德指出的，个体在行动过程中产生了很多经验，这些经验经过内化抽象形成身份图式，构成了某种身份的主要内容。建构各种身份的过程实际上就是不断给客观事物赋予意义，并让蜡染艺人理解这些意义的过程，这些意义抽象并整合在一起便构成了蜡染艺人的各种身份内涵。以蜡染工人为例，她们进厂之后首先进入学徒车间，在老师傅的带领下学习新的蜡染技艺，如画段布、壁挂等产品。与此同时，她们进入工厂受到工厂的规训，接受计件薪酬制度的控制。这些都是她们理解蜡染工人行动规范的过程。再以小花苗蜡染手工业者为例，她们在经历了前辈的经验传授和蜡染市场贸易的经验积累后，形成了对这种职业行动规范和目的的基本认知。可以说，身份认同为蜡染艺人在不同情境下的行动设定了目标和规范。

正因此，蜡染艺人在各种身份状态下的造物实践具有稳定性。蜡染艺人一旦接受了某一身份，就意味着她在特定的情境中接受了相应的社会行动规范，具有相对稳定的行动模式。这既是社会结构与文化传统的结构性制约，也是蜡染艺人在综合了个人生活诉求和技艺能力之后主动做出的选择。正如第四章的案例，作为一位布依族母亲，为儿媳妇准备婚礼蜡染盛装是她的责任。因此，如若这些母亲能自己制作蜡染，她们会尽其所能将蜡染做好，涡纹能画 11 圈就很少画 9 圈。作为一位布依族蜡染手工业者，她们的目的是通过制作和销售布依族蜡染盈利。因此，她们在制作中一方面遵守着布依族蜡染的基本规范，在原料选择、图案规范上都不敢马虎；另一方面又在规范许可的范围内简化蜡染图案，使用化学染料染色，以尽量节约时间和人力成本。作为蜡染工人，她们处于雇佣关系之中，大多没有蜡染的设计权限，只能按照企业主的要求从事繁复的画蜡工作。作为企业主，她们决定着企业的发展方向，对企业的发展方向和产品生产进行总体掌控；而她们手中所掌握的蜡染技艺便能够帮助她们实现目的，她们习惯于使用制版技术控制工人的批量制作，习惯于运用小花苗和布依族蜡染技艺或者美术学理论与方法进行大众化蜡染商品的设计。

二、安顺蜡染造物实践的工具性机制

与稳定性机制对应的是工具性机制，指向的是蜡染造物实践的能动性。文化工具箱是斯威德勒在 1986 年提出的重要理论。她认为文化不是一种价值观，它就像一个工具箱一样，为人们解决现实生活中所面对的问题提供惯常的行为方式，它可以包括观念、民俗、技艺等。在她看来，文化工具就是解决问题的惯常的行为方式，这一概念在文化的社会学研究领域产生了很大的影响，提供了一种全新的看待文化的方式[①]。事实上，在现实生活中，文化的确在扮演这样的角色，让人们得以解决日常生活中所面临的各种问题。文化赋予的价值观为人们解读客观现象提供了工具，文化赋予的民俗习惯为村落民众在日常生活与仪式活动中提供了行动的工具。对于蜡染艺人而言，她们所掌握的蜡染技艺、制作规范就是她们解决现实问题的工具。对于从事族群蜡染手工业的蜡染艺人而言，她们所掌握的蜡染技艺是她们谋生的重要工具。对于蜡染工人而言，她们所掌握的蜡染技艺和习得的行动规范是她们得以在工厂顺利做工的重要工具。

正如蜡染艺人的造物实践给笔者的启示，每一个体所掌握的文化工具箱存在着微妙差异，这让她们的行为选择存在范畴上的差异。以布依族蜡染手工业者为例，她们为了能够赚取收入而有计划地进行蜡染造物实践，包括蜡染褶裙、蜡染红裙、蜡染袖子的布片等。但是，她们所掌握的技艺存在范畴差异，有的布依族蜡染艺人只掌握着蜡染褶裙和蜡染红裙的绘制方法，有的布依族蜡染艺人则掌握着每一种蜡染的绘制方法。这直接影响了每一位布依族蜡染手工业者的造物策略。杨文鑫掌握着不同的蜡染技艺，因此她在不同的生命阶段，结合自己的身体状况和市场行情，得以不断地调整蜡染制作策略以为自己谋利。而如吴文江一类仅掌握蜡染褶裙和蜡染红裙绘制方法的手工业者则调整策略的空间有限，纵然知道蜡染袖子布片收益更高，但是却无法企及。需要指出的是，蜡染艺人掌握了足够的文化工具并不意味着其可以随心所欲地采取相关行动，客观因素很多时候会限制蜡染艺人的行动选择。正如前文杨文鑫的案例所示，虽然她掌握着布依族蜡染袖子的绘制方法，但是自身身体的耗损导致她无法顺利地制作蜡染袖子。

---

① Swidler A：Culture in action：symbol and strategies，American Sociological Review，1986（2）：273-286.

总之，每一位蜡染艺人都有其对应的文化工具箱，这成为她们在各种身份状态下从事蜡染造物实践的行动工具。而如何选择工具则是完全取决于蜡染艺人对外部条件和工具箱范畴的综合权衡，也正因此蜡染艺人的造物实践在模式性基础上呈现出个性化的一面，被赋予了人性光辉。

三、安顺蜡染造物实践的启发性机制

启发性机制是蜡染造物实践的最后一项机制。客观而言，稳定性机制、工具性机制指向的是共时层面，关涉的是造物模式与个体策略的共时性互动关系。而启发性机制则指向的是历时层面，关涉的是蜡染造物实践的历时性累积发展。霍兰德曾经借用维果茨基的启发性发展的概念，提出了个体身份与行为的启发式发展理念，即个体的即兴行为来源于个人的实践，它反过来可能成为未来行动的重要指引，并成为未来持续身份建构的潜在开端[①]。的确，安顺蜡染艺人的造物实践，包含着很多即兴行为。这些即兴行为对后来蜡染技艺的发展起到了启发性的作用。在第四章中，那些职业态度积极的蜡染艺人正是即兴行为的重要实践者。她们敢于创新，进行了一些蜡染技艺的变革，如改进蜡染工具、使用化学染料染色、创新蜡染图案等，使尽浑身解数为自己创造盈利的空间。对于她们而言，这些即兴行为的产生都源于她们作为手工业者谋利的欲望，寓于身份相关的实践之中。

启发式发展最初更多指向的是蜡染艺人的个人行动。杨可闵将彩色颜料成功运用于小花苗蜡染，并取得社会认可后，这一即兴行为启发的是她随后的蜡染造物实践。吴德文在改进了布依族点散点的模具后，她的造物实践和工作周期就与村落其他的蜡染艺人区分开来。可以说，这种启发式发展直接导致了蜡染艺人制作技艺的差别。它既基于传统，又超越传统，给模式化的蜡染制作活动进一步增添了个性色彩。

需要指出的是，这些行为产生启发性的前提是得到社会群体的认可。假如杨可闵所研制的小花苗彩色蜡染没有得到小花苗消费群体的认可，那么这种尝试也就不会再有继续发展的空间。假如韦庆涛对布依族蜡染图案的创新没有得到大抵拱挑剔的布依族消费者的认可，那么她对图案的创新也就失败了。因此，只有获得社会群体的认可，这些即兴行为才获得了合法性。一旦这种即兴行为获得了合法性，那么就能成为她们未来可资运用的行动工具。在此之后，她们若再进行相关的造物实践，就能够将原来的即兴行为作为行动工具，从而实现自身蜡染造物实践的启发式发展。

① Holland D C：Identity and agency in cultural worlds，Harvard，Harvard University Press，1998，p30，p52.

霍兰德所提出的身份与行动的启发式发展的确为动态地看待蜡染艺人的造物实践提供了启示。但是，蜡染艺人的造物实践也对霍兰德的理论提出了一个疑问，即行动的启发式发展可以在既有行动方式的基础上随意发展吗？蜡染艺人的实践表明，文化工具箱内容的差异，限制了她们造物实践启发性发展的范畴。以韦庆涛对蜡染袖子图案的创新为例，她对蜡染袖子创新的前提是她掌握了蜡染袖子布片的绘制方法。那些没有掌握蜡染袖子绘制方法的蜡染艺人便没有产生这种创新的可能。这种文化工具箱内容的差异在大众文化领域也同样明显。杨岚、杨凤彩、杨可闵等人并没有接受系统的艺术专业教育，她们制作大众化蜡染商品的惯常方式便是运用小花苗蜡染技艺，因而她们造物实践的启发性发展基本限于民族化风格的蜡染商品。与她们形成对比的是王玉婷，她先后在安顺学院、贵州民族学院接受了较为系统的美术学专业训练，又在蔡官镇梅家庄跟随长辈学习了小花苗蜡染技艺，在她掌握的工具箱中有族群蜡染技艺和美术学理论方法，因而她的蜡染作品创作不拘一格，既有基于美术学理论的构图与设计，又有小花苗图案的民族特色。她的造物活动的启发性发展范畴显得更为广阔。

总而言之，蜡染艺人的身份指引着蜡染造物实践，保证了族群蜡染和大众化蜡染商品制作的稳定性。但与此同时，蜡染艺人掌握的文化工具箱为她们自主的、个性化的造物策略提供了依托，让蜡染造物实践富于个性特征。此外，蜡染艺人在身份控制下的制作行动具有启发性发展的特点，进一步凸显了蜡染艺人造物实践的能动性。

第五节　安顺蜡染艺人造物行动的集体转化机制

如果说第三至四节探讨的是蜡染艺人个体的身份管理与造物实践，那么本节解释的则是个体行动如何转化为集体行动，进而引起蜡染技艺整体性的变迁。在此，本节将该机制称为蜡染艺人造物行动的集体转化机制。

一、积极者与中庸者的协同发展

面对同一种身份，蜡染艺人所持的态度充满个性。在从事族群蜡染手工业的蜡染艺人中，有的会具有非常积极的职业态度，主动地寻求一些方法上的变革以求谋取更多的利润；另有一些人的职业态度则相对中庸，对她们而言，只要她们制作的东西合乎本族群的蜡染传统，能够以此获得收入，便心满意足。在作为企业主的蜡染艺人中，同样有一批以积极态度面对职业的人，她们有着很强的危机感，为了企业能够在竞争中立于不败，经常会进行新产品的设计与研发；而另一批企业主则很少创新，甚至直接抄袭洪福远等人的作品，重复制作已经有几十年历史的产品。并不能说职业态度积极的蜡染艺人和职业态度中庸的蜡染艺人孰对孰错。在族群蜡染和大众化蜡染商品的发展过程中，这两种蜡染艺人缺一不可。

首先来看职业态度积极的蜡染艺人，她们是一批“不安分”的人，也正是因为“不安分”才有更大的可能产生即兴行为，在蜡染传统的基础上进行创新。在获得了社会群体的认可后，也是她们延续着即兴行为，为创新行为的传播提供可能。可以说，这批人的即兴行为蕴藏着蜡染技艺变革的潜力。其次来看职业态度中庸的蜡染艺人，她们是一批深谙中庸之道的人，也正是因为中庸才从整体上保证了蜡染制作技艺传统的稳定性。而每当职业态度积极的蜡染艺人的创新活动获得社会群体的认可后，她们便成为创新行为的效仿者，无意间促进了创新行为由个体向集体行为的转化，布依族蜡染袖子的图案创新就是经历了这样的过程。可以说，没有职业态度中庸的蜡染艺人效仿，很多蜡染创新行为注定只是一种个人性的活动，并没有转化为集体传统的能力。正是这两类人的协同合作促进了创新行为的传播与共享，最终推动各族群蜡染技艺和大众化蜡染商品制作技艺的整体演变。

二、安顺蜡染艺人的跨文化流动与当代蜡染文化发展

事实上，蜡染艺人不仅带来了各族群蜡染技艺和大众化蜡染商品制作技艺的变迁，也带来了族群蜡染与大众蜡染技艺之间的互动与融合。回到伍进芬的蜡染床单创作的故事，她在大众文化领域是一位蜡染企业主，她制作蜡染床单是出于销售的目的，但是她创意的来源则是布依族蜡染传统图案。通过她的设计工作，布依族蜡染的符号融入了大众文化领域，被赋予新的意义。在安顺，类似于伍进芬的蜡染艺人还有很多，她们游走于族群生活和大众文化之间，在两个文化之中都取得过相应的身份，对两种文化都了然于心。当她们涉足于一种文化时，另一种文化的元素就有可能刺激她们产生即兴行为。如杨金秀的蜡版画商品的设计，又如杨可闵小花苗彩色蜡染的制作，都是在另一种文化因素的启发下产生的。这些职业态度积极的蜡染艺人的即兴创造随后为他人效仿，从而成为一种新的蜡染传统。因此，跨文化流动过程中职业态度积极者和中庸者的协作，一定程度上也促进了各族群蜡染与大众蜡染之间的交流与融合，推动了“你中有我，我中有你”的当代安顺蜡染文化发展格局的形成。

小 结

本章整合了霍兰德的身份与行动理论和斯威德勒的文化工具箱理论，在此基础上分别从蜡染艺人的身份管理、造物实践和集体转化三个维度阐释了安顺蜡染艺人的造物逻辑。在前文剖析的基础上，安顺蜡染艺人造物逻辑的解释框架也由此形成，具体如图 5-1 所示。

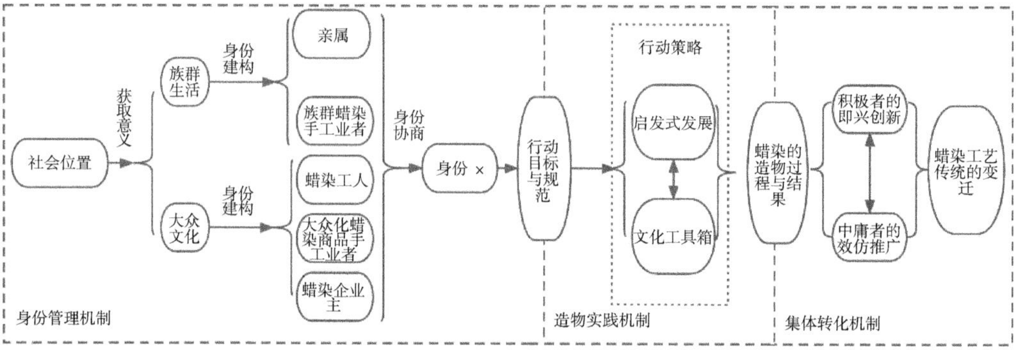

图 5-1 安顺蜡染艺人造物逻辑的解释框架图

这便是安顺蜡染艺人造物逻辑的解释框架。当然，这个框架只是总体性的，在每一位蜡染艺人那里都会发生细微变化。这种变化体现在蜡染艺人的身份构成、身份协商的过程与结果、造物策略的制定以及对蜡染工艺传统的可能影响，而这正充分体现了蜡染艺人在造物活动中的主体性。

结　论

一、再议中国手工艺人的主体性：基于安顺蜡染艺人的讨论

（一）结构性与能动性：手工艺人研究的关键话题

当代，传统工艺主要是指在前工业时期以手工作业的方式对某种材料（或多种材料）施以某种手段（或多种手段）使之改变形态的过程及其结果①。它本质上是嵌入社会生活的一种日常生活实践。也正因此，传统工艺生来就具有社会学的属性特征，社会生活的要素关系自然也就深刻地左右着传统工艺的发展轨迹与运转规律。其中，结构性与能动性的二元关系正是非常关键的话题。所谓结构性，指的是民众在长期的日常生活实践过程中所形成的总体性的、较为稳定的制度与规范。所谓能动性，指的是手工艺人和其他主体在传统工艺相关的日常生活实践过程中所展现出来的自主的行为能力。二者分别赋予了传统工艺发展不同的动力机制，而二者的相互作用则决定着传统工艺的发展演变轨迹。

正如序言所示，传统工艺的研究中一直存在着结构性与能动性的分野。其中，传统工艺的结构性研究重点关照的是手工艺的文化传统、社会制度对手工艺的结构性限制。柳宗悦在《日本手工艺》中便如此评价工匠，即使他们是渺小的个人，但传统则是伟大的力量，他们的工作是由传统驱使着的②。在他看来，手工艺传统具有强大的约束力量，而工匠则更多的是为手工艺传统所驱使的主体。需要承认，程式性、集体性使各种手工艺具有了区别于其他事象的总体特征，也赋予了手工艺人在造物实践中的稳定性和模式性。但是，若过于强调结构性特征，就难免会遮蔽手工艺人在造物实践中的能动性。事实上，手工艺人的主体性在传统工艺的发展进程中具有极为重要的价值，否则也就不会出现手工艺人群体对鲁班的崇拜，也就不会出

① 徐艺乙:《手工艺的传统——对传统手工艺相关的知识体系的再认识》,《装饰》2011 年第 8 期，第 54 页。

② [日]柳宗悦:《日本手工艺》，张鲁，译，桂林，广西师范大学出版社，2011 年，第 8 页。

现一件件为世人所敬仰的独具匠心的手工艺品。任何的手工艺品都包含了手工艺人的个性创作，传统工艺的整体发展进程也以手工艺人的文化创造为关键动力之一。因此，只有进一步厘清手工艺人的主体性，洞悉其结构性与能动性之间的互动关系，才能够更为客观而系统地把握传统工艺的发展规律。

（二）手工艺人主体性的三个维度

已有研究对手工艺人主体性的挖掘是令人敬佩的，它让一个个鲜活生动而具有创造力的手工艺人个体走向前台，为深度解析手工艺人主体性问题奠定了坚实基础。但与此同时，对手工艺人主体性的研究仍然是亟需深入探索的，手工艺人主体性的内涵是怎样的？结构性与能动性在其中又是如何相得益彰的？这些问题都亟须得到更加合理的解读。

解读这些问题的突破口就在于对手工艺人微观的个体生命历程和造物实践过程的观察。长期以来，传统工艺研究更侧重观察总体性的造物模式及其与社会生活的总体性关联，却无意间忽略了对微观生命历程和造物实践的考量。本质而言，这种微观过程就是传统工艺参与社会生活的过程，就像一面显微镜，细致入微地呈现着手工艺人与社会生活错综复杂、你来我往的互动关系，而手工艺人的主体性也就在这一过程中显露无遗。通过安顺蜡染的个案研究，可以从一个个蜡染艺人的微观生命历程和造物实践中，以小见大地洞悉手工艺人的主体特征。具体而言，手工艺人的主体性主要包含自律性、能动性、超越性三个层面。

首先是手工艺人的自律性。所谓“手工艺人的自律性”，指的是手工艺人对自己的行为具有自我约束的能力。社会生活为手工艺人们提供了各种可供选择的社会身份，这些身份都包含着特定的行动规范与行动指向。这种来自社会生活的结构性设定就像是一个个角色脚本，摆放在手工艺人面前。而如何选择则依赖于手工艺人个体的决策。正如安顺蜡染艺人的故事所示，她们中的大多数人会根据互动对象的变化，自主地确定自己的身份定位，对自己的行动进行自我约束。这种自我约束一方面来源于公众对个体的压迫性审视，另一方面也来源于手工艺人实现个人目标的基本诉求。这种自律性让手工艺人们暗合传统工艺在社会生活中的总体发展秩序，利于二者的双赢。

其次是手工艺人的能动性。所谓“手工艺人的能动性”，指的是手工艺人在参与社会生活过程中的自我创造能力。手工艺的传统始终是总体性的、模式性的，它过滤掉了在社会生活中可能出现的多种境遇和细节。也正因此，传统工艺的造物实践需要手工艺人的精心筹谋和细致规划。正如安顺蜡染艺人的造物实践所示，每一位手工艺人都有着个性化的个体生命历程，也在手工技艺和知识方面具有个人的强弱势之分。他们正是根据个人的行动诉求与行动工具，对手工艺的传统进行了策略性、适应性的践行，这一过程充分体现着手工艺人作为行动主体的能动性。也正因为手工艺人个体在行动诉求、行动工具上的差异导致他们行动策略的个体化，传统工艺的造物实践才呈现出了或细微或明显的个体差异。

再次是手工艺人的超越性。所谓“手工艺人的超越性”，指的是手工艺人偶尔会超越社会文化的结构性约束，产生一些超出传统的即兴行为。相较于自律性、能动性，超越性略显少见，但是其影响力是不可低估的。在安顺蜡染艺人的故事中，韦庆涛对布依族蜡染袖子图案的再造，杨可闵等蜡染手工业者对小花苗彩色蜡染的创新，都体现着手工艺人对既有文化传统的超越。需要明确，这种超越建立在已有的日常生活实践之中，是手工艺人对既定行动规范的尝试性跨越。而一旦这种尝试被作为集体的民众接受和认可，便具有改变已有社会结构与文化传统的潜力。如果说自律性让手工艺人主动地维系生活秩序，能动性让传统工艺绽放出个性魅力，那么超越性则让手工艺人个体成为传统工艺发展演进的关键动力之一。

（三）手工艺人主体性与当代中国传统工艺发展

自律性、能动性和超越性是手工艺人主体性的三个重要构成部分，它们赋予手工艺人参与社会生活，改变社会生活的能力。事实上，从安顺蜡染艺人身份与造物实践的历史过程可以看到，我国传统工艺的发展正呈现出一种后现代的发展趋势。传统工艺在持续地跨界发展，具有愈发多元的内涵与功能，呈现出多元性、碎片性与不确定性。正如本书中安顺蜡染的案例所示，族群生活和大众文化是两个完全不同的文化世界。蜡染在两个世界中被赋予了截然不同的文化意义与功能，嵌入到不同的社会文化运转体系之中。事实上，这种文化世界的差异性在不同的传统工艺发展中程度与范畴各异。有些传统工艺甚至在艺术世界中获得了新的生存发展空间。这实际上是当代中国传统工艺发展的一种常态。在城市化建设、大众文化发展、艺术的日常审美化中，传统工艺走入了越发多元而异质的文化世界。

这意味着传统工艺曾经的运转秩序发生了明显的转变。在曾经相对闭塞而单一的生活语境下，传统工艺处于相对单一的文化世界中，有着相对稳定的意义体系作为支撑。同时，它们又嵌入于特定的社会关系网络，为相对稳定的血缘性、地缘性或业缘性关系所支配。可以说，这时的传统工艺处于一种相对稳定且有社会与文化结构规制的发展状态。然而，这一切随着后现代的到来发生了根本性的变化。传统工艺的赋义体系异质化，曾经看似放之四海皆准的文化规则被消解。传统工艺的社会运作机制也由单一走向多元，传统工艺在不同文化世界中出现了差异化的社会关系网络与运转秩序。在此背景下，不禁要问，传统工艺在如此异质性、多元化的时代环境下如何维护运转的秩序？需要承认，社会与文化规范的约束性意义仍然存在。但是，如果没有手工艺人的主体性实践，一切社会与文化规范的约束性作用都将大打折扣。

首先，中国传统工艺的发展秩序依赖于手工艺人主动的身份管理实践。当前，中国传统工艺正呈现多元共生、异质发展的趋势。在此背景下，如何把握传统工艺在不同文化领域的发展状态，维持传统工艺发展演变的秩序是非常关键的。恰是手工艺人在不同文化世界中的身份管理有效地应对了如此复杂的社会文化环境，他们根据情境的变化对自己的身份进行自我管理，进而采取适当的造物行动，维持了各个文化领域手工艺的发展秩序，推动了传统工艺在各个文化领域的稳定发展。

其次，手工艺人能动性的造物实践赋予了当代中国传统工艺更加个性化的发展特色，展现出引人注目的人性魅力。手工艺人或刻意或偶然地在改变着手工艺的生产原料、工具、图案与工序，使看似稳定的手工技艺处于富于变化的状态中。这种主体性寓于手工艺人的相关身份实践之中，主体性的发挥并不仅是为了手工艺的审美，更为了达成手工艺人的相关行为在不同情境中所要达到的目的，这种动机就源于手工艺人的身份。身份为手工艺人限定了手工艺造物实践的社会文化规范，但同时也为他们提供了发挥能动性的动机，促使其自主地制定个性化的策略。因此，手工艺人并不是对文化传统与社会规范的简单投射，他们在坚守传统的基础上不断发挥自己的能动性，规划造物行动，给传统工艺镌刻上个人的印记。因此，不能再忽视正在从事传统工艺的一个个鲜活的生命，在关注手工艺传统的同时，要看到个体手工艺人在传统工艺发展演变中散发的光彩。

再次，手工艺人创造性的即兴行为为传统工艺的可持续发展注入了动力。身份赋予了手工艺人在特定情境下的造物动机，这种动机在保持工艺传统的基础上也会激发手工艺人的创造活力。正如安顺蜡染艺人故事所呈现的，韦庆涛、杨可闵等人个体性的即兴行为，经过长期的启发式发展，促进着蜡染技艺创新行为的传播推广，进而引发了蜡染传统的集体变迁。需要看到，在后现代语境下，手工艺人的知识构成也在变得多元化，这也让他们的即兴行为有了更多可利用的文化工具，而这也促使手工艺人表现出更加活跃的创造性，成为当代传统工艺创新发展更加重要的推动者。

总而言之，手工艺人的主体性在后现代性的当代生活中正发挥着越来越重要的作用。如果说曾经传统工艺的发展秩序依靠的是传统和制度，那么当代传统工艺的发展秩序在此基础上越来越依赖于手工艺人主体性的发挥。手工艺人已成为维护当代传统工艺发展秩序的重要力量。

二、手工艺人主体性研究的微观过程论：一个研究视角的思考

客观而言，手工艺人的主体性问题关注的是手工艺人在传统工艺实践过程中的行为能力与属性特征。这也决定了对手工艺人主体性的洞察依赖于对手工艺人从艺与造物的微观过程的剖析。可以说，微观过程论是深化手工艺人主体性问题认识的必要视角。

需要承认，目前学界对手工艺人主体性问题的研究是多元而富于洞见的，但是对手工艺人主体性的一些核心问题的解答始终还处于一种较为模糊的状态。手工艺人如何受到文化传统和社会结构的制约，他们的能动性又如何发挥？更直观地讲，手工艺人在群体模式的基础上，个体的手艺生涯和造物实践又为何富于个性？这些问题直击手工艺人主体性的核心命题，却又很少得到解答。

究其原因，既有研究大多是从传统工艺整体的发展历程出发对手工艺人的主体性问题进行分析。这种切入视角纵然可以将传统工艺嵌入于整体的社会文化环境之中，观察手工艺人与文化传统、社会结构总体的互动关系，但是却缺少对手工艺人与文化传统、社会结构细节层面相互关系的分析。这正是目前研究对以上问题难以做出系统阐释的关键原因。因此，笔者主张进行研究视角的切换，从手工艺人微观的从艺与造物实践过程出发，对手工艺人的主体性做进一步阐释。

所谓“微观过程论”，即以手工艺人的个体生命历程和具体造物实践为切入点，从微观视角出发，对手工艺人与文化传统、社会结构的关系进行系统而深入的阐释。它主要关注手工艺人的个体生命历程和具体造物实践过程。其中，手工艺人的个体生命历程主要关涉的是社会文化变迁对手工艺人个体生活和发展造成的影响。其中既包含了手工艺人作为主体在特定的社会关系网络之下被整合入社会群体，接受社会生活的结构性影响，也包含了手工艺人在此过程中所表现出的能动性。这些都通过手工艺人在生命历程，尤其是从艺阶段的人生际遇和相关抉择中体现出来。可以说，手工艺人的个体生命历程就像是一个显微镜，反映着手工艺人在特定生命事件中与文化传统和社会结构的互动关系，彰显着个人生活诉求、技艺能力在其中微妙的影响。而造物过程本身就是传统工艺内涵的核心组成部分，是手工艺人参与社会生活，与其他多元主体互动的过程，是对手工艺人和文化传统、社会结构关系的集中展演。这可以为深入理解手工艺人造物的模式性、能动性和超越性提供重要观察点。这二者为手工艺人主体性的微观洞察提供了关键研究剖面。

当然，微观过程论并不意味着对宏观的社会文化过程的忽视。微观过程论强调

的是以手工艺人个体生命历程和具体造物实践作为剖面，将宏观的手工艺人与文化传统和社会结构的互动关系寓于其中，详细剖析手工艺人与文化传统、社会结构的互动过程，进而对手工艺人的主体性做出更为细致的解读。可以说，微观过程论与已有研究的宏观视角相辅相成，是对宏观视角的有力补充，有助于提升手工艺人主体性问题研究的系统性和深入性。

三、手工艺人主体性与中国传统工艺的高质量发展

2022年，文化和旅游部等十部门共同发布《关于推动传统工艺高质量传承发展的通知》，明确提出，“深化推进中国传统工艺振兴，推动传统工艺高质量传承发展。”① 我国传统工艺进入了高质量传承发展的新阶段。通过对手工艺人的身份与造物活动的分析，手工艺人在传统工艺保护与传承中的核心地位进一步凸显，作为传统工艺的核心载体，手工艺人在延续手工艺的传统、创新手工技艺方面具有不可替代的地位。笔者将从手工艺人的主体性出发，对传统工艺类非遗传承人的培训、传统工艺的文化生态保护区建设和传统工艺的生产性保护等问题提出路径思考。

（一）手工艺人的培育需坚持技艺习得与身份建构并重的原则

当前，手工艺人的培育工作正如火如荼地开展。一大批手工艺人正延续着师徒传承的悠久传统，将宝贵的手工艺财富薪火相传。与此同时，非物质文化遗产传承人群研修培训计划让无数的手工艺人获得了“强基础、拓眼界、增学养”的机会。从东南沿海城市的高职院校，到西南民族地区的遥远山寨，大量的手工艺人在国家政策的支持下给民众传授着各种各样的手工技艺。需要承认，手工艺人的培育取得了丰硕的成果。本质而言，手工艺人的培育就是一个身份建构过程，是他们身份养成的过程。那么，应该如何更有效地完成手工艺人的培育问题呢？笔者认为以下几点值得关注。

首先，手工艺人培育要明确培育目标，进而针对性地开展培育工作。当前，手工艺人已经不再局限于原生文化语境，开始涉足于大众文化领域和艺术世界。正如安顺蜡染所呈现的，手工艺人在不同的文化领域中的身份差异显著，这些身份既意味着手工艺人在特定情境中有不同的行动目的，也意味着手工艺人要遵守特定情境的行为规范。这说明，对手工艺人的培育不能一概而论，要根据他们的发展方向有针对性地开展培育工作。若要培育的是非物质文化遗产传承人，那么我们完全可以采取传统的师徒传承和生活传承方式，让学习者在对原生文化生活的参与中自然而然地成长为手工艺人。若要培育的是以手工技艺在大众文化领域谋生的人，那么让

① 《关于推动传统工艺高质量传承发展的通知》，中华人民共和国商务部网站，http://file.mofcom.gov.cn/article/zcfb/zcwg/202210/20221003363109.shtml，2023年12月8日。

他们学习大众文化中的手工技艺，掌握大众对手工艺的消费需求和审美偏好显得更加重要。若要培育的是艺术家，那么就需要让学习者通过接受较为系统的专业艺术教育，懂得艺术世界的文化体系与社会规范。只要明确了培育目的，并依据培养目的针对地制定培育方案，手工艺人的培育工作便将更加具有精确性，手工艺人也将具备在特定情境中开展手工艺造物实践的能力。

其次，手工艺人的培育要注重社会规范的传授。正如本研究一直强调的，手工艺本质上是手工艺人参与社会生活的一种手段，它始终要服务于手工艺人的行动目标，当然也要遵循手工艺人特定身份状态下的行动规范。这是手工艺融入社会生活的基本前提。因此，手工艺人的培育不仅要注重技艺本身的习得，更要做好行动规范的规训。中国传统师徒制有一句老话“未曾学艺，先学做人”。所谓“做人”，即让学徒懂得做人的道理，也即在各种身份状态下按规矩做事的能力。及至当代，这一道理仍然是有用的。师徒制下，师父需要向学徒传授从艺的基本守则与行动规范，并让学徒在参与手工行业的过程中深化认识。在学校教育中，学校也需要安排职业道德相关的课程，同时结合实训，让学生理解并接受职业行为规范。

再次，手工艺人的培育要注重社会实践。手工艺人的身份建构离不开持续而顺利的社会互动。学习者只有参与到社会生活中，与特定的社会主体展开持续的互动，他们才会逐步建立起相关的身份意识。如果只是教授他们手工技艺，而不去让他们学会如何运用手工技艺参与社会生活，那么学习者即使习得了技艺，也难以有效地融入现代生活。目前，很多高职高专院校的做法本质就是社会实践，它们让学习者进入不同的工作室进行实习和体验，让他们在社会实践中成长。当学习者参与进传统工艺相关的社会活动，他们才会理解自己在社会生活中处于何种位置，又应该如何运用传统工艺。可以说，注重社会实践，让学习者在社会实践过程中提高手艺，明晰行规，是培育手工艺人的必要路径。

（二）传统工艺的文化生态保护需与手工艺人的主体实践紧密衔接

在《中国传统工艺振兴计划》中，文化生态保护被作为振兴传统工艺的重要路径。的确，文化生态保护策略将传统工艺放置在整体性的文化体系之中来保护，避免了传统工艺被抽离文化情境进行碎片化保护的风险。不过，正如高丙中所言：“讲文化生态失衡，必须要落在作为主体的一个群体或个人上，不然‘文化生态’就只能是个词而已。没有落在活人身上，你还讲什么‘文化生态’啊？”[①] 在地方的文化生态保护实践中，可以看到与传统工艺相关的节庆、文化空间等得到了保护，的确取得了一些成效。但是，正如吴效群所指出的，需要在文化生态保护中总结出一套

① 高丙中：《关于文化生态失衡与文化生态建设的思考》，《云南师范大学学报（哲学社会科学版）》2012 年第 1 期，第 75 页。

行之有效的方法，能影响社区民众的价值判断，使他们成为保护工作的主动承担者[①]。传统工艺是以手工艺人为核心载体的，文化生态保护也必然以手工艺人为中介对传统工艺的发展产生影响。如果无法让作为社区民众的手工艺人积极地参与到文化生态保护中来，那么文化生态保护策略就是低效的。目前，很多地方文化生态保护实践均以保护手工艺相关的其他物化的文化要素为主，但是却忽视了这些文化要素与手工艺人之间的关联，这意味着这些文化要素的保护与手工艺的核心载体——手工艺人之间存在断裂，很可能消解传统工艺文化生态保护的实践效果。

事实上，传统工艺保护与传承最重要的目的是确保传统工艺有稳定的生活需求，并在它的支持下得以让手工艺人持续地开展造物实践。传统工艺良性的供需循环是达成这一目标的关键。需要看到，民众的文化需求是维系传统工艺生存发展的重要前提，只有民众产生了文化需求，才会为手工艺人的培育提供动力，保障手工艺人稳定而渐进式的手工艺造物活动。民众的文化需求是以文化自觉为前提的，只有民众产生对自己文化的自觉，才有可能产生相应的文化需求。因此，在传统工艺的文化生态保护过程中，各种保护措施应该考虑是否遵循了地方的文化发展规律，是否能够促使地方民众认同区域内的工艺文化，这样才能够让地方民众保持持久的文化需求。只有将民众的文化需求与手工艺人的培育结合起来作为手工艺文化生态保护的核心目标，确保手工艺在文化生态保护区的良性的供需循环，传统工艺的文化生态保护才能达成既定目标。

（三）传统工艺的生产性保护需以手工艺人为核心对象

正如本研究所表明的，传统工艺最重要的属性是生产性，只有保证传统工艺能够在当前的社会生活中持续进行生产，传统工艺的可持续发展才有可能实现。从这一角度而言，生产性保护具有理论上的合理性和现实的紧迫性。当前，政府围绕生产性保护已采取了生产性保护基地建设等举措，并取得了明显成效。

客观而言，传统工艺的生产性保护需要遵循传统工艺的造物规律，确立手工艺人的核心载体地位。正如安顺蜡染所呈现的，传统工艺融入地方社会文化生活，具有独特的制作规范，也具有明确的社会目的。文化传统与社会结构共同塑造了传统工艺的造物规律。正如吕品田所言，生产性保护其实就是努力遵循非物质文化遗产自身规律的社会文化实践[②]。传统工艺的生产性保护需要遵循地方性的传统工艺生产规律，而其中较为重要的一点便是，要确保手工艺人的核心载体地位。例如，生产性保护面对的机器介入问题。机器对传统工艺介入的度如何把握？这是传统工艺生

① 吴效群：《文化生态保护区可行吗？》，《河南社会科学》2008 年第 1 期，第 25 页。

② 吕品田：《重振手工与非物质文化遗产生产性方式保护》，《中南民族大学学报（人文社会科学版）》2009 年第 4 期，第 5 页。

产性保护关注的核心问题之一。在笔者看来，机器对传统工艺的介入应以确保手工艺人的核心载体地位为基本标准，也即传统工艺的核心技艺仍然需要手工艺人手作完成，这是传统工艺生产性保护的底线。

需要看到，传统工艺的生产规律始终都要落实于具体的人类实践，才会对手工艺造物活动施加影响。作为传统工艺的核心载体，手工艺人是最终进行手工艺造物实践的人，具有关键性的作用。因此，传统工艺的生产性保护需要以手工艺人为中心，围绕手工艺人的造物逻辑制定合理的生产性保护措施。与此同时，对手工艺人在大众文化领域和艺术世界的造物活动与发展趋势则不应该予以过分苛责。这时费孝通的话一直萦绕耳旁“各美其美，美人之美，美美与共，天下大同”。或许不应该以非遗保护的目光审视这些造物活动，反而应该对它们予以包容和鼓励，因为它们也是手工艺人参与社会生活的重要方式，早已融入了日益多元的当代生活之中，并从侧面支持着原生文化语境中传统工艺的存续发展。

至 2023 年，笔者已经在传统工艺领域探索了八年，从模糊的手工艺人群体中陆续见到了一个个活生生的、富有个体差异的手工艺人形象。他们既坚守着祖先流传下来的宝贵的手工艺财富，又通过自己的努力，在手工艺历史中烙上了自己的印记。恰是在个体性与集体性之间、规范性与即兴性之间，中国的传统工艺跨越了区域生活，走进了大众文化与艺术世界。作为传统工艺的载体，手工艺人在日渐多元而复杂的社会文化环境中散发着个人的魅力与传统的光辉。相信随着对手工艺人研究与保护实践的深入，学界将能够更加充分地认识手工艺人，了解手工艺人，激发他们巨大的文化潜力，更有效地助力于传统工艺的保护与传承！

参考文献

[1] 乌尔里希·贝克，伊丽莎白·贝克-格恩斯海姆. 个体化[M]. 李荣山，范譞，张惠强，译. 北京：北京大学出版社，2011.

[2] 乔治·赫伯特·米德. 心灵、自我和社会[M]. 霍桂桓，译. 南京：译林出版社，2012.

[3] 欧文·戈夫曼. 日常生活中的自我呈现[M]. 北京：北京大学出版社，2008.

[4] 约翰·R. 霍尔，玛丽·乔·尼兹. 文化：社会学的视野[M]. 周晓虹，徐彬，译. 北京：商务印书馆，2002.

[5] 柳宗悦. 日本手工艺[M]. 张鲁，译. 桂林：广西师范大学出版社，2011.

[6] 斯图亚特·霍尔，保罗·杜盖伊. 文化身份问题研究[M]. 庞璃，译. 开封：河南大学出版社，2010.

[7] 安东尼·吉登斯. 现代性与自我认同[M]. 赵旭东，方文，王铭铭，译. 北京：生活·读书·新知三联书店，1998.

[8] 爱德华·露西-史密斯. 世界工艺史：手工艺人在社会中的作用[M]. 朱淳，译. 杭州：中国美术学院出版社，2006.

[9] 莉恩·M. 哈特. 三面墙：地区美学与国际艺术世界[M]//乔治·E. 马尔库斯，弗雷德·R. 迈尔斯. 文化交流：重塑艺术与人类学. 王建民，阿嘎佐诗，梁永佳，译. 桂林：广西师范大学出版社，2010.

[10] 《布依族简史》编写组. 布依族简史[M]. 贵阳：贵州人民出版社，1984.

[11] 安顺市人民政府地方志办公室. 续修安顺府志辑稿[M]. 贵阳：贵州人民出版社，2012.

[12] 安顺市西秀区民族宗教事务局，安顺市西秀区苗学研讨会. 安顺市西秀区苗族志[M]. 贵阳：贵州人民出版社，2012.

[13] 陈君. 传统手工艺的文化传承与当代“再设计”[J]. 文艺研究，2012（5）：137-139.

[14] 陈龙."遗产化"过程中的工匠圈层更迭与意义生产：以"湘南木雕"为例[J].民族艺术，2023（1）：72-81.
[15] 陈乃华.无名的造神者：热贡唐卡艺人研究[M].北京：世界图书出版公司，2013.
[16] 陈之佛.美术工艺的本质[J].南京艺术学院学报（美术与设计版），2006（2）：130-131.
[17] 都晨.从新国家建设时期的年画发展看结构与能动性的辩证关系：以山东潍坊杨家埠木版年画为例[J].民俗研究，2012（3）：120-128.
[18] 方李莉.论工艺美术的原生性与再生性[J].民族艺术，2002（1）：159-167.
[19] 方李莉.论"非遗"传承与当代社会的多样性发展：以景德镇传统手工艺复兴为例[J].民族艺术，2015（1）：71-83.
[20] 高丙中.中国人的生活世界[M].北京：北京大学出版社，2010.
[21] 高丙中.关于文化生态失衡与文化生态建设的思考[J].云南师范大学学报（哲学社会科学版），2012（1）：74-80.
[22] 郭寅曼，季铁，闵晓蕾.非遗手工艺的文化创新生态与设计参与价值[J].装饰，2021（5）：102-105.
[23] 郭荣茂.宗族网络与传统手工技艺保护：闽南永春漆篮技艺调查[J].中国农业大学学报（社会科学版），2015（1）：84-89.
[24] 和学新.主体性的内涵、结构及其存在形态与主体性教育[J].西南师范大学学报（人文社会科学版），2005（1）：65-71.
[25] 贺超海，李晓岑.中国古代手工艺家群体特征研究[J].自然辩证法通讯，2017（3）：1-7.
[26] 黄素云，陶伟，蔡浩辉.制造地理视角下乡村传统工艺类非物质文化遗产的生产实践[J].地理科学进展，2022（11）：2108-2122.
[27] 胡文兰.布依族妇女传统蜡染服饰变迁的"真假"之喻[J].广西民族研究，2019（1）：75-81.
[28] 金元浦.定义大众文化[N].中华读书报，2001-07-25.
[29] 刘成纪.百工、工官及中国社会早期的匠作制度[J].郑州大学学报（哲学社会科学版），2015（3）：102-109.
[30] 刘婷坤，胡阿菁，仪德刚.蒙古族弓弦乐器匠作身份的时代变迁与文化趋同[J].自然辩证法研究，2020（11）：105-110.
[31] 刘晓春.非物质文化遗产传承人的若干理论与实践问题[J].思想战线，2012（6）：53-60.

[32] 李砚祖. 设计与手作：手作的社会学与哲学分析[J]. 南京艺术学院学报（美术与设计），2015（6）：1-5，237.
[33] 廖勇，刘怡，李庆芳. 传统手工艺创新：共创视野下传统工匠与时尚设计师的合作机制研究[J]. 装饰，2021（3）：120-123.
[34] 吕品田. 重振手工与非物质文化遗产生产性方式保护[J]. 中南民族大学学报（人文社会科学版），2009（4）：4-5.
[35] 吕可文，袁丰，高露，等. 多元场和集群创新：河南省神垕钧瓷文化创意产业的案例分析[J]. 人文地理，2019（3）：128-136.
[36] 迈克尔·欧文·琼斯，游自荧. 手工艺·历史·文化·行为：我们应该怎样研究民间艺术和技术[J]. 民间文化论坛，2005（5）：78-89.
[37] 明娜. 传统手工艺行业中的中人制发展及其启示[J]. 装饰，2014（3）：100-101.
[38] 潘鲁生. 民间手工艺的知识产权保护与文化传承[J]. 红旗文稿，2012（6）：13-15.
[39] 邱春林. 过渡期的政治嵌入与手工艺文化的意识形态化[J]. 民族艺术，2008（1）：49-55.
[40] 钱超英. 身份概念与身份意识[J]. 深圳大学学报（人文社会科学版），2000（2）：89-94.
[41] 荣树云. "非遗"语境中民间艺人社会身份的构建与认同：以山东潍坊年画艺人为例[J]. 民族艺术，2018（1）：91-100.
[42] 宋俊华. 非物质文化遗产特征刍议[J]. 江西社会科学，2006（1）：33-37.
[43] 苏玉敏. 西域的供养人、工匠与窟寺营造[J]. 西域研究，2007（4）：74-83，143.
[44] 孙发成. 非遗保护中传统手工艺人的蜕变[N]. 中国社会科学报，2015-11-30.
[45] 孙发成. 当代语境下民间手工艺人的身份转向与群体特征[J]. 民族艺术，2015（2）：61-65.
[46] 滕璐阳，徐赣丽. 弥散性传承：都市语境下手工艺传承的一种路径[J]. 文化遗产，2022（4）：51-58.
[47] 王拓，张薇. 合作化时期（1949—1957）民间手工艺人社会身份的变化与技艺传承：以北京玉雕艺人潘秉衡的从艺经历为例[J]. 新美术，2018（11）：58-62.
[48] 王文杰. 手艺：作为一种隐性知识及其获得机制[J]. 南京艺术学院学报（美术与设计版），2010（1）：75-79.
[49] 王明月. 后现代语境中工匠的主体重构与角色转变：以安顺苗族蜡染工匠为例[J]. 民间文化论坛，2021（2）：114-123.
[50] 王玉樑. 论主体性的基本内涵与特点[J]. 天府新论，1995（6）：34-38.

[51] 夏燕靖. 传统手工业艺人群体近代化生存博弈探究[J]. 南京艺术学院学报（美术与设计），2016（4）：120-130，212.
[52] 徐艺乙. 手工艺的传统：对传统手工艺相关的知识体系的再认识[J]. 装饰，2011（8）：54-59.
[53] 徐耀强. 论“工匠精神”[J]. 红旗文稿，2017（10）：25-27.
[54] 叶继红. 传统技艺与文化再生：对苏州镇湖绣女及刺绣活动的社会学考察[M]. 北京：群言出版社，2005.
[55] 杨先艺，王永东. 先秦典籍中的造物艺术与工匠精神[J]. 民族艺术研究，2021（6）：17-30.
[56] 朱培初. 古代端午民俗及民间手工艺[J]. 装饰，2010（6）：62-66.
[57] 张道一. 陈之佛先生的图案遗产[J]. 南京艺术学院学报（美术与设计版），2006（2）：143-148.
[58] 张樊，石坚. 安顺布依族蜡染旅游产品开发探析：以石头寨布依族蜡染为例[J]. 贵州民族研究，2017（9）：179-181.
[59] 张朵朵. 隐性知识：传统手工艺设计创新研究的微观视角[J]. 装饰，2015（6）：117-119.
[60] 张君. 隐性知识的外显化：人类学对手工艺知识生产的重塑[J]. 民族艺术，2020（1）：87-98.
[61] 张柱华. 陕甘黄土高原地区民间手工艺生存现状的考察与分析[J]. 民俗研究，2012（3）：142-148.
[62] 张建世. 凉山彝族传统漆器手工艺的文化再生产[J]. 西南民族大学学报（人文社科版），2015（7）：35-44，2.
[63] 张士闪，邓霞. 当代民间工艺的语境认知与生态保护：以山东惠民河南张泥玩具为个案[J]. 山东社会科学，2010（1）：34-37.
[64] 张朵朵，季铁. 协同设计“触动”传统社区复兴：以“新通道·花瑶花”项目的非遗研究与创新实践为例[J]. 装饰，2016（12）：26-29.
[65] 章莉莉，朱艺芸. 国潮背景下的非遗传承与创新设计[J]. 装饰，2021（10）：30-35.
[66] 周真刚，闫玉. 西江苗族银饰工艺的文化生态[J]. 中央民族大学学报（哲学社会科学版），2014（4）：101-106.
[67] 周启萌，田艳. 非物质文化遗产视角下的布依族蜡染技艺的传承和保护：基于贵州省镇宁县石头寨的调研分析[J]. 原生态民族文化学刊，2011（4）：109-115.

[68] BURKE P J. Identity control theory[M]// RITZER G. The Blackwell encyclopedia of sociology. Oxford：Blackwell Publishing，2007：2202-2207.
[69] BURKE P J. Identity change[J]. Social psychology quarterly，2006（1）：81-96.
[70] SWIDLER A. Culture in action：symbol and strategies[J]. American sociological review，1986（2）：273-286.
[71] HOLLAND D C. Identity and agency in cultural worlds[M]. Harvard：Harvard University Press，1998.
[72] STRYKER S，BURKE P J. The past，present，and future of identity theory[J]. Social psychology quarterly，2000（4）：284-297.

后　记

行文至此，已至尾声。

回想康乐园求学时的点点滴滴，心生感慨。那时的自己意气风发，感觉未来有无数的可能。但毕业多年后再回看自己的博士论文，又发现当时的自己还只是一个“半成品”，亟待修改完善之处颇多。田野调查纵因主题而内容有所侧重，但仍显粗糙且有疏漏。对理论的理解和把握流于表面，纵然在几年间不断修正，仍感欠缺。研究视野也较为有限，若能将安顺蜡染放在更广阔的时空环境中，在更多同类型对象的比较中进行分析，或许更加合理而客观。顿觉，路漫漫其修远兮，吾将上下而求索。

工作多年，笔者愈发认识到从事非物质文化遗产研究不仅是一份工作，更是一份责任。“博学、审问、慎思、明辨、笃行”，中山大学的校训已刻入骨髓。学问并不只是象牙塔里对真知的渴望，更应是造福万民的“良方”。每当看到手工艺人们面对现代生活手足无措时，笔者总想为他们做点什么。而这也时刻提醒自己：严谨治学，追求真知，经世致用，方得始终。

本书的完成需要感谢很多人。感谢授业恩师宋俊华教授，他总是能够以平实的语言传授富于洞见的思想，让笔者在研究过程中获益匪浅。感谢刘晓春教授，正是他在论文答辩过程中点明了笔者关注的核心问题是手工艺人的主体性问题，让笔者茅塞顿开。感谢中山大学非物质文化遗产研究中心的各位老师，是他们平日耐心的指导，才让笔者得以正式步入学术研究的殿堂。感谢天津大学出版社的各位老师以及中山大学出版社美术编辑曾斌老师，他们在书稿的出版中付出了辛勤的汗水。最后，感谢家人，是他们一直在背后的默默付出，支撑着笔者在学术的道路上一直前进！

在本书最后，刻在中山大学小礼堂墙面上的名言再次萦绕耳旁：“要立志做大事，不要做大官”。但愿日后的自己能够真正用毕生所学，为中华优秀传统文化的传承发展做出微薄的贡献！